26,-

Wolfgang Nastainczyk · Predigten für Kinder mit Kindern
Lesejahr B

Wolfgang Nastainczyk

Predigten für Kinder mit Kindern

Lesejahr B

Echter Verlag

Die Predigt zum 15. Sonntag im Jahreskreis in diesem Band erschien zuvor bereits im entsprechenden Bändchen der Reihe »Am Tisch des Wortes« (Neue Reihe Nr. 151. Stuttgart 1975). Ich danke dem Katholischen Bibelwerk Stuttgart für die freundlich erteilte Abdruckerlaubnis.

© 1975 Echter Verlag Würzburg
Umschlag: Christoph Albrecht
Gesamtherstellung: Fränkische Gesellschaftsdruckerei Würzburg
ISBN 3 429 00417 9

Inhalt

Müssen und dürfen 13
Zum 1. Adventssonntag

Wollen und können 16
Zum 2. Adventssonntag

Bote und »Absender« 20
Zum 3. Adventssonntag

Weihnachten – wie wir es feiern und weshalb wir es
feiern 24
Zum 4. Adventssonntag

Weihnachten – »wunschgemäß« oder »ausgeglichen«? 29
Zum Weihnachtsfest (Vorabendmesse am Hl. Abend)

Betrachten und bewegen 34
Zum Weihnachtsfest (Meßfeier am Morgen)

Gott-los = frei? 39
Zum Fest der Heiligen Familie
(1. Sonntag nach Weihnachten)

Neues Jahr – neues Vertrauen 43
Zum Oktavtag von Weihnachten:
Fest der Gottesmutter Maria und Neujahr

Gott: nein – Jesus Christus: ja? 47
Zum 2. Sonntag nach Weihnachten

Geklärte Situation 52
Zum Fest der Taufe Jesu
(1. Sonntag nach Erscheinung)

Vorausschauen 56
Zum 1. Fastensonntag

Wie im Flug 60
Zum 2. Fastensonntag

Heiliger Zorn 65
Zum 3. Fastensonntag

Nicht richten, sondern retten 70
Zum 4. Fastensonntag

Das Weizenkorn muß sterben 74
Zum 5. Fastensonntag

Anerkennen 79
Zum Palmsonntag

Von der Osterbotschaft immer mehr ergriffen werden 82
Zum Osterfest

Nicht im Alleingang 88
Zum 2. Ostersonntag

Umkehr und Vergebung 92
Zum 3. Ostersonntag

Ganzer Einsatz 97
Zum 4. Ostersonntag

Verbunden bleiben 102
Zum 5. Ostersonntag

Ansteckende Liebe und Freude 106
Zum 6. Ostersonntag

Freude an der Welt 109
Zu Christi Himmelfahrt

Auch: anders sein 113
Zum 7. Ostersonntag

Erneuerung 117
Zu Pfingsten

Angebote 121
Zum Dreifaltigkeitsfest

Anrufe 126
Zum 2. Sonntag im Jahreskreis

Vergeben – Umkehren 131
Zum 3. Sonntag im Jahreskreis

Staunen 136
Zum 4. Sonntag im Jahreskreis

Jemand suchen 140
Zum 5. Sonntag im Jahreskreis

Geheim halten 143
Zum 6. Sonntag im Jahreskreis

Sich helfen lassen 147
Zum 7. Sonntag im Jahreskreis

Neu-gier 151
Zum 8. Sonntag im Jahreskreis

Emanzipation 155
Zum 9. Sonntag im Jahreskreis

Entscheidung erforderlich 159
Zum 10. Sonntag im Jahreskreis

Handeln und abwarten 163
Zum 11. Sonntag im Jahreskreis

In der Angst 169
Zum 12. Sonntag im Jahreskreis

Ängste überwinden 174
Zum 13. Sonntag im Jahreskreis (und Herz-Jesu-Fest)

Starke Schwache 178
Zum 14. Sonntag im Jahreskreis

Zu zweit 183
Zum 15. Sonntag im Jahreskreis

Ruhe haben 188
Zum 16. Sonntag im Jahreskreis

Teilen und Gewinnen 192
Zum 17. Sonntag im Jahreskreis

Brot für das Leben 197
Zum 18. Sonntag im Jahreskreis

Schüler Gottes 202
Zum 19. Sonntag im Jahreskreis

Tod gibt Leben 207
Zum 20. Sonntag im Jahreskreis

Hart, aber das einzig Mögliche 212
Zum 21. Sonntag im Jahreskreis

Heuchler 217
Zum 22. Sonntag im Jahreskreis

Im Abseits 222
Zum 23. Sonntag im Jahreskreis

Was Menschen wollen 227
Zum 24. Sonntag im Jahreskreis

Kinder aufnehmen 232
Zum 25. Sonntag im Jahreskreis

Dazugehören, ohne es zu wissen 237
Zum 26. Sonntag im Jahreskreis

Was Gott verbunden hat, darf der Mensch nicht trennen 242
Zum 27. Sonntag im Jahreskreis

Kamele im Nadelöhr 247
Zum 28. Sonntag im Jahreskreis

Wer groß sein will, soll Diener sein 252
Zum 29. Sonntag im Jahreskreis

Er ruft dich 258
Zum 30. Sonntag im Jahreskreis (Weltmissionstag)

Lieben mit ganzer Kraft 263
Zum 31. Sonntag im Jahreskreis

Das Urteil 268
Zum 32. Sonntag im Jahreskreis

Erkennen, daß das Ende vor der Tür steht 272
Zum 33. Sonntag im Jahreskreis

Zeugnis für die Wahrheit 277
Zum Christkönigsfest

Wüste 283
Zum Fest der Geburt Johannes des Täufers

Meiner Tante,
Frau Maria Riegel,
anläßlich der
Vollendung ihres 80. Lebensjahres
dankbar gewidmet.

Vorwort

Mehr als zehn Jahre hindurch finden in der Gemeinde St. Wolfgang in Regensburg nun schon allsonntäglich Kinder- und Familiengottesdienste mit meist dem gleichen Zelebranten und Prediger statt. In dieser Zeit ist es für die Gemeinde selbstverständlich geworden, daß Kinder in verschiedener Weise an den Predigten mitwirken[1]. Bezeichnend dafür scheint mir zu sein, was mir ein fast achtzigjähriger, nahezu ertaubter alter Herr kürzlich erklärte, der an diesen Gottesdiensten häufig teilnimmt: »Ich verstehe zwar kaum etwas. Aber ich freu' mich immer darüber, daß Kinder beteiligt sind.«
Begreiflicherweise übernehmen acht- bis zehnjährige Gottesdienstbesucher solche Dienste am liebsten und unbeschwertesten. Sie stellen auch noch immer die stärkste Altersgruppe unter den Teilnehmern dar. So lag es nahe, den nachstehend abgedruckten Predigtzyklus zum Lesejahr B besonders auf diese Altersstufe abzustellen.
Das wird einmal an ihrer Form deutlich. Sie beginnen jeweils mit einer »Impulsszene« *mit Kindern*. Diese kann als Lese- oder Stegreifspiel anhand von Vorinformationen vorgetragen werden. (Vielleicht gelingt es in andern Gemeinden, gelegentlich auch Erwachsene zur Mitwirkung zu gewinnen. In St. Wolfgang war das nicht möglich. Zum Nachteil hat sich der »Alleingang« von Kindern aber keineswegs ausgewirkt.) Zugegebenermaßen sind diese Szenen im Hinblick auf das gesteckte Ziel nicht kooperativ, sondern von mir allein entworfen worden. »Basisbezug« war mir aus beruflichen Gründen nicht möglich. Jeder Gemeindeseelsorger kann ihn leichter bewerkstelligen, wenn er die Predigten dieses Buches aufgreift und für seine Gemeinde zuspitzen möchte. Zum Ausgleich für diesen Mangel habe ich mich aber bemüht, möglichst viel »Erlebtes und Erlauschtes« in diese Impulsszenen einfließen zu lassen.

[1] Vgl. dazu zuletzt: W. Nastainczyk, Bildpredigten für Kinder und andere. Lesejahr A (Würzburg 1974).

Denn vor allem sollten die in diesem Band gesammelten Predigten ja eben solche *für Kinder* sein: Hauptsächlich kommen darin Themen und Probleme, Erfahrungen und Fragen aus dem Leben katholischer Kinder von hier und heute zur Sprache. Die Impulse, die für die Bewältigung dieser Aufgaben gegeben werden, sind immer von einer Tageslesung, meist dem Tagesevangelium, bestimmt. Sie werden aber, wie ich meine, nicht einfach zum »guten Schluß« angehängt. Vielmehr wird in diesen Predigten der Versuch gemacht, »Menschenworte« und »Gottesworte«, Erfahrung und Glauben füreinander zu öffnen und aufeinander zu beziehen. Im Blick auf dieses Anliegen ist der jeweils zweite Abschnitt der nachstehenden Predigten, der mit »Impulsfragen« überschrieben ist, besonders wichtig und schwierig. Meine eigenen Frage-Vor-Stellungen jedenfalls wurden bei der Verwirklichung dieses Abschnitts oft erweitert, wenn nicht gesprengt. Zuletzt haben die Predigten dadurch aber gewonnen, wenn ich recht sehe.

Anläßlich der Veröffentlichung dieser Predigten danke ich der Gemeinde St. Wolfgang in Regensburg dafür, daß ich in ihren Kinder- und Familiengottesdiensten nun schon so lange Jahre hindurch Predigten »für Kinder und andere« halten darf. Besonders danke ich das dem »neuen« Stadtpfarrer dieser Gemeinde, Helmut Huber.

Ebenso herzlich sage ich aus diesem Anlaß dem Echter Verlag in Würzburg und seinen Mitarbeitern Dank für alle Mühe bei der Drucklegung dieses Bandes und für die angenehme Zusammenarbeit.

Besonders möchte ich aber auch dabei wieder meiner langjährigen Mitarbeiterin, Frau Gerda Schneider, für ihre zuverlässigen und soliden Vorarbeiten danken.

Regensburg, am 7. Juni 1975

Wolfgang Nastainczyk

Müssen und dürfen

Zum 1. Adventssonntag

Bezugstext: Mk 13, 33–37 (Tagesevangelium)

Predigtziele:
1. Sich über das Leben und seine Möglichkeiten freuen;
2. den Advent als Chance zu »kreativem« christlichem Handeln sehen und nutzen wollen.

1. Impulsszene

Sprecher: Der Sturm heult. Dicke Regentropfen klatschen gegen das Fenster. Es ist noch ganz finster. Trotzdem, es wird Tag. Die Mutter rumort schon länger in der Küche. Jetzt ruft sie:
Mutter: Kathrin, aufstehen! Es wird höchste Zeit!
Kathrin (verschlafen, gähnend): Ach, laß mich doch noch ein bißchen im Bett, Mutti! Ich bin noch sooo müde!
Mutter: Aber, Kind, das geht doch nicht! Das weißt du doch! Schließlich gehst du doch jetzt schon acht Wochen zur Schule.
Kathrin: Ich mag aber trotzdem heute nicht aufstehen. Der Lehrer hat ja auch so viele Kinder in unserer Klasse, der kann ruhig mal einen Tag auf mich verzichten.
Mutter: Aber Kathrin – schäm' dich was! Gestern bist du doch gleich aus dem Bett gesprungen, als ich dich geweckt hab'!
Kathrin: Gestern war auch Sonntag. Da hab' ich tun dürfen, was mir Spaß macht. Aber heute ist Montag, da *muß* ich so vieles tun, auch Sachen, zu denen ich gar keine Lust habe.

2. Impulsfragen

Eine ulkige Krabbe scheint das ja zu sein, diese Kathrin! Was sagt sie doch gleich? ... Und was meint sie wohl, wenn sie behauptet: »Am Sonntag hab' ich tun dürfen, was

mir Spaß macht, aber am Montag *muß* ich vieles tun, auch Sachen, zu denen ich gar keine Lust hab'«? ... Ob sie etwa sagen will: Sonntags macht das Leben viel mehr Spaß; da kann man mit seinen Puppen spielen oder malen oder fernsehen? Aber am Werktag muß man in der Schule aufpassen und schnell nach Hause gehen und Schulaufgaben machen – das ist viel weniger lustig als das »Sonntagsleben« ...
Ja, und was mag wohl Kathrins Mutter geantwortet haben? Vielleicht: »Man kann nicht immer bloß dürfen, was einem Spaß macht. Man muß auch manches tun. So ist das Leben!« Vielleicht hat sie auch gesagt: »Du kannst doch heute auch vieles Schöne erleben und unternehmen. Du lernst in der Schule bestimmt etwas Neues. Und wenn du wieder zu Hause bist, kannst du doch auch noch viel anstellen. Der Tag ist ja lang!« Und dann hat die Mutter vielleicht alles mögliche aufgezählt, was Kathrin nach Herzenslust anstellen kann: ihre Freundin Jutta besuchen, Kasperletheater für ihren kleinen Bruder Udo spielen, mit der Mutter einkaufen gehen und die Sandmännchensendung im Fernsehen anschauen ...
Kathrin hat dann sicher gemerkt: Wir können jeden Tag alles mögliche tun, was uns Spaß macht oder weiterbringt. Unser Leben ist reich.
3. Aber auch wenn Kathrin das nicht festgestellt haben sollte, es stimmt, was wir eben gesagt haben, jedenfalls für die meisten von euch Buben und Mädchen.
Wenigstens einen Beweis für das, was ich da eben behauptet habe: Es hängt weithin von uns ab, mit wie vielen Leuten und mit welchen Leuten wir an einem Tag sprechen wollen. Sicher, manche reden uns an und erwarten unsere Antwort. Das sind z. B. Eltern und Lehrer, wenn man noch jung ist und in die Schule geht. Aber schon bei den Hausbewohnern und Klassenkameraden können wir einen Anfang mit Gesprächen machen – oder auch nicht. Dem einen sagen wir vielleicht nur guten Tag und laufen an ihm vorbei. Dem anderen erzählen wir etwas von uns. Oder wir fragen ihn: »Na, wieder gesund?«
Wirklich, wenn wir auch nur ein bißchen nachdenken,

müssen wir zugeben: Wir können und dürfen vieles, ganz nach Belieben und jeden Tag.

4. Es gibt aber Zeiten, die sind so ähnlich wie ein Verkehrsschild. »Halt, aufgepaßt!« sagen sie uns. »Jetzt hast du ganz besonders viele Möglichkeiten!« Heute, am ersten Adventssonntag, beginnt eine solche Zeit.

»Ach«, sagt ihr jetzt vielleicht im stillen zu mir, »das kennen wir schon. Du willst uns bloß etwas vormachen. Du möchtest nur haben, daß wir uns jetzt besonders anstrengen!« Das stimmt aber nicht. Ich glaube nur: Jetzt, im Advent, dürfen wir uns »in Gottes Namen« besonders viel zutrauen. Wir dürfen uns aber auch mehr als sonst erhoffen.

5. Wer feststellen will, ob das stimmt, tut freilich am besten selbst etwas. Kathrin nimmt sich deshalb vielleicht vor: »Ich bete jeden Abend im Advent für die Menschen in Vietnam, damit sie bald im Frieden leben dürfen!« Sie macht's – und hat sicher Freude daran, daß sie, ein kleines Mädchen, etwas Wichtiges für ein großes Land tun darf. Ich helf' meiner Mutter jetzt vor Weihnachten öfter als sonst, überlegt sich Ludwig. Und als er darangeht, stellt er fest: Das tut gut. Nicht nur, weil er dadurch am meisten von den Weihnachtsplätzchen zu kosten bekommt, die er mit der Mutter backen darf. Vor allem freut Ludwig sich über die Freude seiner Mutter, die sich jetzt gern etwas mehr helfen läßt, weil sie sich jetzt doch auch mehr Arbeit macht.

So gibt's noch vieles, was wir dürfen, immer und jetzt im Advent besonders.

6. Aber was hat das mit Gott zu tun: daß wir etwas dürfen und uns mit andern gemeinsam darüber freuen? Meine Antwort heißt: Das hat viel mit Gott zu tun. Denn Gott schenkt uns unser Leben und die ganze Welt. Damit können und dürfen wir unendlich viel anfangen. Wir sind die Leute, von denen es heute im Evangelium heißt: Ihr Herr hat ihnen sein ganzes Haus überlassen, damit sie darin schalten und walten, selbständig und zum Besten des Hauses. Wie schon gesagt, das gilt besonders für die Zeit, die heute wieder beginnt, für den Advent.

Wollen und können
Zum 2. Adventssonntag

Bezugstext: Mk 1, 4–8 (Auszug aus dem Tagesevangelium)

Predigtziele:
1. Die eigenen Fähigkeiten und Kräfte für Mitmenschen und Gott einsetzen wollen;
2. einsehen und bejahen, daß wir immer nur einen Teil dessen verwirklichen können, was uns notwendig scheint.

1. Impulsszene

Sprecher: Die kleine Schwester schaut aus ihrem Bilderbuch auf und sagt zu ihrem großen Bruder:
Schwester: Wenn ich groß bin, dann möchte ich ein Engel sein und zu den Leuten sagen: Ich verkündige euch eine große Freude!
Sprecher: Der große Bruder lächelt ein bißchen über seine kleine Schwester, aber so, daß sie's nicht merkt. Dann sagt er:
Bruder: Das geht doch nicht. Menschen können keine Engel werden. Aber andern Leuten etwas Gutes sagen, das kann man schon. Ich mach' das auch, wenn ich einmal groß bin. Dann lern' ich alles: wie man Häuser baut und Lichtleitungen legt und mit dem Traktor pflügt. Dann fliege ich mit dem Flugzeug nach Indien und zeig' das den Leuten dort, die das noch nicht können. Dann lernen sie es auch, und dann machen sie es. Da bekommen sie es dann besser als das braune Mädchen auf dem Plakat, das so verhungert aussieht.
Schwester (nickt mit dem Kopf): Ja, das machst du!
Sprecher: Die Tür zwischen Kinderzimmer und Küche steht offen, als Bruder und Schwester sich so unterhalten. Darum hört die Mutter alles, was sie sagen. Jetzt kommt sie ins Zimmer und spricht ihre Kinder an:
Mutter: Ihr wollt beide genau das Richtige. Es dauert nur

noch eine Weile, bis ihr groß seid. Aber vielleicht könnt ihr jetzt schon etwas tun.
Bruder und Schwester (gemeinsam): Was können wir denn jetzt schon tun?
Mutter: Vielleicht steckt ihr zu Weihnachten ein Geldstück aus eurem Sparschwein in unsere Büchse für die hungrigen Kinder in Indien?
Bruder: Das mach' ich!
Schwester: Ja, das mach' ich auch!
Mutter: Und jetzt gleich könnt ihr auch etwas helfen, ihr könnt unsere letzten Päckchen zur Post tragen.
Sprecher: Da ziehen Schwester und Bruder ihre Mäntel an. Beide nehmen eine Tasche, und dann gehen sie zur Post[1].

2. Impulsfragen

Überall und jeden Tag könnte das passieren – jetzt vor Weihnachten. Ich find' sogar, der kleinen Schwester und ihrem großen Bruder sind wir alle ein bißchen ähnlich, gleichgültig, ob wir zehn oder fünfzig Jahre alt sind. Aber hören wir noch einmal auf das, was die beiden Geschwister sagen! Die kleine Schwester möchte ein Engel sein. Weshalb wohl? ... Weil sie dann schön wäre und alle über sie staunen müßten? Nein – sie will andern Leuten etwas Gutes sagen, sie will ihnen Freude machen. Genau das möchte aber auch ihr Bruder. Nur hat der sich schon ein bißchen besser überlegt, wie er das anstellen kann. Wer weiß noch, was er sich vorgenommen hat? ...
Nicht wahr, alles ist »in Ordnung«, was der große Bruder tun möchte. Entwicklungshelfer sind bestimmt noch gefragt, wenn er groß ist.
Nur eines übersehen die beiden. Die Mutter sagt es ihnen deshalb. Was ist denn das, worauf die Mutter ihre Kinder hinweisen muß? ... Ja, gut, sie sagt ihnen: »Jetzt könnt ihr das alles ja noch nicht, was ihr gern möchtet. Aber es

[1] Nach G. Mielitz, Wenn ich groß bin, in: Dies. (Hrsg.), Sei uns willkommen, schöner Stern, Lahr ²1972, 65.

ist gut, daß ihr daran denkt!« Ob das eine kluge Mutter ist?... Weshalb wohl?... Sicher ist diese Frau klug. Sie lacht ihre Kinder nicht aus, wenn sie sich übernehmen, im Gegenteil. Sie lobt sie. Sie macht ihnen Mut. Und noch aus einem andern Grund muß man diese Mutter »großartig« nennen; wer findet ihn heraus?... Gut, weil sie ihren Kindern zeigt, was sie schon jetzt helfen und Gutes tun können.

3. Ich hab' vorhin schon gesagt: Meiner Ansicht nach sind wir alle dem Bruder und der Schwester ein bißchen ähnlich. Genauso wie die beiden möchten wir das doch alle: etwas können und stark sein, etwas haben und hergeben können, etwas leisten und damit etwas erreichen. Wir machen unsere Pläne und malen uns aus: Später tu' ich das. Oder wir denken: Das möcht' ich unbedingt schaffen.

Wenn wir solche Pläne schmieden, denken wir beileibe meist nicht nur an uns. Ganz im Gegenteil: Wenn wir uns etwas vornehmen und wünschen, denken wir oft ganz besonders an andere Menschen. Wir machen es – Gott sei Dank – ähnlich wie der große Bruder in unserer Geschichte: Der möchte ja auch lernen und etwas leisten, damit er anderen helfen kann, Leuten, die brauchen können, was er fertigbringt.

4. Leider geht es uns aber noch in einer anderen Hinsicht ähnlich wie den beiden Geschwistern. Auch wir merken oft: Was ich möchte, kann ich ja noch gar nicht. Oder: Ich schaff' nur ein bißchen von dem, was ich will. Gerade wenn man noch sehr jung ist, merkt man das oft – und bekommt es zu hören und zu spüren. »Geh doch weg, du Dummerchen«, sagt Frau Helwig z. B. manchmal zu ihrer dreijährigen Ulrike, wenn die auch Staubwischen oder Blumengießen will wie ihre Mutter. Dann ärgert sich Ulrike. »Nein, *du* kannst das doch bestimmt nicht«, hat Lehrer Bergmann neulich zu Alfons gesagt, weil Alfons sich zum erstenmal an die Tafel gemeldet hat, um dort etwas vorzurechnen. Herr Bergmann hat das nicht böse gemeint, er hat an die Kinder in der Klasse gedacht, mit denen er rasch vorankommen wollte. Und bisher hatte Alfons eben immer ver-

sagt, wenn er einmal etwas vormachen sollte. Für Alfons war es ein schwerer Schlag. Manche von uns sind aber nicht nur jung und weniger für Mathematik begabt. Manche sind auch krank. Petra sieht schlecht, Herberts Augen zucken nervös. Sylvia kann einfach nicht behalten, was sie gelesen hat, weil ihr einige Gehirnzellen abgestorben sind, als sie als kleines Mädchen einmal die Kellertreppe hinuntergefallen ist. Und Michaels Mutter hat vor seiner Geburt Tabletten genommen, die Michael geschadet haben. Jetzt hat er nur ganz kleine Armstümpfchen und muß mit seinen Zehen schreiben und essen.

5. Wenn jemand krank ist, passiert es ihm besonders leicht, daß er ausgelacht oder weggejagt wird. Gott sei Dank, es gibt aber auch andere Leute, solche wie die Mutter von den Geschwistern in unserer Geschichte. Es gibt Menschen, die zeigen uns: Das kannst du aber! Das machst du gut! Dann bekommen wir Mut. Dann denken wir nicht mehr so sehr an das, was wir wollen und nicht können. Dann freuen wir uns über alles, was wir zustande bringen, und machen es gern.

6. Darum haben wir heute gerne die Sänger und Spieler aus einem Heim für behinderte Kinder zu Gast. Sie haben es schwerer als wir alle; sie müssen sich viel mehr anstrengen als wir, wenn sie etwas lernen wollen. Aber sie zeigen uns heute, was sie können. Sie beschenken uns mit dem, was ihnen ihre Lehrer und Erzieher beigebracht haben. Das ist schön. Wir danken dafür.

Aber bestimmt freut auch ihr Buben und Mädchen euch, daß ihr heute den Gottesdienst in dieser Kirche gestalten könnt. Daran merkt ihr ja: Wir können manches, auch wenn wir anderes nicht fertigbringen. Und darauf kommt es an: daß wir tun, was wir können. Wer uns das sagt? Einmal unser Verstand. Aber auch der große Prediger Johannes, von dem wir heute im Evangelium hören. Er traut uns sogar zu, daß wir eine Straße für Gott bauen, der zu uns kommen will. Sicher denken wir alle zuerst: Das können wir doch nicht. Aber Johannes glaubt, daß wir das fertigbringen. Und er muß es wissen.

Bote und »Absender«
Zum 3. Adventssonntag

Bezugstext: Joh 1, 6. 8. 19–28 (Tagesevangelium)

Predigtziele:
1. Gute Gaben und ihre Geber zu schätzen wissen;
2. »Bote« sein wollen, der auf die Güte des »Absenders« Gott verweist.

1. Impulsszene

Sprecher: Jetzt vor Weihnachten herrscht bei der Post Hochbetrieb. Besonders die Beamten, die mit Paketen zu tun haben, stöhnen darüber. Die Leute aber, die die Pakete bekommen, freuen sich.
Sebastian und seine Mutter bekommen keine Pakete. Auch jetzt vor Weihnachten denkt niemand an sie. Niemand? Nein, das stimmt nicht. Sebastians Oma hat bisher immer zu Weihnachten ein Paket geschickt.
Als Sebastian gestern aus der Schule nach Hause kommt, ist die Mutter nicht da, wie so oft. Sie macht noch in der Apotheke sauber, wo sie als Putzfrau beschäftigt ist. Da läutet es an der Tür. Sebastian macht auf. Der Paketbote steht vor der Tür. Er fragt:
Paketbote: Bist du das – Sebastian Schäuble?
Sebastian (nickt): Ja, so heiß' ich!
Paketbote: Na, dann ist's ja gut. Dann bekomm' ich eine Mark und zwanzig Pfennig von dir, junger Mann!
Sprecher: Sebastian hat auf den Absender geschaut. Tatsächlich, die Oma hat auch in diesem Jahr an ihn und seine Mutter gedacht. Jetzt rennt Sebastian und schließt das Türchen im Bauch seines Sparschweins auf. Er nimmt eine Mark und ein Fünfzigpfennigstück heraus. Die gibt er dem Postboten. Der will ihm dreißig Pfennig herausgeben. Da sagte Sebastian:

Sebastian: Lassen Sie nur, es stimmt schon so!
Postbote: Du bist aber großzügig! Aber ich nehm's schon! Dank' dir auch schön für dein Trinkgeld!
Sprecher: Sebastian macht die Wohnungstür zu. Er muß sich richtig anstrengen beim Wegschleppen des Pakets, denn es ist schwer. Die dreißig Pfennnig, die er verschenkt hat, tun ihm nicht leid. Im Gegenteil ...

2. Impulsfragen

Viel Taschengeld bekommt der Sebastian bestimmt nicht, von dem wir eben gehört haben. Weshalb wohl nicht? ... Trotzdem, gestern war er einmal sehr großzügig mit seinem Geld. Was hat er denn getan? ... Der Paketbote staunt darüber, daß er von einem kleinen Jungen ein Trinkgeld bekommt. Aber Sebastian findet das ganz selbstverständlich – in *dem* Fall. Weshalb? ... Was hat er denn dem Paketboten damit zeigen wollen? ... Ob der Paketbote auch gemerkt hat, wie sehr sich Sebastian über das Paket von seiner Großmutter freut? ... Vielleicht nicht einmal; aber er hat sich jedenfalls darüber gefreut, daß Sebastian ihm etwas geschenkt hat.

3. Sebastian in unserer kleinen Geschichte tut etwas, was selten ist. Er fragt nicht nur: »Was krieg' ich?« Er freut sich auch über seine Oma, die ihm etwas schenkt. Er dankt auch dem Boten, der ihm sein Geschenk überbringt. Und dabei kann der Bote doch »gar nichts dafür«, daß er Sebastian das Paket bringen darf. Das ist ja sein Beruf. Aber Sebastian denkt: Ohne den Postboten hätt' ich mein Paket nicht bekommen. Der Mann verdient's also, daß ich mich ihm dankbar zeige.

4. Wir haben oft Gelegenheit, es Sebastian gleichzutun. Gerade jetzt vor Weihnachten; da bekommen wir ja auch viel geschenkt, da erleben wir ja auch immer wieder, daß jemand freundlich zu uns ist oder uns sonstwie eine Freude macht. Vor ein paar Tagen erst haben sicher die meisten von uns eine Tüte mit Lebkuchen und einem Schokoladennikolaus vor dem Bett oder der Tür gefunden, oder wir

haben ein Nikolausspiel mitgemacht und sind dabei ähnlich beschenkt worden. Wir erleben jetzt alle, daß unsere Eltern und Geschwister und andere, die uns mögen, irgend etwas für uns basteln oder nähen oder anschleppen. Unsere Mütter sehen meist abgespannt aus, weil sie so viele Plätzchen und Kuchen backen. Und die Väter sitzen manchmal über dem Kontobuch und rechnen. In den Geschäften treten sich die Leute auf die Zehen und sind nervös, weil manches nicht vorrätig ist, was sie gerade möchten. Trotzdem gibt es noch Verkäuferinnen und Verkäufer, die nicht aus der Haut fahren. Manche lächeln sogar noch und beraten jemanden, der nicht recht weiß, was er kaufen soll.
Wir nehmen das alles meist hin, als ob es selbstverständlich wäre. Vielleicht ist es sogar selbstverständlich. Gut und schön ist's trotzdem. Aber wann zeigen wir schon einmal, daß wir uns über unsere Eltern oder eine freundliche Verkäuferin freuen? Nein, wirklich, solche wie Sebastian gibt es nicht häufig. Schade ...

5. »Ha«, protestiert ihr jetzt vielleicht, »und wir? Wer bedankt sich denn bei uns?« Und dann zählt ihr womöglich auf, wie oft man das bei euch vergißt: Die Mutter sagt nichts, wenn ihr den Abfalleimer zur Mülltonne gebracht habt. Der Vater schimpft womöglich gar über die Holzspäne, die in eurem Zimmer herumliegen – und dabei stammen die doch von dem Pfeifenständer, den ihr für ihn sägt und leimt, und eigentlich müßte der Vater sich das doch denken können. Und wenn ihr in einem Laden den Verkäufer anlacht, sagt der bestimmt auch nicht: »Das ist aber nett von dir!«
Leider, das stimmt auch. Und es ist bedauerlich. Denn selbstverständlich verdient ihr Dank, wenn ihr etwas schenkt oder sonst etwas tut, was gut gemeint ist.

6. Dank gebührt sogar dem, der »bloß« ein Bote ist. Wer eine gute Gabe überbringt, ist ja sozusagen durchsichtig. Hinter einem Boten wird der sichtbar, der ihn sendet. Ein Bote steht für den »Absender«. Ein Bote macht den Absender sichtbar, der weit weg ist, der nicht selbst kommen kann oder will.

7. Wir Christen sagen sogar: Jeder, der etwas Gutes tut, ist ein Bote Gottes. Er erinnert uns daran: Gott gibt nur gute Gaben, und was gut ist, kommt zuletzt von Gott. Das Evangelium, das wir heute hören, stellt uns einen Mann vor, der uns das besonders deutlich zeigt: Johannes der Täufer hat den Menschen imponiert. Er hat ihnen etwas sagen können. Die Leute haben über ihn gestaunt. »Das ist ein ganz großer Mann«, haben sie deshalb von Johannes gesagt. »Das ist womöglich gar der Messias, der Retter, den Gott uns schicken will«, haben andere geflüstert. Und dann, so erzählt das Evangelium, fragen einige Leute Johannes sogar: »Wer bist du denn?« »Ich bin nicht der Messias«, bekennt Johannes da. »Ich bin nur sein Bote.« Das ist bescheiden und selbstbewußt zugleich. Denn Johannes zeigt damit: Auch der Bote ist wichtig. Wir brauchen auch Boten. Ja, wir dürfen glauben: Jeder von uns ist ein Bote, auf den andere Menschen warten, weil er ihnen Gutes tun kann. Jeder von uns ist ein Bote, der Dank verdient, weil er Gutes zu geben hat.

Weihnachten — wie wir es feiern und weshalb wir es feiern

Zum 4. Adventssonntag

Bezugstext: Lk 1, 26–38 (Tagesevangelium)

Predigtziele:
1. Erkennen, daß Vorbereitung und Gestaltung des Weihnachtsfestes wenigstens in mancher Hinsicht frag-würdig sind;
2. sich über die Botschaft freuen, daß wir an Weihnachten das Geburtsfest des Messias begehen, der uns trotz unserer Schwäche und Sünde liebt und rettet.

1. Impulsszene

Sprecher: Der Religionslehrer einer fünften Klasse wollte mit seinen Schülern darüber sprechen, wie sie zu Hause Weihnachten feiern und was sie darüber denken. Damit die Mädchen und Buben seiner Klasse aber wirklich berichten, was sie an Weihnachten erleben und denken, hat sich dieser Lehrer etwas Interessantes einfallen lassen. Er hat nämlich eines Tages im Advent zu seiner Klasse gesagt:
Lehrer: Stellt euch einmal vor, bei uns in Deutschland ist ein Mann zu Besuch, der gar nichts von Weihnachten weiß. Er hat keine Ahnung davon, wie wir dieses Fest begehen; er weiß nicht, weshalb wir es feiern. Wo könnte denn so ein Mann herkommen und wie könnte er heißen?
Sprecher: Da ruft Sabine:
Sabine: Von den Fidschi-Inseln könnte er kommen, und heißen könnte er Kuka Kuka!
Sprecher: Alle in der Klasse lachen, der Lehrer auch. Damit ist klar, wer der Mann ist, der keine Ahnung von Weihnachten hat. Daraufhin sagt der Lehrer:
Lehrer: Denkt euch jetzt bitte in zehn Minuten einen Brief aus, den der Herr Kuka Kuka nach Hause geschrieben

haben könnte, an seine Frau Nassa Tassa und seine Kinder, und in dem er erzählt, was er in Deutschland an Weihnachten erlebt hat!
Sprecher: Die Buben und Mädchen aus der 5b fangen eifrig an zu schreiben. Noch ehe zehn Minuten vergangen sind, meldet sich Sabine, weil sie fertig ist. Sie darf darum auch als erste ihren »Brief von Kuka Kuka« vorlesen. Er lautet:
Sabine: Liebe Familie!
Ich möchte Euch von einem ganz seltsamen Fest hier in Deutschland berichten. Am 24. Dezember konnten die Kinder meiner Gastgeberfamilie den Abend gar nicht erwarten. Endlich war es soweit. Zuerst wurde gut gegessen. Es gab Karpfen und Kartoffelsalat, dazu Sekt für uns Erwachsene und eine Bowle für die Kinder. Dann gingen wir gemeinsam in ein Zimmer, das festlich geschmückt war. Eine große Tanne stand darin. Sie war mit vielen bunten Kugeln und Süßigkeiten behängt. Elektrische Kerzen brannten daran. Unter der Tanne war ein kleiner Stall aufgebaut. Darin standen die Figuren von einer Familie mit einem kleinen Kind. Das lag in einer Futterkrippe. Alle möglichen Tierfiguren standen rund um diese Krippe herum. Aber auch Hirten waren dabei. Von diesen Leuten wurde dann auch ein Lied gesungen. Jesus hieß dieses Kind. Die Leute behaupten hier, daß er später für alle Menschen auf der Welt viel getan hat. Was das ist, habe ich nicht richtig herausbekommen. Es scheint aber etwas mit dem Frieden zu tun zu haben. Nach dem Lied, das wir gemeinsam gesungen haben, bekamen die Kinder von den Eltern eine Menge Geschenke, vor allem Spielzeug und Bücher, aber auch Kleidungsstücke. Die Kinder haben auch ihre Eltern beschenkt, mit Zeichnungen und Bastelarbeiten. Das nannten meine Gastgeber »Bescherung«. Danach wurde wieder tüchtig gefuttert, vor allem Orangen und Lebkuchen. Es gab auch wieder zu trinken. »Jetzt wird es aber Zeit«, sagte da meine Gastgeberin auf einmal. »Wir müssen uns beeilen, damit wir in die Kirche kommen.« Dorthin ist die Familie dann gegangen. Ich bin nicht mitgegangen, weil ich nicht erfahren konnte, was man in dieser Kirche tut. Wenn ich

es recht verstanden habe, hat sie etwas mit dem Jesus zu tun, der als Kind in einem Stall lag. So, das war mein Brief über das Weihnachtsfest in Deutschland. Es grüßt Euch alle Euer Vater Kuka Kuka.
Sprecher: Als Sabine das gelesen hat, klatschen manche in der Klasse Beifall. Und der Lehrer sagt:
Lehrer: Gut hast du das gemacht, Sabine. Ich glaube, jetzt haben wir viel Stoff für unser Gespräch über Weihnachten[1].

2. Impulsfragen

Nicht wahr – das *muß* ja ein interessantes Gespräch gegeben haben in dieser Klasse 5b! Überlegen wir einmal, wovon dabei die Rede gewesen sein dürfte! Zuerst sicher von der Frage: Wie feiern wir denn Weihnachten? Und was haben die Buben und Mädchen dazu vermutlich aufgezählt? Sicher haben sie bei den Geschenken angefangen, die sie sich wünschen und die sie machen. Was haben sie denn dazu vermutlich gesagt? ... Und dann haben sie wohl vom guten Essen und Trinken geredet, das es an Weihnachten meist gibt. Was wird denn da in unseren Familien so alles gegessen und getrunken? ...
Sicher haben unsere Fünftkläßler auch erzählt, wie es in ihrem Weihnachtszimmer aussieht, also besonders vom Christbaum und von der Krippe. Wie sehen denn die eigentlich aus? Weiß noch jemand etwas außer Sabine, aus deren Aufsatz wir vorhin gehört haben? ...
Ja, und damit sind wir schon an die zweite Frage herangekommen, die der Lehrer mit seiner Klasse besprechen wollte; ich meine die Frage: Weshalb feiern wir eigentlich Weihnachten? Woran denken wir denn da? Was haben die Mädchen und Buben dazu vermutlich geäußert? ...
Sicher haben manche gesagt: »Weihnachten ist der Ge-

---

[1] Nach: H. K. Berg, Die Erlebnisse des Herrn Kuka Kuka – Kinder beschreiben und deuten das Weihnachtsfest, in: S. Berg – H. K. Berg, Weihnachten im Unterricht (zum Beispiel Beiheft Nr. 3), Berlin 1968, 43–47.

burtstag von Jesus Christus. Den feiern wir.« Dann hat der Lehrer aber wahrscheinlich weiter gefragt, zum Beispiel so: »Und weshalb feiern wir den Geburtstag von Jesus Christus eigentlich?« Ich könnte mir denken, daß nicht mehr allzuviele in der Klasse eine Antwort auf diese Frage gewußt haben. Sie ist nämlich nicht so leicht zu beantworten. Irgend etwas können wir natürlich alle dazu sagen, aber ob es das Richtige ist?
3. Deshalb find' ich's großartig, daß der Heilige Abend dieses Jahr auf einen Sonntag fällt. Da kommen wir hier zur Meßfeier zusammen, und vielleicht haben wir auch sonst ein bißchen mehr Zeit als in anderen Jahren, um über die Frage nachzudenken: Weshalb begehen wir denn Weihnachten eigentlich als Fest? Warum freuen wir uns so sehr über dieses Fest? Es gibt viele richtige Antworten auf diese Fragen. Versuchen wir einmal, einige zu geben! ...
Weshalb wir Weihnachten als Fest feiern, sagt uns auch das heutige Evangelium. Sogar besonders schön.
Sagt nicht vorschnell: Ach, die kenn' ich doch längst, diese alte Geschichte von dem Engel und Maria und dem Kind, das sie bekommt! Natürlich kennen wir diese Geschichte. Wahrscheinlich können wir sie alle nacherzählen. Ob wir aber auch von der Freude gepackt sind, die uns diese Geschichte schenken will? Das will sie nämlich! Sie sagt ja, wenn wir sie in unsere Sprache übersetzen: Wir Menschen haben es nicht leicht und gut in dieser Welt. Und was noch schlimmer ist: Oft sind wir selbst daran schuld. Statt daß wir Menschen uns gegenseitig helfen, ärgern und schaden wir uns oft. Manchmal sind wir auch zu faul, um irgend etwas Gutes zu tun. Wir Menschen sitzen also sozusagen in finsterer Nacht. Aber diese finstere und kalte Nacht wird hell und warm. Gott, der uns die Welt und das Leben geschenkt hat, will nicht, daß wir im Finstern bleiben. Ein junges Mädchen bringt einen Sohn zur Welt. Äußerlich betrachtet, ist er ein ausgesprochen armes Kind, ein Habenichts. Als aus diesem Kind aber ein Mann geworden ist, staunen die Leute über das, was er tut und sagt. Es ist nämlich unerhört. Zwar muß dieser Mann elend sterben. Aber

das ist nicht sein Ende. Seine Jünger dürfen erfahren: Er lebt wieder. Und er gibt auch uns allen Kraft und Mut für ein neues Leben. Jesus Christus ist der erste, der Herr einer neuen Menschheit und Welt. Sie wächst zwar erst langsam heran, und in unserer Welt sieht es weiter übel aus. Trotzdem, die Entscheidung ist gefallen. Jesus Christus hat für uns gesiegt. Er will mit uns weiter siegen, bis diese Welt herrlich schön ist, bis wir alle glücklich sein dürfen für immer. Ein helles Licht leuchtet also in die Nacht hinein, in der wir leben. Das sagt uns das schöne vorweihnachtliche Evangelium, das wir heute am Heiligen Abend hören. Es will uns also Freude machen, wie dieser Tag überhaupt.

4. Deshalb ist es gut und richtig, wenn wir uns an Weihnachten freuen und das auch zeigen: durch Essen und Trinken, durch Geschenke und Gespräche. Das alles hat jedenfalls guten Sinn, wenn wir dadurch zeigen wollen, daß wir glauben, was wir gern singen:

»Welt war verloren,
Christ ist geboren!
Freue dich, du Christenheit!«

Weihnachten — »wunschgemäß« oder »ausgeglichen«?

Zum Weihnachtsfest (Vorabendmesse am Hl. Abend)

Bezugstext: Lk 2, 15–20 (Evangelium der Meßfeier am Tag)

Predigtziele:
1. Verschiedene Gestaltungsmöglichkeiten für das Weihnachtsfest überdenken;
2. die Weihnachtsfeiertage im Blick auf Angehörige und Jesus Christus begehen können und wollen.

1. Impulsszene

Sprecher: Es war am ersten Weihnachtstag, nachmittags so gegen drei. Familie Meinhard war auf dem Flur beim Anziehen und bereitete sich auf einen Besuch bei Oma vor. Plötzlich konnte man draußen im Treppenhaus folgendes Gespräch hören.
Vater: Was, du willst am ersten Festtag in diesem Wollsack rumlaufen?
Heiko: In meiner Freizeit ...
Vater: Ich habe dich was gefragt und will eine Antwort haben!
Heiko: Ich meine, in meiner Freizeit kann ich ja anziehen, was ich will.
Vater: Was, du willst dich bei meiner Mutter in diesen Lumpen sehen lassen? Marsch ab! Umziehen! Den neuen Anzug angezogen! Als ich so alt war wie du mit deinen ...
Heiko: Wieso, ich gehe ja sowieso nicht mit zu Oma. Ich gehe zu Heinz, Gitarre spielen.
Vater: Was, zu Heinz? Da wird nix draus! Das kennen wir, dann sehen wir dich bis morgen früh nicht wieder.
Heiko: Keine Sorge, ich bin früh genug wieder da. Ich bin ja auch kein Kind mehr.
Vater: Also Else, hör dir das an! Das nennt man Dankbarkeit! Eine Gitarre zu Weihnachten und dann so was!

Weihnachten – das ist Weihnachten, verstanden? Ein heiliges Fest! Und kein Beatabend.
Heiko: Ich mache Weihnachten aber, was mir paßt, nicht so'n Kitsch und so'n Rummel. Holder Knabe und 'n Berg Geschenke ...
Vater: Wir sind am ersten Weihnachtstag schon immer zu Oma gegangen und dabei ...
Heiko: Was geht mich Oma an?
Mutter: Heiko!
Vater: Alte Menschen sollst du achten, erst recht, was unsere Oma ist. Da haben wir als deine Eltern auch noch ein Wort mitzureden! Wo wollen wir denn hinkommen ...
Heiko: Du hast sie ja selber letzten Freitag vor die Tür gesetzt, weil sie immer herumnörgelt.
Vater: Das geht dich gar nichts an! – Aber dir werd' ich's zeigen. Bring sofort die Gitarre her!
Heiko: Das ist meine Gitarre, die ...
Vater: Das wollen wir mal sehen! Die wird jetzt eingeschlossen!
Sprecher: Man hörte, wie der Vater in Heikos Zimmer ging, danach kurz ins Schlafzimmer und dann eine Tür abschloß. Herr und Frau Meinhard verließen gleich darauf die Wohnung. Heiko sah man eine Weile später ebenfalls rauskommen.[1]

2. Impulsfragen

Eine schöne Bescherung, kann man auf diese Geschichte hin nur feststellen, scheint mir. Aber was heißt hier Geschichte? Was da erzählt wird, spielt sich doch gar nicht so selten ab, gerade jetzt in diesen Tagen. Vielleicht haben wir's ähnlich erlebt. Denkt ein bißchen nach! Ein älteres Ehepaar will Weihnachten feiern. Es soll so werden wie seit Jahren. Was haben sich Mann und Frau denn für Weihnachten vorgenommen? ... Ja, vor allem wollen sie einen Besuch machen, bei der Mutter des Mannes.

[1] K. Petzold, Familie Meinhard, in: D. Brummack u. a. (Hrsg.), Anpassung oder Wagnis, Frankfurt-Berlin-München ²1972, 4 f.

Aber da ist auch noch ihr Sohn. Er ist kein kleines Kind mehr. Deshalb hat er sich seine eigenen Pläne für den ersten Weihnachtsfeiertag gemacht. Was hat er denn vor? ... Nun die Frage: Wer hat die besseren Pläne für Weihnachten? Wer hat mehr recht? ... Nicht wahr, diese Frage kann man nicht eindeutig beantworten. Sie ist falsch gestellt. Darum eine andere: Wer ist schuld an dem Streit, der da so unversehens aufbricht? Heiko? Seine Eltern? Vielleicht gar die Oma oder Heinz? ... Auch das kann man nicht so genau sagen.
Dafür ist eines ziemlich klar: Es hätte eine bessere Lösung gegeben. Was hätten Vater und Mutter tun können – vor Weihnachten? ... Und was hätte Heiko besser getan – rechtzeitig? ...
Aber nun ist's passiert. Heiko und seine Eltern haben sich kräftig gestritten. Die Eltern gehen zur Oma, Heiko läuft mit der Gitarre zu seinem Freund. Wie wird es aber sein, wenn sie sich wieder begegnen, vielleicht am zweiten Feiertag beim Mittagessen? ...
Nehmen wir einmal an, Heiko hat sich inzwischen ein wenig besonnen – und seine Eltern genauso. Es tut ihnen leid, was gewesen ist. Wer könnte nun anfangen, etwas dazu zu sagen? Und was könnte das sein? ...
Ja, am ehesten kann's wohl der Mutter gelingen, wieder Frieden zu stiften. Sie hat sich ja ziemlich aus der Auseinandersetzung herausgehalten. Vielleicht findet sie ein gutes Wort, das vermittelt. Womöglich macht sie sogar einen Vorschlag für den Nachmittag des zweiten Feiertages. Wie könnte der etwa lauten? ...

3. Wir haben lange von Familie Meinhard gesprochen. Weshalb eigentlich? Kurz gesagt: Weil wir alle nicht möchten, daß es bei uns ähnlich zugeht – und weil das doch vorkommt. So etwas passiert »auch in den besten Familien« und besonders leicht an Festtagen wie Weihnachten. Und dabei möchten wir doch gerade an solchen Tagen »Frieden haben« und uns freuen. An Tagen wie Weihnachten wollen wir uns nicht aufregen, sondern »unsere Ruhe haben«. Alles soll dann »wunschgemäß« verlaufen. Wunschgemäß heißt

aber: so, wie wir es gern möchten. Es kommt uns gar nicht in den Sinn, daß andere einen Tag wie Weihnachten vielleicht anders gestalten möchten als wir. Vielmehr gehen wir gerade von unseren persönlichen Vorstellungen über das Weihnachtsfest aus und behaupten gern: So muß es sein. So ist es allein richtig. Und wir berufen uns dann gern auf die Weihnachtserzählungen der Bibel. Wir sagen beispielsweise: »An der Krippe ist der Friede verkündet worden. Also soll man es sich wenigstens an Weihnachten gemütlich machen, ganz so, wie man es eben haben möchte«.
4. Aber solche Pläne werden eben leicht durchkreuzt, bei uns so gut wie bei Familie Meinhard in unserer Geschichte. Die Eltern wollen gern einen Besuch machen oder empfangen, wir möchten allein bleiben oder zu unserem Freund oder unserer Freundin gehen. Klaus-Peter will am Nachmittag des ersten Feiertags seine neue Märklin-Eisenbahn sausen lassen. Cornelia, seine große Schwester, muß »unbedingt« ihre neuen Schallplatten hören. Beide wollen das natürlich im »Weihnachtszimmer« tun, und schon ist der schönste Konflikt da. (»Krach« nennen wir das in unserer Alltagssprache.)
Was denn? Wer siegt? Wer muß nachgeben? Bekommt immer der Stärkere recht? Gehen alle ihre Wege und kümmern sich nicht mehr umeinander? – So wird es wohl meist sein, leider.
5. Aber es gibt auch bessere Lösungen für solche Streitfälle. Vielleicht sagt die Mutter: »Wir schließen einen Kompromiß. Vater und ich gehen allein zur Oma zum Kaffeetrinken. In der Zeit geht Heiko zu Heinz. Wir holen ihn dort gegen Abend zusammen mit Oma ab. Dann gehen wir zu uns nach Hause, essen zusammen zur Nacht und spielen dann noch gemeinsam. Vielleicht kommt Heinz auch zu uns mit.« Und auch für Klaus-Peters und Cornelias gegensätzliche Wünsche gäbe es eine ähnliche »mittlere Linie«: Cornelia könnte ja eine Stunde zusehen, wie ihr jüngerer Bruder mit seiner Eisenbahn spielt. Vielleicht tut sie sogar ein bißchen dabei mit. Und dann hört Klaus-Peter zu, wie die Schlagerstars singen, für die seine große Schwester

schwärmt. Vielleicht schafft er's sogar, dabei nicht fortwährend zu grinsen und in einem fort zu brummen: »So ein blödes Zeug!«
Oft bekommen wir aber solch einen annehmbaren Kompromiß allein nicht zustande. Manchmal brauchen wir jemand, der vermittelt. Oft ist jemand nötig, dem etwas Besseres einfällt. Ein »kreativer Kopf« muß dann einen Vorschlag machen, dem alle zustimmen können, weil vorher niemand auf diese »glorreiche Idee« verfallen ist.
6. Das alles ist leicht gesagt und schwer getan. Sich mit andern absprechen und einigen heißt nämlich auch: verzichten, auf Wünsche, auf Hoffnungen. Das tun wir aber alle nicht gerade gern. Und wenn wir es schon wollen, schaffen wir es nicht immer ganz.
Aber es ist Weihnachten. Und Weihnachten ist nicht deshalb ein so hohes Fest, weil wir viele Geschenke bekommen und unternehmen, was uns Spaß macht. Weihnachten sagt uns: Gott liebt alle Menschen. Jesus Christus kommt zu uns allen, weil er uns das zeigen will. Das kann uns helfen, uns aufeinander einzustellen. Und wenn uns das nicht gleich oder nicht ganz gelingt, brauchen wir nicht aufzugeben. Wir dürfen dem Herrn, an dessen Geburt wir denken, alles anvertrauen, was uns bewegt und bedrückt. Er liebt uns, auch wenn wir zugeben müssen: Wir lieben uns noch nicht genug. Jesus Christus ist geboren worden, um uns den Frieden und die Freude zu bringen, wonach wir suchen, die wir aber nicht ohne ihn schaffen können.

Betrachten und bewegen
Zum Weihnachtsfest (Meßfeier am Morgen)

Bezugstext: Lk 2, 15–20 (Tagesevangelium)

Predigtziele:
1. Sich an den Weihnachtstagen Zeit gönnen wollen;
2. in den weihnachtlichen Freizeiten die Weihnachtsbotschaft betrachten und sie nach Kräften »bewegen« wollen.

1. Impulsszene

Martin: Eigentlich blöd, daß wir das jetzt machen sollen – den Christbaum schmücken, die Krippe aufstellen und dazu den alten Nußknacker und die Engel aus dem Erzgebirge! Wenn die Alten schon haben wollen, daß das alles wieder herumsteht wie gehabt, sollen sie's doch gefälligst selbst herrichten!
Sprecher: So hat Martin sich gestern mittag Luft gemacht. Aber Marion, seine Schwester, war da ziemlich anderer Ansicht:
Marion: Och, ich find' das eigentlich schick, daß wir das jetzt machen sollen. Irgendwie nehm' ich das als Zeichen dafür, daß die Eltern uns endlich nicht mehr für kleine Kinder halten. Jetzt können wir doch sozusagen hinter die Kulissen schauen, vor denen wir früher gestaunt haben. Denkst du denn nicht mehr daran, wie wir früher immer vom Mittag des Heiligen Abends an herumgezappelt haben? Und das doch bloß, weil die Eltern tun mußten, was wir jetzt vorbereiten sollen!
Sprecher: Aber gegen diese Meinung seiner Schwester hat Martin sich kräftig gewehrt:
Martin: Du bringst wieder einmal alles durcheinander! Natürlich waren wir am 24. Dezember immer aufgeregt – aber doch nicht wegen der Krippe und den Christbaumkugeln! Nein, meine Liebe – da waren allein die Geschenke

dran schuld! Und das ist heute nicht anders, denk' ich mir, wenn ich von mir auf dich schließen darf. Da mag es ja zur Beruhigung und Ablenkung ganz sinnig gewesen sein, daß wir jetzt hier Handlanger spielen. Aber sonst – wozu soll das gut sein, was wir in den nächsten Stunden treiben werden? Ich brauch' keine Kiefer und keine Gipsschafe, um in Weihnachtsstimmung zu kommen. Im Gegenteil, dieser kindische Plunder stört mich ziemlich!
Marion: Immerhin hast du all das mal ganz gern gehabt, vor drei, vier Jahren noch.
Sprecher: hat Marion da die Weihnachtsbräuche in ihrer Familie verteidigt. Aber auch dieser Versuch hat Martin nicht umgestimmt. Nur das wollte er gelten lassen:
Martin: Ich mach' das hier nur für die Eltern. Die freuen sich ja wie die Kinder über diesen Krimskrams!

2. *Impulsfragen*

Hand aufs Herz – wie war das gestern bei uns? Wie steht es heute damit? Ich bin sicher, mancher von uns hat ähnliches gedacht oder zu hören bekommen wie Martin es eben in unserem Lesespiel ausgedrückt hat. Weshalb steht denn in mancher Wohnung kein Christbaum und keine Krippe? ... Ja, das gibt es! Aber andere halten es eher mit Marion. Womöglich haben sie sogar noch bessere Gründe dafür, »nach alter Väter Sitte« Weihnachten zu feiern – mit Krippe und Baum und allem möglichem Zubehör! Wer kennt solche Gründe und nennt sie uns? ... Also gibt es mindestens zwei Arten, Weihnachten zu begehen, eine »mit« und eine »ohne« diesen »Krimskrams«, wie Martin ihn nennt. Was meint ihr Buben und Mädchen: Wie werdet ihr es damit später halten, wenn ihr erwachsen seid und Kinder habt? ... Warum so? ...
3. Auch unter uns gibt es also unterschiedliche Ansichten darüber, wie wir Weihnachten am besten feiern können. Und jedesmal sprechen ernste Gründe für diese Ansichten. Ich glaube, ich darf deshalb sagen: Ob jemand zu Weihnachten Christbaum und Krippe aufgestellt oder nicht, dar-

auf kommt es nicht an. Weihnachten kann man so und so »richtig« feiern.

4. »Richtig« Weihnachten feiern — wie sieht das denn aus? Nun, ich glaube, eins geben wir alle zu: Zu Weihnachten gehören nicht nur Geschenke und gutes Essen und Besuche und Reisen. All das ist wichtig, all das ist ein Teil von Weihnachten — ein mehr oder weniger willkommener. Aber das alles können wir auch sonst haben und gönnen es uns ja auch. Deshalb wage ich zu sagen: »Richtig« Weihnachten wird es erst durch die Geschichte, durch die Feier, die uns hier zusammenführt, vor allem aber durch das, was sie bedeuten. Ich denke ganz bestimmt nicht allein so. Mindestens meinen das auch alle die, die nur ganz selten einmal in einen Gottesdienst gehen, heute aber hierhergekommen sind. Sie sind hier, weil sie hoffen: Hier werden uns unerhörte Dinge verkündet und versprochen. Hier, im Gottesdienst, werden wir an Weihnachten besonders beschenkt. Hier geht es um andere Geschenke, als Menschen sie machen können.

5. Was ist das aber, was allein in den Kirchen der Christen zu hören und zu haben ist? Ich muß mich auf Beispiele beschränken, weil ich unmöglich alles aufzählen kann:

Auf der Welt soll Friede werden. Nacht, Kälte und alles andere, was uns schreckt und ängstigt, ist besiegt. Arme, Einsame, Verlassene und Verfolgte werden finden, was sie suchen. Ein Retter ist für uns Menschen geboren, der all unserer Not ein Ende machen will. Gottes Licht ist über uns Menschen und über der ganzen Welt aufgestrahlt. In seinem Sohn ist Gott zu uns gekommen. Gott macht uns zu seinen Töchtern und Söhnen. Engel verkünden diese herrliche Nachricht. Menschen schenken ihr Glauben. Überrascht machen sie sich auf und finden diese Freudenbotschaft bestätigt. Verwandelt, als neue Menschen, kehren sie in ihr Leben zurück.

6. Eigentlich ist das alles unerhört. Deshalb kann man es kaum glauben. Aber uns hat man es schon oft gepredigt. Darum nehmen wir diese guten Nachrichten nicht mehr sonderlich ernst. Vielleicht finden wir sie auch zu groß-

artig, als daß wir sie glauben können. Wir meinen: Aber mein Leben, unsere Welt sieht doch ganz anders aus! Das kann ja nicht stimmen! Weil das so ist, wenn das so ist, genügt es nicht, wenn wir nur in diesem Gottesdienst Weihnachten feiern wollen – »so ein bißchen«. Wenn wir nur in diesen wenigen Augenblicken an all das denken und auf die Krippe schauen, die hier aufgestellt ist, kann es praktisch für uns nicht Weihnachten werden. Was wir hier von Gott erfahren und gemeinsam mit Jesus Christus tun können, ist nur ein Anfang.

7. Wirklich und ganz persönlich Weihnachten erleben – das können wir nur, wenn wir selber in der nächsten Zeit wirklich und ganz persönlich Weihnachten feiern. Was ich damit meine? Einmal dies: Daß wir uns während der kommenden Tage gelegentlich freie, stille Zeit gönnen, wenn wir nicht gerade immerfort einen Kranken betreuen, uns um kleinere Kinder oder einen seltenen Besuch kümmern müssen. Wenn wir uns überlisten und ehrlich zu andern sind, können das die meisten von uns sicher einrichten: Da einmal fünf Minuten, dann einmal eine halbe Stunde lang dafür sorgen, daß wir nichts tun müssen, aber diese Zeit auch nicht vertrödeln.

8. Wenn wir uns nur ein paar Augenblicke derart wegstehlen können, stellen wir uns am besten wohl vor unsere Weihnachtskrippe zu Hause. Oder wir nehmen uns ein christliches weihnachtliches Bild vor und denken uns eines aus. Haben wir länger Zeit, lohnt es sich, daß wir einen Spaziergang machen, allein. Vielleicht führt er hierher in die Kirche. Da setzen wir uns. Und dann lassen wir die frohe Botschaft von Weihnachten zu *uns* sprechen – mitten in *unser* Leben hinein: – Fragen wir dann: »Was heißt das – *mein* Licht, *mein* Retter ist das, *unsere* Welt wird hell?« Prüfen wir, ob wir innerlich für Jesus Christus bereit sind wie die Hirten und die Magier. Bitten wir, daß er kommt und uns erleuchtet und mitreißt, wenn wir ihm nicht recht vertrauen können, weil wir enttäuscht oder feige oder Sünder sind!

9. Ich kann niemandem versprechen, daß er etwas spüren

wird, wenn er das versucht. Vermutlich redet Gott dann zu keinem von uns mit lauten, unüberhörbaren Worten. Sicherlich sind dann nicht alle unsere Fragen und Probleme gelöst. Aber eines glaube ich fest: Wenn wir die frohe Botschaft von Weihnachten so in uns »bewegen«, dann »bewegt« sie uns hinterher in unserem Leben. Dann sieht die Welt anders aus als vorher. Dann wissen wir besser als zuvor, wie es um uns und alles andere steht. Irgendwie geht es uns dann also wie den Menschen, von denen uns eben im Evangelium verkündet worden ist: Sie hörten – sie staunten – sie bewahrten – sie rühmten und lobten Gott für alles, was sie gehört und gesehen hatten.

Gott-los = frei?

Zum Fest der Heiligen Familie
(1. Sonntag nach Weihnachten)

Bezugstext: Lk 2, 22–34 (Auszug aus dem Tagesevangelium)

Predigtziele:
1. Verstehen, weshalb es Menschen sinnvoll erscheinen kann, »gott-los« zu leben;
2. Nachteile der »Gott-losigkeit« erwägen;
3. sich für Gott entscheiden.

1. Impulsszene

Uwe: Endlich mal ein vernünftiges Wort von der Alten! Das mach' ich aber auch. Und die wird sich wundern, wie!
Sprecher: So brummt Uwe, als die Tür zu seinem Zimmer hinter ihm zufällt. Die Tür zu dem Zimmer, von dem seine Mutter eben gesagt hat:
Mutter: Die Gelegenheit ist günstig, jetzt nachdem die Maler da waren! Richte dir dein Zimmer ein, wie du dir's denkst. Alt genug bist du ja schließlich.
Sprecher: Wenn sie gewußt hätte, was dabei herauskommt, hätte die Mutter das vielleicht nicht gesagt. Jedenfalls erschrickt sie, als sie zu sehen bekommt, was Uwe aus seinem Zimmer gemacht hat. Überall an den Wänden Fotos aus Illustrierten, von Heino, Gaby und allen möglichen Stars, die die Mutter nicht kennt. Von der Decke baumelt ein Netz, woran Seesterne und Pappfische geklebt sind. In der Ecke neben dem Bett ein Poster mit einer Bikinischönheit in Lebensgröße. Und vor dem Fenster zwei riesige Pop-Papierblumen in einem alten Marmeladeneimer. Die Mutter schluckt ein bißchen, will aber weiter nichts sagen. Nur eine Frage kann sie nicht unterdrücken.
Mutter: Na, also, wenn du Spaß an dem Zimmer hast ... Aber sag' mal, dein Hängekreuz von der Erstkommunion, wo ist denn das?

Uwe: Hab' ich abgehängt, wie das andre Gerümpel aus der Kinder-Ära. Der ganze Plunder ist in die Mülltonne gewandert. Hat mir richtig wohlgetan. Ich hab' nämlich jetzt endgültig Schluß mit dem frommen Getue gemacht. Viel wohler fühl' ich mich dabei als vorher.
Mutter: Wir reden noch einmal drüber, wenn du in besserer Stimmung bist als heute. Ich glaub' nämlich nicht, daß alles bei dir so bleibt wie jetzt!
Sprecher: Das ist alles, was die Mutter sagt, als sie aus Uwes Zimmer geht, aus dem »neuen« Zimmer, in dem auch ein »neuer« Uwe wohnt.

2. Impulsfragen

Uwe hat also sein Zimmer neu gestaltet. Gefällt euch, was er dazu getan hat? ... Wie habt ihr's denn in eurem Zimmer, oder wie möchtet ihr's gern haben? ... Mit seinem Zimmer will Uwe auch sich selber verändern. Was tut er dafür? ... Und worauf kommt es ihm dabei an? ... Uwes Mutter ist nicht davon überzeugt, daß Uwe immer so denken wird. Wie kommt sie wohl zu dieser Überzeugung? Wer kann sich Gründe dafür denken? ...
3. Am Beispiel von Uwe haben wir gemerkt oder uns an etwas erinnert: Menschen glauben manchmal, daß es ihnen besser geht, wenn sie ohne Gott leben. »Gott-los« sein, das bedeutet in den Augen solcher Leute: frei leben.
Unter uns sind sicher manche, die darüber den Kopf schütteln. Sie möchten nicht ohne Gott leben und könnten es auch nicht. Deshalb haben sie wenig Verständnis für jemanden wie Uwe.
Aber viele von uns verstehen jemanden wie Uwe sicher gut. Sie kennen Menschen, die denken und handeln wie er. Oder sie haben selbst schon ähnliche Einfälle gehabt. Vielleicht haben manche von uns auch schon einmal ähnliches wie Uwe getan, um zu zeigen: Ich glaub' nicht mehr an Gott! Ich will nichts mit ihm zu tun haben. Sprechen wir deshalb heute von Menschen, die Uwe ähnlich sind.
4. Fragen wir zunächst: Wie kommt es, daß wir Menschen

glauben: Ohne Gott lebt sich's besser. An Gott glauben, das stiehlt einem die Freude. Dadurch wird man unfrei.
Mir scheint, auf solche Ideen kann einmal kommen, wer Gott einfach »satt hat«, wer Gottes überdrüssig ist. »Gott ist langweilig«, meint so jemand. Er denkt dabei an die vielen Geschichten, die er von Gott gehört hat. Aber es waren immer wieder die gleichen. Und alle von früher. Aber wo ist Gott heute, in diesem Leben, das reich und bunt ist? Demgegenüber sieht Gott eben aus, wie er auf manchen Bildern dargestellt ist: als alter Mann, der auf einem Königsthron sitzt, weit weg von uns, uninteressiert an unserem Leben, unfähig, darin etwas zu bewirken. So ein Gott begeistert nicht. Er ist unlebendig, vertrocknet wie eine Mumie.
Andere meinen überhaupt gleich: Gott, den gibt es doch einfach nicht! Auch sie können Gründe für ihre Ansicht nennen. Zum Beispiel Erdbeben und Flugzeugunglücke, Krieg und Hunger. Das kann doch ein Gott nicht wollen! Wenn es das gibt, kann Gott nicht existieren ...
Aber auch das ist möglich: Jemand will nichts mehr von Gott wissen. Gott hat ihn zu sehr enttäuscht, behauptet er. Und er zählt auf: Ich habe gebetet und bin zur Kirche gegangen. Mühe habe ich mir gegeben, und gebeichtet hab' ich immer wieder. Aber was hab' ich davon gehabt? Nur Last und Ärger. Es hat sich nicht gelohnt. Jetzt geh' ich deshalb ohne Gott weiter!
Schließlich: Uns Menschen können andere Ziele und Aufgaben mehr anziehen als Gott. Ein berühmter Mann werden, Abenteuer erleben, sich für andere Menschen einsetzen, die Welt verändern: das reizt manchen mehr als Gott. Und er meint: Dazu hilft mir andres mehr als der Glaube. Vielleicht harte Arbeit, vielleicht eine Partei ...
5. Überhaupt: Ein Wunsch steht wohl immer dahinter, wenn ein Mensch mit Gott bricht: Er möchte frei sein, selbst entscheiden, unabhängig sein. Das große Zauberwort unserer Tage kommt auch hier ins Spiel – und gerade hier: Emanzipation. Wörtlich heißt das: Loslassen der Hand, die einen bisher geführt hat, aber auch: Freigabe durch diese Hand.

6. Und das ist möglich: von Gott loskommen und ohne ihn leben. Viele Menschen versuchen es. Wir kennen alle welche. Es geht ihnen nicht schlechter als uns. Manche sagen auch wie Uwe: Jetzt, ohne Gott, fühl' ich mich wohler.

7. Wer ohne Gott lebt, macht aber unbedingt auch andere Erfahrungen. Sicher fragt er eines Tages: Ich lebe und arbeite und amüsiere mich. Aber was wird daraus? Wozu bin ich überhaupt da? Wie viele Menschen kennen mich schon? Was bringe ich in meinem Leben schon fertig? Und wer denkt noch an mich, wenn ich einmal tot bin? Ein paar Jahre, dann bin ich vergessen.

So fragt mindestens ein nachdenklicher Mensch gelegentlich: an einem strahlenden oder düsteren Tag; wenn er ganz einsam ist oder sich mit dem liebsten Menschen unterhält.

8. Heißt das: Es stimmt alles nicht, was wir vorhin über Menschen gesagt haben, die ohne Gott leben wollen? Nein, das bedeutet es nicht. Wohl aber heißt es: Wer ohne Gott lebt, ist sicher nicht freier als einer, der sich an Gott hält. Wer ohne Gott lebt, bindet sich auf eine andere Weise. Er hat seine Fragen und Sorgen. Und sie sind bestimmt nicht kleiner als die von Menschen, die an Gott glauben.

Ferner: Was wir eben überlegt haben, zeigt: Sich an Gottes Hand halten ist sinnvoll. Es entspricht vielen Erfahrungen und Problemen.

9. Weshalb ist das aber so: Die einen halten sich an Gott, und das fällt ihnen manchmal schwer; andere leben ohne Gott und werden dadurch auch nicht freier? Eine wichtige Antwort darauf enthält unser heutiges Evangelium. Der alte Prophet Simeon verkündet diese Antwort. Er sagt von Jesus Christus: »Viele werden durch ihn zu Fall kommen und viele werden sich an ihm aufrichten.«

Das bedeutet auch: Für Gott und seinen Christus müssen wir uns entscheiden. Niemand ist gezwungen, sich zu ihnen zu bekennen. Viele Menschen leben und sterben ohne Gott. Andere bekennen: Ich kann und will nicht ohne Gott durchs Leben und durch den Tod gehen. Wir können entscheiden, wie wir es halten wollen. Wir müssen uns entscheiden. Wir sind frei.

Neues Jahr — neues Vertrauen

Zum Oktavtag von Weihnachten:
Fest der Gottesmutter Maria und Neujahr

Bezugstext: Lk 2, 21 (Auszug aus dem Tagesevangelium)

Predigtziele:
1. Sich über die eigenen Wünsche und Hoffnungen an das neue Jahr klar werden;
2. das neue Jahr in gläubiger Zuversicht beginnen und durchleben wollen.

1. Impulsszene

Sven: Jetzt geb' ich's aber auf.
Sprecher: So hat Sven gestern abend auf einmal wütend gerufen. Kein Wunder: Schon zum drittenmal hintereinander hatte er nur Klümpchen und Bröckchen zuwege gebracht, als er einen Löffel geschmolzenes Blei in die Wasserschüssel gekippt hatte.
Elfi: Was hast du denn? Das ist doch ganz normal bei dir! Du bringst doch sonst auch nichts Vernünftiges zustande.
Sprecher: So hat seine Schwester Elfi ihn zu allem Überfluß auch noch verspottet. Aber Sven hat ihr ganz schön herausgegeben:
Sven: Immer noch besser, so ein Geklecker zu gießen als du deinen affigen Ring vorhin! Ich hab' doch genau zugesehen, wie du probieren wolltest, ob er dir auch paßt! Du willst dich wohl schon verloben oder verlieben mit deinen lumpigen zwölf Jährchen! Daß ich nicht lache! So grün ...
Sprecher: So wollte Sven seine Schwester noch weiter sticheln. Aber da hat er gemerkt, daß sie puterrot angelaufen war und gleich auf ihn losgehen wollte. Das mochte Sven aber nun doch nicht – Krach an Silvester.
Sven: Ach, komm, streiten wir uns doch nicht über so einen Blödsinn! Bleigießen, das ist doch Quatsch! Wir krie-

gen doch nicht heraus, was uns das neue Jahr bringt, und wenn wir noch so viel Blei gießen!
Elfi: Wer weiß! Vielleicht ist doch was an dem Freundschaftsring dran, den ich vorhin gegossen hab'! Und du bist vielleicht bloß neidisch, weil du nichts herausgebracht hast.
Sprecher: Dabei greift Elfi nach einem Stück Blei, um es über der Gasflamme zu schmelzen.

2. Impulsfragen

Manche von uns haben sicher noch kein Blei gegossen. Wer erklärt ihnen, wie man das macht? ... Und wozu ist das gut: am letzten Tag des Jahres Blei gießen? ... Ja, das stellen sich manche Leute so vor: daß sie auf diese Weise herausbekommen, was ihnen das neue Jahr bringen wird. Aber stimmt das auch? ... Ihr meint also: Sven hat recht. Bleigießen ist ein Spaß, bei dem nichts herauskommt. Wenn das aber stimmt – und alle wissen das im Grund auch –, weshalb gießen dann trotzdem so viele Menschen Blei? ...
3. Zugegeben, eben habe ich eine schwere Frage gestellt. Dafür waren eure Antworten gar nicht übel. »Na ja«, hat Sieglinde gesagt, »wir möchten nun mal gerne in die Zukunft schauen! Und um herauszubekommen, was sie uns bringt, stellen wir alles mögliche und unmögliche an!« Sehr gut, Sieglinde! Manche Leute lesen deshalb jede Woche ihr Horoskop. Darin steht angeblich, was sich aus dem Stand der Sterne für unser Leben ergibt. An manchen Tagen aber möchten wir alle gern den Vorhang vor der Zukunft beiseite schieben. An unserem Geburtstag zum Beispiel, aber auch am letzten und am ersten Tag eines Jahres. Solche Tage kommen uns ja wie Kreuzungen unseres Lebensweges vor: Dahin kann die Reise jetzt gehen, aber auch dorthin, ins Schöne und Gute oder ins Schlimme und Böse. So ungefähr denken wir.
4. Weil das so weitverbreitete, ganz natürliche Gedanken sind, können wir sie ruhig auch einmal hier im Gottesdienst aufgreifen. Und es macht auch nichts, wenn mancher von

uns erst jetzt auf solche Gedanken kommt. Fragen wir uns also einmal jetzt im stillen: Was wünsch' ich eigentlich für das neue Jahr — mir selber, meinen Verwandten und Freunden, uns in unserem Land und den Menschen auf der Welt überhaupt? ... Und jetzt lade ich alle noch ein, wie ich darüber nachzudenken: Wovor soll das neue Jahr verschonen — uns und andere? Was fürchten, hoffen und bitten wir in dieser Beziehung? ...

5. Ich kann mir vorstellen, daß die meisten unserer Hoffnungen gar nicht weit auseinanderliegen. Vieles wünschen und fürchten wir sogar alle bestimmt in gleicher Weise: Wir träumen von gesunden Tagen und gutem Essen, netten Menschen und schönen Reisen, von guten Noten in der Schule oder vollen Lohntüten. Sonnenschein wünschen wir und Frieden, jedenfalls für uns selbst und unsere Umgebung; aber im Grund gönnen wir sie auch anderen, wenn es uns nur nicht daran fehlt. Und wir möchten auch alle in gleicher Weise manches aus dem Leben verbannen: Krankheit und Arbeitslosigkeit, Hunger und Krieg, Unglücksfälle und Todesängste.

6. Das alles drängt sich uns einfach auf. Dabei wissen wir genau: Es wird nicht so glatt gehen, wie wir es gern hätten. Jedenfalls werden viele Menschen erleben, was wir uns selber nicht wünschen. Und wir werden mindestens nicht alles bekommen und schaffen, was wir uns in unseren kühnen Neujahrsträumen ausmalen. Wieso lassen wir es dann nicht bleiben, zu hoffen und zu beten? Machen wir uns vielleicht nur etwas vor? Betrügen wir uns selbst, damit wir möglichst lange nicht beachten müssen, wie das Leben wirklich ist? Manche Leute behaupten das.

7. Wir aber sind hierhergekommen, weil wir etwas anderes glauben. Wir schämen uns nicht, wenn wir Gutes hoffen. Wir haben Grund, darauf zu vertrauen, daß wir bewältigen werden, was das neue Jahr uns aufgibt. Denn wir vertrauen auf den, der den Namen trägt: Jesus-Jeschu-Jehoschuach = Gott ist Hilfe (und Heil). Wir lassen uns durch das Festtagsevangelium von einem Engel Gottes versichern: Dieser Name trifft voll zu. Der Mensch, der ihn trägt, ist zwar

einer von uns – arm geboren und elend gestorben. Aber er ist auch noch anderes: unser Retter und Herr, mächtig und voll Liebe. Und hinter ihm, dem Sohn Gottes, steht der Vater. In seiner guten Hand liegt unser Leben. Daraus können wir nur fallen, wenn wir es selbst wollen.

Damit ist noch nicht alles gut, nein, wirklich nicht. Es bleiben Dinge genug, die wir fürchten müssen, auch in diesem neuen Jahr. Aber in diesem Vertrauen können wir in dieses Jahr hineingehen und es durchleben. Und wenn es uns noch an diesem Vertrauen fehlt, dürfen wir darum bitten, jetzt, heute. Und auch alle anderen Menschen können wir Gott empfehlen, damit sie das Jahr mit ihm anfangen und **durchschreiten.**

Gott: nein — Jesus Christus: ja?

Zum 2. Sonntag nach Weihnachten

Bezugstext: Joh 1, 1–5; 9–14 (Kurzfassung des Tagesevangeliums)

Predigtziele:
1. Anhand von Beispielen feststellen, daß Menschen in recht verschiedenen Beziehungen zu Jesus Christus stehen;
2. Jesus Christus als Einladung und Herausforderung aller Menschen durch Gott ansehen.

1. Impulsszene

Mutter: Was ist denn das schon wieder für ein Unsinn? Wo hast du denn dieses abscheuliche Ding her?
Sprecher: Das will die Mutter von Beate wissen. Das »abscheuliche Ding«, von dem sie spricht, ist ein großes Kreuz aus Kupferdraht, das Beate um den Hals hängen hat, als sie von einem Besuch bei ihrer Freundin Gerti nach Hause kommt. Die Mutter läßt Beate nicht einmal zu Wort kommen, als sie sie so gefragt hat. Sie will noch mehr hören:
Mutter: Wenn du dir schon ein Kreuz umhängst, warum dann nicht dein goldenes von der Erstkommunion? Ist dir das vielleicht nicht mehr gut genug? Dabei war's so teuer!
Sprecher: Jetzt hat Beate aber genug. Immer diese dämliche Fragerei. Deshalb poltert sie los:
Beate: Was ich trag', bestimm' ich selbst. Und mein Kreuz gefällt mir. Ich hab's mir eben mit Gerti zusammen selbst gedreht. Das goldene Spielzeugkreuz von der Erstkommunion kannst du gerne wiederhaben und ins Pfandhaus bringen. Ich trag' es nie mehr, nie, nie, nie!
Mutter: Ja, aber weshalb denn nicht, um Himmels willen? Kreuz ist doch gleich Kreuz?
Sprecher: So fragt die Mutter entsetzt. Und sie staunt über Beates Antwort:

Beate: Nein, das ist nicht dasselbe! Das Goldkreuz von der Erstkommunion, das sieht dem »lieben Heiland« ganz ähnlich, den ihr Alten aus Jesus gemacht habt – so ein süßlicher mit Kräuselbart und Rehaugen! Dabei war Jesus aber ganz anders – ein Mann, vor dem sich die Reichen und die Großen versteckt haben. Denn er hat's ihnen gegeben!

Mutter: Ach so ist das mit dir! Na, dann weiß ich schon Bescheid, woher der Wind weht! In Gottes Namen, dann trag' halt dein Drahtkreuz! Immer noch besser als etwas anderes!

Sprecher: Das murmelt die Mutter vor sich hin und geht wieder in die Küche. Beate weiß nicht recht, wie sie das verstehen soll.

2. Impulsfragen

Beate versteht ihre Mutter nicht recht. Könnt ihr das? Was meint die Mutter wohl? ... Die Mutter will also hinnehmen, was Beate tut und vorhat. Weshalb wohl? ... Aber ganz ist die Mutter mit Beate doch nicht zufrieden. Was gefällt ihr nicht so recht an ihrer Tochter? ...

3. Der Meinungsaustausch zwischen Beate und ihrer Mutter wirft Licht auf wichtige Fragen: Wer war Jesus wirklich? Wie stellen wir ihn uns am besten vor? Was hat er uns zu sagen?

4. Diese Fragen sind nicht leicht zu beantworten. Genauer: Es gibt viele richtige Antworten darauf. Für welche sollen wir uns entscheiden? Denken wir darüber nach!

Eines ist sicher: Die Christen haben sich Jesus Christus in den verschiedenen Zeiten und Gegenden sehr unterschiedlich vorgestellt. Um wenigstens ein paar Beispiele dafür zu nennen: In den ersten Jahrhunderten malten sie gerne riesige Bilder von einem Weltenherrn in die Altarräume ihrer Kirchen. Oder sie legten solche Bilder zu schönen Mosaiken zusammen, Steinchen für Steinchen. Manche von euch waren vielleicht schon einmal in Ravenna in Italien. Dort gibt es uralte Kirchen mit prachtvollen Mosaiken, auf denen Jesus so dargestellt ist: als Herrscher, noch mächtiger als der Kaiser, dem damals die Welt zu Füßen lag. Etwa 1000 Jahre später liebten die Christen andere Bilder von Jesus Christus. Sie schufen große Kreuze. An denen hängt ein »Erdenwurm«, ganz verkrümmt und verzerrt vor Schmerz. Damals wallfahrteten die Christen aber auch gern zu anderen Bildern von Jesus Christus: Sie verehrten Statuen, die ihn an der Geißelsäule zeigen, gefesselt, blutüberströmt. Das war eine Zeit, in der die Menschen in Europa viel zu leiden hatten: Die Männer waren oft im Krieg oder gefallen. Feinde kamen immer wieder ins Land. Schlimme Krankheiten wüteten. Oft hatten die Menschen nichts zu essen. Da tröstete es sie, daß sie denken durften: Jesus weiß, wie es uns Menschen geht. Er kennt unser Elend. Noch einmal, ein paar Jahrhunderte später, waren die Menschen glücklich. Der furchtbare Dreißigjährige Krieg war vorüber. Sie durften aufatmen, sie konnten wieder ruhig schlafen. Niemand wurde mehr umgebracht, weil er katholisch oder evangelisch war. Da bauten die Christen Barockkirchen. Und die Katholiken stellten Jesus Christus in diesen Kirchen gern als Herz-Jesu-Statue oder auf Herz-Jesu-Bildern dar: Sein aufgestochenes Herz zog sie an. Sie nahmen es als Zeichen. Gott ist gut, sagte es ihnen. Und: Wir Menschen dürfen auf ihn hoffen.

5. Recht verschiedene Bilder und Vorstellungen von Jesus Christus sind aber auch heute noch lebendig. Junge Leute, die sich für Jesus begeistern, denken häufig ähnlich wie Beate: Jesus hat es in einmaliger Weise mit den kleinen Leuten gehalten. Ihnen hat er Freude gemacht. Er hat sie befreit von ihren Krankheiten, Ängsten und aus ihrer Randstellung. Andere, besonders ältere Menschen, erblikken dagegen in Jesus gerade den König, den Herrn, der mächtig ist, der uns Menschen eine gute Ordnung für unser Leben schenkt. Es gibt aber auch noch manche glühende Herz-Jesu-Verehrer, Menschen, die glücklich darüber sind, daß Jesus Christus alle liebt und für alle in den Tod geht.

6. Wie ist das möglich? Ein einziger wird so verschieden gesehen? Und sogar gegensätzlich! Stimmen denn diese

Bilder und Auffassungen alle zugleich? Wie war denn Jesus selbst? Wenn wir nur ein wenig über diese Fragen nachdenken, stellen wir fest: Auf der einen Seite »stimmen« alle diese Bilder von Jesus — und noch viele andere mehr. D. h.: Sie sagen etwas Richtiges über Jesus aus. Sie heben eine Seite an ihm hervor. In seinem Leben und in seinen Worten bestätigt Jesus alle diese Bilder in gewisser Weise. Aber eben nur in gewisser Weise. Denn Jesus überrascht die Menschen auch immer. Er ist immer größer und anders, als wir Menschen ihn uns am liebsten vorstellen. Ja, Jesus geht zu den Armen und liebt sie. Aber er läßt sich auch gern bei Reichen einladen und verdammt sie nicht, weil es ihnen gut geht. Jesus hat Macht, bei Gelegenheit tut und sagt er Unerhörtes. Aber Jesus kann auch schweigen und sich zurückziehen.

Jesus liebt die Menschen und tut alles für sie. Aber er weint und warnt auch, er sagt mutig seine Meinung und ist alles andere als weichlich oder süßlich. Und auch wer heute zu Jesus Christus steht, wird immer neue, überraschende Erfahrungen machen: Bald fällt es uns leicht, mit Jesus Christus zu sprechen. Wir können ihm dann alles anvertrauen, was uns wichtig ist. Und wir sind uns gewiß: Mit ihm kann ich das Leben meistern. Ein andermal ist alles tot und starr in uns. Wir zweifeln an »Gott und der Welt«. Auch Jesus Christus »sagt uns« dann gar nichts. Das eine Mal kommt uns ganz selbstverständlich vor, was Jesus Christus von uns verlangt. Ein andres Mal können wir nicht anhören und verstehen, was er sagt. Dann möchten wir weit weg von ihm sein. Und gelegentlich versuchen wir auch, ihm zu entkommen.

7. Warum ist das so? Die letzte und tiefste Antwort auf diese Frage steht im heutigen Evangelium. Der Evangelist Johannes, der besonders viel über Jesus Christus nachgedacht hat, der ihn vielleicht am besten von allen Menschen »durchschaut« und kennzeichnet, deutet uns Jesus Christus in diesem Evangelium. Wenn ich seine Sprache in unsere übersetzen darf: Johannes verkündet: Jesus Christus ist Gottes Antwort auf unsere tiefsten Fragen.

Was wir kaum zu hoffen wagen – in Jesus Christus erfüllt es sich. Sein Wort ist immer größer als unsere Gedanken und Wünsche. Jesus bestätigt nicht nur, was wir sind und möchten. Er stellt uns auch in Frage. Unheimlich wird Jesus Christus dadurch nicht. Wohl aber läßt er uns etwas vom Geheimnis Gottes ahnen. Wer auf Jesus Christus schaut und anfängt, nach seinem Vorbild zu leben, wird unbedingt anders als zuvor. Gott selbst verwandelt diesen Menschen. Weil Jesus Christus eins ist mit dem unendlichen Gott, gibt es viele treffende Vorstellungen von ihm. Er führt uns Menschen manchen Weg, den einen diesen, den andern jenen. Manche von diesen Wegen und Vorstellungen mögen uns fremd sein. Manchmal wird es uns schwerfallen, auf unsere Weise mit Jesus Christus zu leben. Entscheidend ist, daß wir es tun. Dann haben wir sicher auch Respekt vor der Art, wie andere Menschen von ihm denken und für ihn leben.

Geklärte Situation

Zum Fest der Taufe Jesu (1. Sonntag nach Erscheinung)

Bezugstext: Mk 1, 7–11 (Tagesevangelium)

Predigtziele:
1. Nach dem Sinn der christlichen Taufe fragen;
2. Taufe als Eingliederung in die »neue Menschheit« Gottes ansehen;
3. das Evangelium von der Taufe Jesu als Predigt über Gottes »eingeborenen« Sohn, seine Stellung und Aufgabe annehmen.

1. Impulsszene

Oberstudiendirektorin: Gut, Frau Pelka, dann hätten wir's. Ich hab' alles notiert, was wir wissen müssen. Damit ist Ihre Gerlinde Schülerin des Anne-Frank-Gymnasiums. Halt, nein, etwas fehlt doch noch: Ich hab' Sie ja noch gar nicht nach Gerlindes Konfession gefragt. Ist sie katholisch oder evangelisch?
Frau Pelka: Weder noch! Gerlinde ist nicht getauft.
Oberstudiendirektorin: Hm, dann wird sie es vermutlich nicht leicht haben. Und wir bekommen auch einige Schwierigkeiten mit ihr. Sie muß ja dann irgendwie beaufsichtigt werden, wenn ihre Klasse Religionsunterricht hat. Aber vor allem eben – ob Gerlinde nicht darunter leidet, wenn sie so isoliert dasteht? Ob sie es nicht gar zu spüren bekommt, daß sie nirgendwo recht hinhört?
Frau Pelka: Also erlauben Sie mal, Frau Direktorin! Das ist schließlich unsere Sache. Unsere Gerlinde legt gar keinen Wert darauf, wie alle andern zu sein! Die geht schon ihren eigenen Weg!
Oberstudiendirektorin: So, so. Dann ist es ja gut. Ich hab' halt von andern Kindern her auf Ihre Gerlinde geschlossen. Wir Lehrer machen ja auch unsre Erfahrungen mit jungen Leuten!

2. Impulsfragen

In eurer Klasse ist vielleicht noch niemand wie Gerlinde Pelka, die nicht getauft ist. Aber immerhin, ich hab' neulich einmal gelesen, auch bei uns werden jetzt bereits 15 Prozent der neugeborenen Kinder nicht mehr getauft. Sicher sind darunter nicht wenige, deren Eltern einer anderen Religion angehören, vor allem Mohammedaner. Auch die Gastarbeiterkinder werden ja zu den Kindern gezählt, die in unserem Land geboren werden. Aber auch manche andere Eltern lassen ihre Kinder nicht taufen, obwohl sie vielleicht selbst noch zu einer christlichen Kirche gehören. Wie kommt das wohl? Was denken Eltern, die so handeln wie die von Gerlinde Pelka? ...
Wenn auch nicht gerade viel zusammengekommen ist – alles war richtig, was ihr gesagt habt. Und vielleicht sind wir mit dieser Frage auf ein Thema gestoßen, das ihr einmal im Religionsunterricht weiter besprechen könnt. Uns kann genügen, was ihr jetzt dazu gewußt habt.
3. Zunächst dies: Nichts, gar nichts gegen Eltern, die glauben: Wir können unser Kind nicht taufen lassen. Wir können und wollen es ja nicht christlich erziehen. Wenn Eltern so eingestellt sind, ist es besser, wenn ihr Kind nicht getauft wird. Dann bleibt ihm manches erspart. Vor allem wird so ein Kind nicht so hin- und hergerissen, wenn es in die Schule kommt. Und es ist auch gut, wenn die Kirchen nicht mehr einfach jeden taufen, sondern ihn selbst oder seine Eltern und Paten fragen, ob die Taufe auch ernst gemeint ist. Taufe ist schließlich eine Entscheidung für und über das ganze Leben.
4. Aber auch das müssen wir bedenken: Wer nicht getauft ist, hat es deshalb nicht leicht. Wie kann ich das behaupten? Wozu gibt es denn die Taufe überhaupt? Kann jemand etwas darüber sagen? ...
Ich fasse zusammen und ergänze ein wenig: Jeder Mensch, der mit offenen Augen durchs Leben geht und denken kann, stellt Fragen. Er will nicht nur wissen: Was soll ich einmal für einen Beruf ergreifen? Wen werde ich wohl

einmal heiraten? Sondern wir Menschen fragen auch: Wie soll ich leben? So oder anders? Was wird einmal aus mir und uns allen? Wozu leben wir überhaupt? Um einmal krank zu werden und zu sterben? Für die Generationen von Menschen, die nach uns kommen? Für Gott? Wer wird aber einem Menschen, der nicht getauft ist, auf diese Fragen antworten? Sicher, da gibt es Freunde und Lehrer, Illustrierte und Fernsehmagazine. Alle sagen etwas über unser Leben. Alle laden ein: Mach' es so! Halt' dich daran! Aber diese Antworten fallen so verschieden aus. Wer verdient Glauben?

Ja, noch mehr: Wenn ein Mensch nicht getauft ist, fragt er dann wirklich und ernst genug: Wer bin ich? Was soll ich? Vieleicht denkt er auch: Das weiß ich schon! Ich mach' es so, wie es mir paßt! Ich bin mein eigener, freier Herr! Wer sagt solch einem Menschen schon: Halt – denk' einmal nach! Schau dich einmal um! Du könntest ja auch etwas Wichtiges versäumen oder falsch machen. Wer sagt dir denn, daß du die richtigen Maßstäbe hast? Woher weißt du, daß die Richtung stimmt, in die du gehst?

5. Damit habe ich schon die wichtigsten Gründe dafür angedeutet, daß wir Christen größten Wert auf die Taufe legen. Wir bekennen von ihr: Die Taufe weist uns den besten Weg, den, den Gott selbst uns zeigt. In der Taufe werden wir in die Gemeinschaft »neuer« Menschen aufgenommen: Sie leben nicht für sich allein. Sie wissen, daß sie zusammengehören, und versuchen, das zu zeigen. Sie schaffen nicht bloß für sich, ihren Bauch und ihr Bankkonto. Sie sehen, wo Not am Mann ist, und packen zu. Sie denken nicht bloß an morgen. Sie blicken bis in Gottes Ewigkeit voraus und tun etwas für die beste aller Welten. Diese neuen Menschen, die Christen, kümmern sich nicht nur um ihre Freunde und Kinder. Sie können auch Feinden verzeihen. Sie arbeiten und freuen sich wie alle. Aber sie beten auch, damit Gott gibt, was wir nicht erreichen, und um ihm für alles zu danken, was er schenkt, auch wenn wir es scheinbar allein zuwege gebracht haben.

6. »Schön und gut«, sagt da wahrscheinlich mancher, »aber

woher nehmt ihr Christen das Recht dazu? Habt ihr euch das nicht alles nur ausgemalt? Die Welt ist doch gar nicht so, wie ihr behauptet. Wo sind die neuen Menschen denn, wann kommt denn das Paradies auf die Erde, wie sieht denn euer Gott aus?«

7. Zuletzt gibt es nur eine Antwort auf alle diese Fragen. Der Festtag, den wir heute feiern, hilft uns, diese Antwort zu entdecken. Besonders sein Evangelium macht sie anschaulich. Sein Verfasser versichert uns wie manche andere: Wir haben einen Menschen kennengelernt, der war wie alle anderen und doch ganz anders. Er hat gelebt und gelitten wie wir – aber geliebt wie niemand sonst. Andere Leute haben ihn verachtet und umgebracht, aber er war unschuldig. Man hat ihm die schlimmsten Dinge vorgeworfen, aber er hat das Beste gewollt und nur Gutes getan. Manchmal war er selbst am Ende und hat geweint und um Hilfe geschrien. Aber er hat genau gewußt, was er will und soll. Dieser Mann hat nämlich sagen können: Hinter mir steht Gott selbst. Ich bin sein Sohn. Das hat er sich nicht etwa ausgedacht. Gott selbst hat es ihm gezeigt. Zum Beispiel damals, als er sich von Johannes taufen ließ. Da hat Gott selbst ausgerufen, was dieser eine Mensch für alle anderen Menschen bedeutet: Er ist das Wort Gottes selbst. Ihn hat Gott zum Ersten unter allen Menschen gemacht.

8. Weil Jesus Christus so »getauft« worden ist, d. h. gesendet, bestätigt von seinem Vater, zu uns Menschen geschickt, damit wir neue Menschen in einem neuen Leben werden, darum sind wir getauft. Deshalb lassen wir taufen. Darum bedauern wir es, wenn jemand nicht getauft ist. Und um Ungetaufte machen wir uns Sorge – nicht, weil sie keine Kirchensteuern zahlen werden; sondern weil sie den Weg verfehlen könnten, den Gott uns gebahnt hat, weil er uns kennt und liebt.

Vorausschauen
Zum 1. Fastensonntag

Bezugstext: Mk 1, 12–15 (Tagesevangelium)
Predigtziele:
1. Bemerken, daß wir vorausschauen und vorausplanen;
2. feststellen, daß Vorausschau wichtig ist;
3. Gott dafür danken, daß er Vorsorge für uns getroffen hat;
4. mit Jesus Christus vorausschauen und vorausplanen.

1. Impulsszene

Helga: Eigentlich hab' ich gar keine Lust, dahin zu gehen. Das wird doch bestimmt wieder so langweilig wie im vorigen Jahr.
Sprecher: So hat Helga am vorigen Sonntag überlegt. Gedacht hat sie dabei an den Kinderfasching des Roten Kreuzes, zu dem sie mit ihrem Bruder Berthold am Rosenmontag gehen sollte. Aber Berthold war anderer Meinung:
Berthold: Was hast du denn? Voriges Jahr war's doch prima auf dem Kinderfasching! Ich weiß noch ganz genau, wie begeistert du warst! Einmal hast du doch mit deinem Schwarm, dem »flinken Maxl«, tanzen können. Und dann hast du noch das aufblasbare Plastikboot in der Tombola gewonnen. Und mit dem haben wir doch im Sommer Mordsspaß gehabt!
Sprecher: Helga mußte zugeben:
Helga: Schon, schon. Aber die Knallerei von den Cowboys, Trappern und Indianern ist mir schrecklich auf die Nerven gegangen. Und mein Zigeunerinkostüm ist mir jetzt auch zu klein. Ich weiß wirklich nicht, was ich anziehen soll. Und ohne ein richtiges Kostüm macht Fasching doch keinen Spaß!
Sprecher: Aber Helga hat noch »ein richtiges Kostüm« aufgetrieben und mächtig Spaß gehabt auf diesem Kinderfasching. Wie das kam, hören wir am besten aus dem Ge-

spräch heraus, das Helga und Berthold geführt haben, als
sie vom Kinderfasching nach Hause gegangen sind. Gleich
auf der Treppe vom »Goldenen Ochsen« hat Helga geschwärmt:
Helga: Himmlisch war's! Und du ganz besonders, Berthold,
du warst große Klasse! Du hast wirklich den ersten Preis
für deinen Auftritt verdient!
Sprecher: Berthold hat das natürlich geschmeichelt. Weil
er das aber seiner Schwester nicht zeigen wollte, hat er
bloß gebrummt:
Berthold: Du warst aber auch nicht von Pappe! Deinen
zweiten Preis hast du wirklich auch zu Recht bekommen!
Dabei haben wir uns gar nicht so sehr anstrengen müssen,
unsre Preise zu verdienen, nicht wahr? »Wie ich in zwanzig
Jahren sein werde« – das kann man ja leicht spielen, wenn
man schon ein Faschingskostüm anhat wie wir: Du als
Zahnärztin und ich als Schaffner! Die anderen haben sich
ja wirklich vor Lachen gebogen, wie du mir mit deiner
Pappzange den Schweinezahn aus dem Mund gezogen hast!
Sprecher: Da mußte Helga wieder losprusten, weil ihr das
auch so viel Spaß gemacht hat. Trotzdem hat sie nicht vergessen, ihrem Bruder das Kompliment zurückzugeben:
Helga: Du hast aber auch ganz echt gewirkt, wie du den
angebrüllt hast, der bloß mal so zum Spaß die Notbremse
gezogen hat! Also, dieses Jahr war der Fasching einsame
Klasse! Jetzt freu' ich mich schon richtig auf den im nächsten Jahr!

2. Impulsfragen

An Fasching habt ihr euch doch sicher auch verkleidet,
ähnlich wie Helga und Berthold? Wer von euch ist denn
da als Cowboy gegangen? ... Und wer als Indianerin? ...
Wer hat denn ein anderes Kostüm gehabt? ... Nun aber
zurück zu Berthold und Helga. Wie sind denn die beiden
auf die Idee für ihr ausgefallenes Faschingskostüm gekommen? ... Richtig, an ihre Zukunft haben sie gedacht, daran,
was sie einmal werden wollen. Und zufällig konnten sie

damit auch noch Preise gewinnen. Sie haben sich gut ausmalen können, wie sie einmal in zwanzig Jahren sein werden. Vermutlich haben sie schon oft daran gedacht.

3. Vorausschauen: Das tun wir alle gelegentlich – denk' ich mir jedenfalls. Jetzt, im Frühjahr, denken wir mindestens schon an den Sommer. Wir überlegen, wohin unsere Ferienreise gehen soll. Wir bestellen das Quartier vor, wir buchen eine Schiffsreise oder kaufen ein neues Verzeichnis mit Campingplätzen. Gar nicht mehr lange wird es dauern, dann gibt es frische Erdbeeren. Da fahrt ihr vielleicht einmal mit euern Eltern weg. Und die Mutter gefriert dann Erdbeeren ein. Vielleicht kocht sie auch Marmelade in Gläser ein. Alles für den Winter.

Wir Menschen planen aber weiter voraus als ein halbes Jahr. Manchmal überlegt ihr, was ihr später werden wollt. Ihr schaut euch heimlich auf dem Bahnhof oder im Friseurgeschäft um, weil ihr euch klarwerden wollt: Kann ich einmal Lokomotivführer oder Friseuse werden? Ihr erkundigt euch vielleicht sogar: Was muß man dazu können? Und ihr fragt euch dann: Ob ich das schaffe?

Nicht bloß als einzelne denken wir so oft in unsere Zukunft voraus. Wir planen auch gemeinsam, so gut das geht: Straßen und Autobahnen werden nicht nur für den »laufenden Bedarf« gebaut. Die sie entwerfen und anlegen, denken auch: Wie wird es 1980 und 1990 mit dem Verkehr stehen? Was braucht man dann vermutlich? Und mit Schulen, Krankenhäusern und Kirchen ist es ähnlich: Sie werden auf die Zukunft berechnet.

4. Wir sind stolz darauf, daß wir das können: vorausschauen und vorausplanen. Und wenn wir das selbst nicht richtig fertigbringen, nehmen wir Computer zur Hilfe, maschinelle Rechner. Blitzschnell und viel genauer als wir schnurren die Ergebnisse heraus. Dadurch können wir uns noch besser auf die Zukunft einstellen.

5. Vieles kann aber kein Mensch und kein Rechenautomat vorherberechnen. Niemand kann heute exakt sagen, wieviele Menschen im Jahr 2000 leben werden. Keiner weiß, wieviele Ärzte und Lehrer wir dann brauchen. Was wir

dann essen werden, wie wir wohnen, wenn wir noch leben, kann man sich ausmalen, aber nicht sicher sagen. Schon das erschreckt uns manchmal. Noch mehr Sorge macht uns manches andere: Werden wir den Krebs besiegen oder nicht? Können wir die Zahl der Verkehrstoten verkleinern oder wird sie immer weiter ansteigen? Vor allem: Werden wir im Frieden leben dürfen oder kommt ein Krieg?

Niemand weiß heute auch genau, wie es mit unserem Glauben und der Kirche wird: Werden sie wachsen oder zurückgehen? Werden sie die Menschen begeistern und anziehen oder abstoßen? Wird unsere Kirche jung und lebendig sein oder wird sie alt und müde wirken? Möglich ist alles ...

6. Wir können und müssen vorausschauen und vorausplanen. Manches bekommen wir dabei aber nicht recht in den Griff. Ganz wichtige Fragen bleiben immer offen. Das macht uns Sorge, das bedrückt uns manchmal. Es gibt Menschen, die deshalb so mutlos sind, daß sie sagen: Laßt doch alles laufen, wie es eben geht! Ihr könnt ja doch nichts ausrichten!

Es kommt eben, wie's kommen muß – und damit basta! Wir müssen alles tatenlos hinnehmen.

7. Jesus Christus denkt anders. Der Evangelist verkündet uns jedenfalls: *Ein* Grundgedanke der Predigt Jesu war: Gottes Reich ist nahe! Das heißt aber: Gott will alle Menschen glücklich machen. Alle sollen in Freude und Frieden miteinander vor Gott leben. Gerade auf diese Zukunft dürfen wir vorausschauen. Mit ihr dürfen wir rechnen. An ihr können wir mitwirken. Gott sei Dank!

Im Anschluß an diese Predigt wollen wir aber noch ein paar Augenblicke darüber nachdenken: Was kann und will ich in der Fastenzeit dieses Jahres tun, damit die Welt ein wenig mehr Gottes Reich wird, eine gute Welt für alle Menschen?

Wie im Flug
Zum 2. Fastensonntag

Bezugstext: Mk 9, 2–10

Predigtziele:
1. Erkennen, daß Schönes oft »wie im Flug« vergeht;
2. hinnehmen wollen, daß wir unseres Glaubens nur selten froh und sicher werden.

1. Impulsszene

Ulrich: Los, mach schon!
Sprecher: So hat Ulrich seine Zwillingsschwester gedrängt. Es war aber auch wirklich höchste Zeit: Gleich war es so weit. Neujahr! Und sie beide durften zum erstenmal aufbleiben und einen Jahreswechsel miterleben. Da wollten Ulrich und Ulrike natürlich auch die ersten sein, die eine Rakete steigen ließen. Vor ihnen auf dem Balkon lag alles mögliche Feuerwerk: Knallfrösche und Papphüte, aus denen angeblich Schlangen kriechen sollten, wenn man sie anzündete, dazu bengalische Streichhölzer. Vor allem aber zehn Raketen.
Ulrike: Für jedes Lebensjahr eine.
Sprecher: Das hatte Ulrike gesagt, als die Zwillinge alle diese Herrlichkeiten eingekauft hatten, von ihrem Taschengeld, aber natürlich mit ihrem Vater zusammen. Und jetzt mußte sie sich so blamieren! Schon das siebente Streichholz war ihr ausgegangen! Klar, daß Ulrich sich daraufhin wieder einmal als Tausendsassa aufspielen mußte. Prompt hat er denn auch gesagt:
Ulrich: Gib mal die Streichhölzer her! Wegen dem bißchen Wind brauchen die doch nicht immerfort auszugehen!
Sprecher: Und ehe Ulrike sich's versah, hatte Ulrich tatsächlich ein Streichholz anbekommen. Geschickt hielt er das kleine Flämmchen an die Wachsschnur, die am Knallkörper der Rakete hing. Ruck-zuck züngelte die Flamme

hoch, und ehe Ulrike und Ulrich sich versahen, witschte die Rakete aus dem Blumenkasten hoch, in die sie ihr Haltestäbchen gesteckt hatten.
Ulrike: Toll!
Sprecher: Ulrike staunte ganz begeistert, als die Rakete hoch über dem Haus einen langen Lichtschweif zog. Und als sie in tausend bunte Sterne zerplatzte, schlug die Kirchturmuhr den ersten Schlag von Mitternacht. Jetzt ging es überall los. Es knallte rundherum. Manchmal konnten Ulrich und Ulrike gar nicht mehr genau unterscheiden, ob das ihre Rakete war, die gerade oben in der Luft verglühte, oder ob sie jemand anderer steigen ließ. Darum merkten die beiden erst auf, als sie nichts mehr zum Knallen hatten.
Ulrike: Och, Mensch, schade, das war schon die letzte.
Sprecher: Ulrich konnte sie nicht trösten. Er hat nur zu sagen gewußt:
Ulrich: Na ja, da kann man nichts machen. Alles, was schön ist, vergeht wie im Flug!

2. Impulsfragen

Die Silvesternacht liegt nun schon ziemlich lange zurück. Trotzdem die Frage: Wer von euch hat denn am letzten 31. Dezember auch »knallen« dürfen wie Ulrich und Ulrike? ... Was habt ihr da für Knallkörper gehabt? ... Und wer hat sie bezahlt? ... Wie lange habt ihr denn damals Raketen und Kanonenschläge in die Luft jagen oder losballern dürfen? ... Und am Ende, als ihr nichts mehr hattet, seid ihr da gern wieder ins Zimmer oder ins Bett gegangen?
3. Dann ist es euch also an Silvester ähnlich gegangen wie Ulrike und Ulrich. Aber selbst wenn ihr damals nicht aufbleiben und knallen durftet oder mochtet, verstehen könnt ihr gut, wie den beiden zumute war. Denn das haben wir alle schon erlebt und beklagt: daß uns die Zeit »wie im Flug vergeht«. Und nicht bloß die Zeit rast manchmal so schnell. Alles, was uns gut gefällt und gut tut, kommt uns meist schrecklich kurz vor.
Das ist schon manchmal beim Essen so: Die Mutter hat

etwas Herrliches gekocht; vielleicht eine Leberknödelsuppe. Dazu hat sie Pfannkuchen gebacken. Bestrichen sind die manchmal mit herrlicher Himbeermarmelade. Kaum steht alles auf dem Tisch, macht ihr euch mit Heißhunger darüber her. Alle am Tisch langen kräftig zu. Und weil es allen so gut schmeckt, ist bald nichts mehr übrig. Schade, denken dann alle. Ich hätt' noch gekonnt! Am meisten staunt die Mutter, wie schnell alles verdrückt war, viel rascher, als sie's fertigbekommen hatte.

Wie im Handumdrehen sind auch manche Festtage vorüber: Wochenlang freuen wir uns auf Weihnachten. Wir basteln und verpacken, wir wünschen und verschenken. Aber ehe wir uns versehen, ist der Heilige Abend vorbei, der erste Feiertag dazu. Und der zweite ist manchmal schon langweilig. Am Geburtstag ist's kaum anders: Wir freuen uns wochenlang darauf. Wir laden unsere Freunde und Freundinnen ein. Prima, fünf Stunden haben wir Zeit, denkt ihr, wenn sie zur Party kommen. Und dann vergeht diese lange Zeit sooo schnell – viel schneller als die fünf Schulstunden am nächsten Vormittag. Und dabei dauern »Stunden« in der Schule doch nur 45 Minuten!

4. Wie kommt es eigentlich, daß »schöne« Erlebnisse oft so schnell vorübergehen? ... Einmal hängt das sicher damit zusammen, daß wir alle mehr »Schönes« erleben möchten, als unser Leben mit sich bringt. Weil wir nicht genug »Schönes« mitbekommen, bilden wir uns ein: Was schön ist, vergeht besonders rasch.

Es gibt aber sicher noch einen zweiten Grund dafür, daß wir glauben, die »schönen« Stunden unseres Lebens verfliegen ungeheuer schnell. Wenn uns etwas gefällt, sind wir ganz besonders dabei. Wir lassen uns packen. Wir haben keinen Blick mehr für etwas anderes. Wir achten nicht mehr auf die Zeit. Wir denken nicht an das, was vorher war oder nachher kommt. Deshalb finden wir die »schönen« Augenblicke kurz. Sonst dagegen schielen wir oft auf die Uhr und denken: Ist es nicht bald vorüber?

5. Das gilt wohl für viele Bereiche unseres Lebens, oft auch für unseren Glauben. Der kommt uns oft fad, langweilig

und mühsam vor. Eine Religionsstunde kann schrecklich lange dauern, wenn keiner richtig mitmacht, wenn sich niemand recht für das interessiert, worum es geht. Und erst die Sonntagsmesse! Da zappeln manche schon nach fünf Minuten herum, weil sie gar nichts mit sich anfangen können. Während der Predigt schwätzen sie. Wirklich, was mit Glauben und Kirche zusammenhängt, kommt uns meist eintönig vor. Oft dauert uns deshalb der Gottesdienst zu lange.

6. Manchmal aber ist das anders: Da hat die Religionslehrerin ein spannendes Buch mitgebracht. Sie liest daraus vor. Wir sind ganz dabei. Und wir wollen es gar nicht glauben, daß die Stunde schon zu Ende sein soll, als es klingelt. Oder in der Eucharistiefeier am Sonntag ist es einmal anders als sonst. Dem Kaplan ist ein prächtiger Einfall für seine Predigt gekommen. »Stundenlang hätte ich ihm heute noch zuhören können«, erzählen wir dann zu Hause. Und wir wünschen uns, daß es immer so ist. Vielleicht haben wir auch schon einmal einen Afrikamissionar bei einem Vortrag kennengelernt. Einmal hätten ihn schwarze Aufständische fast umgebracht. Trotzdem lebt er weiter in ihrem Stamm und hilft ihm. Oder eine nette junge Ärztin hat einem von euch den gebrochenen Arm eingegipst. Du merkst: Sie hilft gern, weil sie Menschen liebt. Bald darauf triffst du sie in der Kirche und du denkst: Großartig! Solche Leute müßte es mehr geben! So möchte ich auch werden!

Aber wie gesagt, das sind Einzelfälle, besondere Gelegenheiten.

7. Das macht uns oft traurig: daß die eindrucksvollen freudigen Erlebnisse auch im Bereich des Glaubens so rasch vergehen.

Da kann uns das heutige Evangelium trösten. Es verkündet uns ja eine große, österlich schöne Erfahrung. Drei Jünger dürfen erleben, wie Jesus verklärt wird. Sie erkennen, wer er wirklich ist. Petrus möchte diesen Augenblick sozusagen festhalten. Aber er kann es nicht. Im Handumdrehen ist alles wieder wie zuvor, wie sonst. Das Evangelium sagt uns nicht, weshalb das so ist. Wir können also nur vermuten:

Es ist wohl gut für uns Menschen, daß die »schönen« Augenblicke auch im Glaubensleben selten und kurz sind. Vielleicht erinnern wir uns dann besonders gern und lebendig daran. Vielleicht bitten und hoffen wir dann ehrlicher, daß wir wieder einmal ähnliches erleben. Vielleicht überlassen wir Gott dann eher, wie er uns führen will. Kurz und gut: Vielleicht ist das Kurze gerade im Glauben gut für uns.

Heiliger Zorn

Zum 3. Fastensonntag

Bezugstext: Joh 2, 13–17 (Auszug aus dem Tagesevangelium)

Predigtziele:
1. Auf Formen des Protests in der Welt von heute und ihre Ursachen aufmerksam werden;
2. über Sinn und Grenzen von Protesten nachdenken;
3. erkennen, daß auch um Gottes und des Glaubens willen Proteste erforderlich sein können.

1. Impulsszene

Benjamin: Mensch, der geht aber vielleicht ran!
Sprecher: So hat Benjamin neulich in der Tagesschau einen mächtigen Kran bewundert. Der hat aber auch wirklich Ungeheures geleistet: Autowracks und Bäume, Gartenzäune und riesige Steinbrocken hat er mit einer einzigen Bewegung seiner Schaufel von der Straße weg in einen Lastwagen gehievt.
Benjamin: Eigentlich ist das gemein.
Sprecher: So hat Benjamin sich dann aber über den Kran aufgeregt: Er hat auch gleich erklärt, wie er das meint:
Benjamin: Da haben sich diese irischen Katholiken so viele Mühe gegeben und diese Straßensperre aufgebaut. Und jetzt läßt die Regierung den Kran auffahren – und im Handumdrehen ist alles weg.
Esther: Na hör mal, was sind denn das für Töne? Du hast doch nicht etwa für solche Leute was übrig, die einfach auf ihre Nachbarn schießen und den ganzen Verkehr in ihrer eigenen Stadt lahmlegen wollen?
Sprecher: So empört sich Esther, Benjamins Schwester. Aber Benjamin hat prompt erklärt:
Benjamin: Ich hab' sogar viel für »solche Leute« übrig, die sich wehren. Es war höchste Zeit, daß sie sich nicht mehr

alles gefallen lassen. Sonst kommen sie doch nie auf einen grünen Zweig. Sie hätten längst dagegen protestieren sollen, daß sie in ihrem Land nichts zu sagen haben – bloß, weil sie katholisch sind. Anders sehen die verbohrten Protestanten aus England eben nicht ein, daß sie den irischen Katholiken Unrecht tun.
Esther: Aber alles kaputtmachen und lahmlegen und wildfremde Menschen umbringen, das darf man einfach nicht, auch wenn man selber schlecht dran ist. Nicht wahr, Vati, ich hab' doch recht?
Sprecher: Damit wollte sich Esther bei ihrem Vater Hilfe holen. Eindeutig war die Antwort aber nicht, die sie bekam. Ihr Vater hat nämlich gesagt:
Vater: Ich weiß nicht recht. Verstehen kann ich diese Katholiken in Irland schon. Jetzt entlädt sich eben die Wut, die sie lange aufgespeichert haben. Aber auf der andern Seite – so sollten sie es nicht treiben, find' ich. Jetzt tun sie ja auch wieder Unrecht. Damit machen sie sich keine Freunde.
Sprecher: Da war nun guter Rat wirklich teuer für Esther und Benjamin: Nicht einmal der Vater konnte ihnen sagen, ob die Katholiken in Nordirland mit ihrem Protest recht haben oder nicht. Woher sollten die beiden es denn wissen?

2. Impulsfragen

Von Irland, genauer: von der englischen Provinz Nordirland, ist oft in Nachrichtensendungen und Zeitungen die Rede. Wer weiß weshalb? ... Kann uns jemand eine Stadt nennen, deren Name besonders oft erwähnt wird, vielleicht die Hauptstadt von Nordirland? ...
Eben haben wir »Wissensfragen« besprochen. Jetzt aber noch eine kleine Meinungsumfrage: Wie denkt ihr denn über das Problem, über das Benjamin und Esther sich mit ihrem Vater unterhalten haben? Wer glaubt, daß die Katholiken in Nordirland, die sich auflehnen, richtig handeln? ...
Weshalb? ... Und wer ist der Meinung, daß die Protestan-

ten recht haben, die dort die Katholiken kleinhalten und kleinkriegen wollen? ... Wie kommt ihr zu dieser Ansicht? ...

3. Es ist kein Wunder, daß die Meinungen über diese Frage geteilt sind. Das ist nämlich immer der Fall, wenn es irgendwo zu auffälligen Protesten kommt. Und das ist heutzutage ja sehr oft der Fall. Seit einigen Jahren haben wir uns geradezu daran gewöhnt, daß Menschen »auf die Straße gehen«. Sie marschieren dann in großen Kolonnen und tragen dabei Transparente mit Parolen vor sich her. Manchmal greift die Polizei ein und beendet solche Protestmärsche. Sie tut das dann, wenn Geschäfte beschädigt werden, wenn Steine fliegen und Knüppel sausen, wenn Menschenleben gefährdet sind.

Wer kann uns Beispiele für solche Proteste nennen? Wer protestiert denn? Wo geschieht das? Wogegen richten sich solche Proteste? ... Gut, das waren einige Beispiele. Auch die Leute in unserer Stadt haben neulich einen Aufmarsch vor dem Rathaus gemacht; sie wollten verhindern, daß die Fahrpreise für die Busse erhöht werden.

Aus dem Fernsehen kennen wir andere Bilder von Protesten: Schwarze in den USA wehren sich, weil es ihnen zu schlecht geht. Manchmal marschieren sie schweigend durch eine Stadt oder einen Park. Oft gehen Geistliche an der Spitze dieses Zuges. Öfter werden solche Protestler aber auch rabiat: Sie zünden Banken oder Geschäfte an. Sie prügeln auf Menschen ein, auf solche, die sie zuvor beleidigt hatten, aber auch auf Unschuldige. Dann setzt die Polizei Wasserwerfer ein. Manchmal schießt sie auch, schlägt und verhaftet.

Vor ein paar Tagen stand ein Bericht in unseren Zeitungen, daß Eltern in einer Stadt ganz in der Nähe mit Erfolg protestiert haben: In ihrer Stadt gab es viel zu wenig Kindergartenplätze. Da haben die Eltern eine Versammlung einberufen. Sie haben dem Bürgermeister der Stadt hart zugesetzt. Er hat ihnen versprechen müssen, bald zwei neue Kindergärten bauen zu lassen. Inzwischen wollen die Eltern sich und ihren Kindern selbst helfen. Sie richten Spielstunden in einer Turnhalle ein, basteln und wandern mit den Kindern, die noch nicht in einen Kindergarten aufgenommen werden können.

4. Protest – hinter diesem Wort kann sich also sehr Verschiedenes verbergen. Man kann nichts über »den« Protest sagen, nichts über »die« Leute, die protestieren. Das Urteil über einen Protest muß sich immer nach den Umständen richten.

So viel ist aber sicher: »Ein gutes Zeichen« sind Proteste nie. Meist zeigen sie an, daß etwas faul ist. Manchmal stecken Leute dahinter, die maßlos übertreiben. Es gibt Unruhestifter und Krawallmacher, die Proteste vom Zaun brechen, um damit ihre wirren Ziele durchzusetzen. Nicht selten arten Proteste einfach in Unrecht aus: wenn Dinge beschädigt und gar Menschen geschädigt werden, die völlig unschuldig sind.

5. Proteste sind also auch keine »einfache« Sache. Gleichgültig, ob man mitmacht oder sie ablehnt, Proteste »haben es in sich«. Sie fordern heraus. Sie stellen vor Entscheidungen. Sie kosten auch sonst manches. Manchmal können sie einen teuer zu stehen kommen. Wer protestiert, kann zu Schaden kommen oder Schaden davontragen.

6. Trotzdem, es gibt Situationen, wo der Protest der einzige Ausweg ist. Es gibt sogar Fälle, in denen Christen nicht schweigen dürfen, sondern protestieren müssen. Das heutige Evangelium erinnert uns daran: Es berichtet ja, daß Jesus die Wut gepackt hat. Er sieht, wie der Tempel, das Haus seines Vaters, zum Kaufhaus geworden ist; manche Leute beten dort nicht mehr, sie handeln. Das kann Jesus nicht mit ansehen. Er »schreitet ein«: Er schimpft die Händler und Geldwechsler aus. Er jagt sie weg. Jesus fürchtet sich nicht, als er das tut. Dabei kann es recht gefährlich für ihn werden. Um Gottes willen muß es sein, denkt Jesus aber anscheinend. Und darum protestiert er, ohne Rücksicht auf sich und andere.

7. Er gibt uns damit ein Beispiel. Sogar einen Maßstab dafür, wann auch wir einschreiten müssen: Das ist dann angebracht, wenn Menschen Gottes Rechte beschneiden.

Unser Protest ist aber ebenso erforderlich, wenn die Rechte von Menschen beeinträchtigt werden. Wir Christen sind dann besonders zum Protest herausgefordert, weil uns die Rechte Gottes und der Menschen von Jesus doppelt ans Herz gelegt worden sind. Die Rechte Gottes und der Menschen werden heute oft verletzt: Im einen Land sperrt man Priester ein, weil sie Religionsunterricht geben, in einem andern kommen sie ins Gefängnis, weil sie mehr Lohn und Altersschutz für die Armen fordern. Das sind nur zwei Beispiele dafür, wie in Ost und West, in Süd und Nord Anlaß zum Protest besteht, gerade für Christen. Aber auch hier bei uns gibt es Grund genug dazu: Ich nenne als Beispiel nur die Wohnung mancher Gastarbeiterfamilie und die Titelblätter, die an manchem Zeitungskiosk aushängen und aufreizen.

8. So ist dieser Fastensonntag mit seinem Evangelium eine ernste Frage an uns: Protestieren wir genügend oft und laut – ähnlich wie Jesus es im Tempel getan hat? Trotz allem, was uns dann »blühen« kann?

Nicht richten, sondern retten

Zum 4. Fastensonntag

Bezugstext: Joh 3, 16—18a (Auszug aus dem Tagesevangelium)

Predigtziele:
1. Feststellen, daß wir manchmal so gut wie nichts aus eigener Kraft tun können und weitgehend auf die Hilfe anderer angewiesen sind;
2. daran glauben und Freude haben, daß Gott uns ohne unser Zutun gerettet hat.

1. Impulsszene

Marita: Um Gottes willen, Hansi, hörst du mich? Lebst du noch? Hast du dir wehgetan?
Sprecher: Ganz aufgeregt hat Marita das alles in den tiefen Schacht gerufen, in dem ihr kleiner Bruder plötzlich verschwunden war. Eben war sein neuer Fußball über den Zaun auf die Baustelle geflogen und prompt in das »Loch« gerollt. Hansi hatte den Ball holen wollen. Ohne Marita ein Wort zu sagen, hatte er sich durch eine Lücke im Bauzaun gezwängt. Er war zu dem »Loch« gelaufen. Dieses »Loch« aber war ein Schacht. Er sollte offenbar die Kanalisation des neuen Hauses werden. Er ging tief hinab in die Erde, war aber im Durchmesser nicht breit. Lange hatte Marita keine Antwort auf ihre Fragen gehört. Jedenfalls kam es ihr so vor, als ob es eine Ewigkeit gedauert hätte. Aber endlich tönt es doch ganz kläglich aus dem Schacht herauf:
Hansi: Marita, ich steck' hier fest, mit dem Kopf nach unten. Ich kann mich nicht rühren. Mein Fuß tut so weh! Mit dem bin ich angestoßen. Hol mich raus, aber schnell! Ich kann nicht mehr!
Sprecher: Marita schaut sich hilflos um. Die Baustelle ist schon ziemlich leer. Es war ja gerade Feierabend. Und sie kann Hansi unmöglich aus seinem Gefängnis befreien. Aber

da kommt gerade noch ein Arbeiter aus der Baracke. Marita beugt sich über das Loch und ruft hinein. Es klingt ganz dumpf:
Marita: Warte, ich hol' Hilfe! Halte dich!
Sprecher: Und dann läuft Marita zu dem Arbeiter. Der lacht sie an. Aber er versteht nicht, was Marita sagt. Er ist Ausländer, Türke offenbar. Und anscheinend kann er erst ganz wenig Deutsch. Da zieht Marita den Mann in ihrer Verzweiflung zu dem Loch. Sie zeigt hinein und sagt:
Marita: Kleiner Bruder da drin! Kann nicht heraus!
Sprecher: In dem Moment fängt Hansi zu wimmern an. Da schaltet der Bauarbeiter sofort. Er nickt Marita zu und läuft dann weg. Mit einer großen Leiter kommt er wieder. Ganz behutsam läßt der Mann die Leiter in den Schacht hinab. Dann klettert er selbst hinunter. Ehe er verschwindet, lächelt er Marita noch einmal zu. Es dauert wieder eine Ewigkeit, ehe er erscheint. Aber er trägt Hansi auf dem Arm. Der schluchzt zwar erbärmlich. Aber er lächelt auch und streichelt den fremden Mann. Marita rast auf die beiden zu und gibt ihnen einen Kuß. Der türkische Gastarbeiter stürzt deshalb vor Verwunderung fast zurück in den Schacht. Aber dann kommt er ganz daraus hervor. Er nickt Marita zu. Anscheinend will er mit den Kindern nach Hause gehen und Hansi tragen. Der reibt sich sein linkes Bein, das ein wenig blutet.

2. Impulsfragen

Hansi konnte ja wirklich von Glück reden! Das Abenteuer hätte auch ganz anders ausgehen können ... Sicher habt ihr schon einmal von einer ähnlichen dramatischen Rettungsaktion gehört, die kein so gutes Ende gefunden hat ... Wir sehen also: Bergsteiger und Bergarbeiter, Leute, die zur See fahren oder fliegen, kommen leicht ganz unversehens in gefährliche Situationen. Oft sind sie dann völlig hilflos. Wehe, wenn niemand da ist, der ihnen helfen kann!
3. Aber wie schon unsere kleine Geschichte zeigt: In ausweglose Situationen können wir alle jeden Tag geraten.

Jedenfalls können Menschen sich öfter selbst praktisch nicht helfen. Sie brauchen andere, damit sie leben können: Das kleine Baby, das noch nicht laufen und sprechen kann, ist ganz auf seine Mutter angewiesen. Manche alten Leute sind gelähmt und müssen im Rollstuhl gefahren werden. Nach einem schweren Unfall ist mancher so behindert, daß er nicht einmal mehr selbständig essen und sich anziehen kann. Er bleibt vielleicht sein Leben lang ein Pflegefall. Aber schon wenn wir einmal richtig krank sind, fühlen wir uns erbärmlich. Eine ganz gewöhnliche Grippe kann uns so »schlauchen«, daß wir uns nicht auf den Beinen halten können. Wir müssen uns füttern und waschen lassen wie kleine Kinder. Und wer zum erstenmal auf Rollschuhen oder Schlittschuhen steht oder wer zur ersten Fahrschulfahrt startet, ist glücklich, daß er jemanden nebendran hat, der ihm notfalls beisteht. Er kommt sich ja sooo hilflos vor.

4. Solche Erfahrungen helfen uns, wenn wir uns fragen: Wie komme ich eigentlich dazu, Christ zu sein? Weshalb bin ich es – und andere sind es nicht? Hab' ich mir das verdient? Bin ich besser als andere – oder etwa dümmer?

Die Antwort auf diese Fragen kann nämlich nur lauten: Wir haben zunächst einmal gar nichts tun können, um zu Gott und zum Glauben zu finden. Gott hat zuerst an uns gedacht. Er hat etwas für uns getan. Gott schenkt uns das alles aber nicht, weil er etwas davon hat. Er tut es vielmehr allein für uns. Gott möchte, daß unser Leben gelingt. Gott will uns frei und glücklich machen – solange wir auf der Erde leben, erst recht aber in seinem ewigen »Himmel«.

Darum ruft uns Gott an. Er macht uns Mut. Er verheißt uns viel. Deshalb lädt Gott uns ein, ihm zu glauben und in der Kirche zu leben. Beides kann und soll uns helfen, unser Leben zu meistern. Dadurch werden uns Aufgaben und Ziele für unser Leben klar. So erhalten wir Kraft, zu lieben und zu arbeiten und zu kämpfen, wie unser Leben es verlangt. Weil er uns das alles schenkt, »rettet« uns Gott. Er will uns dadurch von einem Leben abhalten, das wir auch führen könnten. Selbstsüchtig, gemein, habgierig, hochmütig – kurz: sündig könnten wir ja auch leben. Dagegen

tut Gott etwas. Er sendet Jesus Christus zu uns. Jesus dient allen Menschen, weil er sie liebt. Er lebt uns vor, wie man dienen und helfen kann. Er stirbt sogar für uns.
Diese gute Nachricht verkündet uns das heutige Evangelium besonders. In diesem Evangelium schildert uns Johannes, was Jesus von sich und Gott sagt.
5. Noch einmal sei's betont, weil's so wichtig ist: All dies Gute schenkt Gott uns ohne unser Zutun. In unserem Leben gibt es ein Zeichen dafür: Wir sind – doch wohl alle – als kleine Kinder getauft worden. Wir haben nicht einmal zur Taufe gehen können. Trotzdem sind wir getauft worden. Die Taufe zeigt zwei Dinge an, die zusammengehören. Einmal »rettet« Gott uns in der Taufe: Er macht uns zu Menschen, die nicht mehr sündigen müssen. Vor allem gibt Gott uns in der Taufe aber sein eigenes Leben.
6. Wie gut es Gott mit uns meint, wie reich er uns beschenkt, ist mir eines Tages bei einem Krankenbesuch besonders deutlich geworden. Als junger Kaplan bin ich einmal in ein Krankenhaus gekommen. Darin lag auch ein Mann, der blind, taub und stumm war. Noch dazu war er sehr alt und geschwächt. Ich habe ihm also nichts sagen oder geben können. Die Krankensalbung sollte ich ihm aber nach Ansicht des Arztes nicht spenden. Man hat damals gedacht, daß sie eher eine Hilfe fürs Sterben ist. Und todkrank war der alte Mann eigentlich nicht. Also hab' ich ein wenig nachgedacht und dann getan, was mir einfiel: Ich habe ihm langsam mit meinem Daumen ein Kreuz in seine Handfläche gezeichnet. Ich konnte damals nur hoffen, daß der alte Mann das versteht und an Gottes Liebe denkt. Ich glaube nach wie vor: An einem so hilflosen Menschen konnte Gott ganz besonders erweisen, wie er jeden von uns liebt. Nur Gott konnte diesen Mann ja retten, trösten und stärken.
7. Gott »rettet« uns, weil er uns liebt: Das vor allem ist die frohe Botschaft des Osterfests. Heute ist schon ein wenig Ostern: Dieser Sonntag in der Fastenzeit will uns Freude darüber schenken, daß Gott »gerettet« hat und »retten« will – jeden von uns.

Das Weizenkorn muß sterben
Zum 5. Fastensonntag

Bezugstext: Joh 12, 20–26 (Auszug aus dem Tagesevangelium)

Predigtziele:
1. Erkennen, daß wir öfter zu selbstvergessenem Handeln herausgefordert werden;
2. feststellen, daß selbstvergessenes Handeln viel beachtet werden kann;
3. für das selbstvergessene Handeln Jesu Christi dankbar sein;
4. an hilfsbedürftigen Menschen in der Dritten Welt selbstvergessen handeln wollen, vor allem durch die Aktion »Misereor«.

1. Impulsszene

Frau: Pfeifen hab' ich dich aber wirklich schon lange nicht mehr gehört, Peter.
Sprecher: So hat sich Frau Hundertmark neulich einmal gefreut, als sie neben ihrem Mann im Wagen saß. Ihr Sohn hat ihr recht gegeben:
Günter: Ehrlich, Papa, ich glaube, das hast du den ganzen Winter hindurch nicht getan, jedenfalls nicht beim Autofahren!
Mann: Kunststück – am ersten schönen Frühlingssonntag, mit einem neuen Wagen und auf einer guten Straße, auf der sonst fast niemand fährt, da muß man doch einfach pfeifen.
Sprecher: Bei diesen Worten hat Herr Hundertmark sich ein wenig nach hinten zu seinem Sohn umgedreht. Dabei hat er etwas entdeckt, was ihm vorher nicht aufgefallen war. Blitzschnell hat Herr Hundertmark deshalb auf die Bremse getreten und den Wagen geschickt an den Fahr-

bahnrand gezogen. Dort hat er das Warnblinklicht eingeschaltet und den Motor abgestellt.
Günter: Was ist denn los, Papa? Ist was mit dem Wagen?
Mann: Nein, mit dem Radfahrer da drüben am Bach, seht ihr's denn nicht? Der schwankt doch hin und her! Der fällt ja gleich ins Wasser!
Sprecher: Das hat Herr Hundertmark schon gerufen; denn er war im Handumdrehen ausgestiegen und losgelaufen, auf den Radfahrer und den Bach zu, an dem der entlangfuhr.
Frau: Laß doch den Betrunkenen!
Sprecher: Das hat Frau Hundertmark ihrem Mann noch nachgerufen. Aber genau in diesem Augenblick passiert, was ihr Mann befürchtet hatte: Der alte Mann kommt von seinem Leinpfad ab und wird über die Lenkstange weg in den Bach geschleudert. Herr Hundertmark besinnt sich nicht lange. Obwohl das Wasser noch kalt ist und kräftig strömt, watet er in den Bach. Jetzt schwimmt er sogar ein paar Stöße. Dann bekommt er den Mann zu fassen. Im »Affengriff«, den er aus einem Kurs in Erster Hilfe kennt, zieht er den alten Mann ans Ufer. Günter und seine Mutter stehen natürlich längst da und packen zu, als er mit seiner Last die Böschung hochkommt.
Frau: Schöne Bescherung! Jetzt haben wir den besoffenen Kerl am Hals! Mit unserer Fahrt ist's aus. Und dein schöner heller Anzug muß in die Reinigung.
Sprecher: So jammert Frau Hundertmark. Ihr Mann keucht zwar noch ein bißchen und schüttelt sich. Aber er lacht:
Mann: Dafür hab' ich den Alten noch rechtzeitig zu fassen gekriegt. Jetzt müssen wir nur sehen, daß wir schnell einen Notarztwagen herbekommen!

2. Impulsfragen

Nicht wahr, wir können beide gut verstehen: Herrn Hundertmark und seine Frau? Beide haben ja durchaus auf ihre Weise recht. Weshalb ist Frau Hundertmark ärgerlich über den alten Mann? ... Und weshalb freut sich Herr

Hundertmark?... Da ist aber auch noch Günter. Was denkt und sagt der wohl? Wer weiß Beispiele?...
Gut, das war ein Günter, der traurig und wütend darüber ist, daß die schöne Sonntagsfahrt vorzeitig zu Ende ist. Vielleicht brummt Günter aber auch nicht? Womöglich ist er sogar stolz auf seinen Vater? Was denkt und sagt er dann?...

3. Nicht jeder von uns hat die Gelegenheit, einmal Lebensretter zu werden wie Herr Hundertmark. Aber daß wir plötzlich merken: »Jetzt bin ich dran! Nun muß ich etwas tun, ohne Rücksicht auf mich!«, das können wir alle erleben, jeden Tag. Wem fällt auch dafür ein Beispiel ein?...
Gut, das alles ist denkbar: Plötzlich rast ein Auto ganz nahe an den Bordstein heran. Wir gehen neben unserem kleinen Bruder oder unserem Schwesterchen, die gerade den Fuß auf die Straße setzen wollen. Wenn wir sie dann nicht zurückreißen, kommen sie unweigerlich unter die Räder. Oder wir gehen im Sommer schwimmen, im Freibad oder in einem Fluß oder am Meer. Plötzlich merken wir: Urs taucht ja gar nicht mehr auf! So lange kann doch kein Mensch unter Wasser bleiben! Oder wir sehen: Das Boot, mit dem Sonja vorhin losgerudert ist, kommt zurückgeschwommen und ist gekentert. Von Sonja keine Spur. Wenn wir nicht Hilfe holen oder selbst zu retten versuchen, ist es für unseren Freund oder unsere Freundin vermutlich zu spät. In solchen Augenblicken denken wir meist gar nicht weiter an uns. Dann beseelt uns nur ein Gedanke: Koste es, was es wolle, ich muß etwas unternehmen!

4. Heldenhaft, heroisch wird diese Haltung gern genannt. Mindestens steht das so in der Zeitung, wenn ihre Redakteure darüber berichten. Mancher, der sich so eingesetzt hat, bekommt einen Orden oder die Lebensrettungsmedaille. Und Menschen, die ums Leben gekommen sind, als sie andern beispringen wollten, setzt man auch heute noch manchmal ein Denkmal. An manchen Straßen, auf manchen Bergen können wir solche Zeichen der Dankbarkeit entdecken. In unseren Kirchen und auf Friedhöfen erinnern uns fast immer Tafeln oder Gedenkstätten an die Solda-

ten, die in den letzten Kriegen ihr Leben hergegeben haben. Viele von ihnen sind aber in sinnlosen Kämpfen gefallen. Gerade an solchen Erinnerungsstätten steigt deshalb ein kritischer Gedanke in uns auf: Die hätten es auch besser haben können! Warum haben sich diese Leute nicht mehr zurückgehalten? Vielleicht könnten sie dann jetzt noch leben. Zumindest hätten sie noch ein paar Jahre länger leben können. Was haben sie davon gehabt? Wären sie nur vernünftiger gewesen!

5. Laut äußern wir solche »feigen« Gedanken meist nicht. Aber ich meine: Wir kennen sie alle. Jedenfalls werden wir sie wahrscheinlich kennenlernen, wenn wir einmal gefordert sind. Niemand muß sich schämen, der zunächst einmal so denkt. Wir hängen ja an unserem Leben. Darum setzen wir es nicht gern aufs Spiel, normalerweise nicht einmal für Menschen oder Dinge, die wir lieben.

Wie schon gesagt: Wir Menschen können solche Gedanken aber auch vergessen oder überspielen. Manche haben sie sogar besiegt. Sie haben zwar geahnt, daß sie Schreckliches erwartet, wenn sie sich selbstlos einsetzen. Aber sie haben sich trotzdem geopfert.

6. Einen solchen Menschen kennen wir alle. Wir bekennen von ihm: Er hat nur für andere gelebt, für uns alle. Sein ganzes Leben lang ist er für andere dagewesen. Er hat sich sogar für uns Menschen unschuldig ans Kreuz schlagen lassen. Aber auch jetzt noch, in seinem neuen Leben, ist er für uns da.

7. Wir haben das alles schon so oft gehört, daß wir kaum mehr darauf achten, wenn es uns wieder einmal vor Augen gehalten wird oder in den Sinn kommt. Wir meinen dann leicht, daß das alles selbstverständlich war. Auf der einen Seite ist das falsch. Jesus ist *auch* ungern gestorben. Auch er hat sich vor seinem Tod gefürchtet. Er hat seinen Vater gebeten: »Laß diesen Leidensbecher an mir vorübergehen, wenn es möglich ist!« Und trotzdem haben wir in gewisser Weise ebenfalls recht, wenn wir denken: Für Jesus war doch selbstverständlich, was er getan hat. In gewisser Hinsicht konnte er ja gar nicht anders.

Sein Jünger Johannes, genauer: der Mann, der unser heutiges Evangelium verfaßt hat, denkt jedenfalls so über Jesus. Er läßt ihn sagen: »Wenn das Weizenkorn nicht in die Erde fällt und stirbt, bleibt es allein; wenn es aber stirbt, bringt es reiche Frucht.«

Wir verstehen dieses Wort sofort, auch wenn wir in einer Stadt leben und kaum einmal sehen, wie ein Samenkorn »stirbt« und wie daraus eine neue Pflanze hervorbricht. Dieses Wort bedeutet: Wer selbstlos ist, der tut wirklich etwas für andere. Wer verzichtet und hergibt, wer losläßt, was er selbst gern festhalten möchte, schenkt Freude und Leben.

8. Wir müssen uns wohl alle schämen, wenn wir daran denken. Denn wir sind oft schäbig und selbstsüchtig und nicht großzügig und selbstlos.

Das muß aber nicht so bleiben. Wir können uns in der Haltung üben, von der Jesus Christus im heutigen Evangelium spricht. Heute ganz besonders: Das Hilfswerk »Misereor« bittet heute um unsere Spende für Menschen in aller Welt, die auf uns angewiesen sind. So können wir heute gut zeigen, ob wir Jesus Christus verstanden haben, wenn er sagt: »Das Weizenkorn, das in die Erde fällt und stirbt, bringt viele Frucht!«

Anerkennen
Zum Palmsonntag

Bezugstext: Mk 11, 1—16 (Evangelium der Palmweihe)

Predigtziele:
1. Bemerken, daß sich das Ansehen von Menschen auch nach der Anerkennung bemißt, die sie genießen;
2. erkennen, daß das Ansehen Jesu Christi auch davon abhängt, wie sehr wir ihn anerkennen und diese Anerkennung bekunden.

1. Impulsszene

Helmut: Wohin rennst du denn so schnell?
Sprecher: So hat sich Helmut bei seiner Klassenkameradin Roswitha erkundigt, über die Straße weg. Roswitha war so außer Atem, daß sie nur keuchen konnte:
Roswitha: Zum Bahnhof natürlich! Kommst du mit?
Helmut: Woher soll ich denn wissen, daß du zum Bahnhof willst? Und wieso soll ich denn da auch hin? Ich hab' doch dort jetzt nichts verloren!
Roswitha: Ja, hast du denn keine Augen im Kopf? Die halbe Stadt rennt doch dahin! Guck dich nur mal um!
Sprecher: Tatsächlich, Roswitha hatte recht: Eine Menge Leute war unterwegs, meistens Kinder und Jugendliche. Viele rannten richtig, und alle wollten offenbar zum Bahnhof. Das sah Helmut jetzt auch. Trotzdem mußte er Roswitha noch einmal fragen:
Helmut: Aber was gibt's denn da auf dem Bahnhof? Brennt's da? Oder hat der Süßigkeitsstand Ausverkauf zum halben Preis?
Roswitha: Esel, schau in die Zeitung wie alle Leute mit Grütze im Kopf! Der Franz Beckenbauer kommt doch heute her, weil er bei einem alten Schulfreund Trauzeuge sein soll, der hier wohnt! Die Gelegenheit ist doch einmalig! So gut kommst du doch sonst an den nie heran!

Helmut: Willst du ihn anpumpen?
Sprecher: Aber Roswitha hat sich durch diese spöttische Bemerkung nicht aus der Fassung bringen lassen. Sie wußte, was sie wollte:
Roswitha: Nein, ein Autogramm möcht' ich von ihm! Hier rein – in mein Poesiealbum.
Helmut: Und was hast du davon?
Roswitha: Ach, jetzt erinner' ich mich wieder! Du machst dir ja gar nichts aus Fußball, nicht wahr?
Helmut: Nein, keine Spur.
Sprecher: Das mußte Helmut zugeben. Aber das konnte Roswitha schon nicht mehr hören, denn sie war längst weitergelaufen – zum Bahnhof, wie so viele.

2. Impulsfragen

Roswitha ist also ein Fußballfan. Gibt es unter euch Mädchen auch welche, die gern Fußball spielen – oder spielen möchten? ... Und ihr andern, schaut ihr euch gelegentlich einmal ein Fußballspiel an? ... Und gibt es hier bei uns Buben, die nicht viel für Fußball übrighaben – ähnlich wie Helmut? ... Noch eine Frage, als letzte: Habt ihr auch Fußballhelden, die ihr verehrt? ...

3. Also können wenigstens manche von uns Roswitha und Helmut nachfühlen, weil sie es mit dem Fußball ähnlich halten wie diese beiden. Aber verstehen können wir Helmut und Roswitha alle, glaub' ich. Wir wissen ja gut: Wieviel ein Mensch gilt, hängt nicht bloß davon ab, was er leistet oder welchen Beruf er ausübt. Für das Ansehen eines Menschen ist es entscheidend, wie anerkannt er ist. Ob ein Maler oder Arzt berühmt ist, hängt wesentlich damit zusammen, was andere von ihm denken und sagen. Mancher Schriftsteller oder Musiker aber ist erst bekannt geworden, als er schon gestorben war. Zu seinen Lebzeiten hat er nichts weiter gegolten. Vielleicht war er ein verkanntes Genie. Es gibt aber auch das Umgekehrte: Einer, von dem alle reden, kann gar nichts weiter. Er hat nur zufällig Glück, er kommt eben an ...

4. Wir denken heute, am Palmsonntag, der die »große Woche« einleitet, an einen Mann, dessen Leben uns beides zeigt: Ein Großer kann verkannt werden, man kann ihn sogar verachten und umbringen. Auf ihn, der kaum beachtet wird, können sich aber auch im Handumdrehen die Blicke aller richten. Es brauchen nur ein paar Mutige damit anzufangen, sich für ihn zu begeistern und das zu zeigen. Dann achten bald viele auf sie und wetteifern mit ihnen für den, den sie verehren.

5. Das war nicht nur damals so, als Jesus um das Jahr 30 herum in Israel gelebt hat. Es ist heute noch genau so. Auch wir können, nein: wir müssen uns entscheiden, wie wir es mit Jesus halten wollen. Vielleicht bedeutet er uns nicht viel. Dann sitzen wir hier herum, weil wir müssen oder es so gewohnt sind. Es kann aber auch sein, daß wir heute wieder merken: Gut, daß es Jesus Christus gibt! Schön, daß wir an ihn glauben dürfen! Was haben wir ihm alles zu danken! Er verdient es, daß wir ihm zujubeln. Und durch uns sollen auch andere erfahren: Wir halten viel von Jesus Christus, weil er so Großes für uns getan hat und noch tut – damals in Jerusalem, am Ölberg, im Abendmahlssaal und am Kreuz. Er ist seit Ostern bei seinem Vater und mitten unter uns, in dieser Welt.

Geb's Gott, daß wir alle zu diesen Menschen gehören: zu denen, die Jesus Christus zurufen: »Hosanna! Gepriesen sei er, der kommt im Namen Gottes« – heute, in dieser heiligen Woche und in Ewigkeit.

Von der Osterbotschaft immer mehr ergriffen werden

Zum Osterfest

Bezugstext: Joh 20, 1–9 (Tagesevangelium)

Predigtziele:
1. Fragen und Vorbehalte gegenüber der Osterbotschaft aussprechen und ernstnehmen;
2. den unerhörten Anspruch der Osterbotschaft als Zeichen ihrer Zuverlässigkeit werten;
3. der Osterbotschaft wohlüberlegten Glauben schenken.

1. Impulsszene

Mutter: Also, das ist doch unerhört!
Sprecher: So empört sich Frau Schmitz. Magdalene bezieht das natürlich auf sich, wie gewöhnlich. Mit schlechtem Gewissen erkundigt sie sich:
Magdalene: Was hab' ich denn jetzt schon wieder angestellt?
Mutter (lachend): Diesmal ausnahmsweise nichts! Es hat aber mit dir zu tun, was ich meine. Das ist doch hier dein Religionsbuch, nicht wahr?
Sprecher: Frau Schmitz hält Magdalena ein Buch hin. Da nickt Magdalene:
Magdalene: Ja, natürlich. Aber was ist denn damit, weil du dich so aufregst?
Mutter: Es ist mir beim Staubwischen runtergefallen, und da hab' ich einen Blick auf die Seiten geworfen, die sich dabei aufgeschlagen haben. »Die Osterbotschaft« steht darüber. Und darunter heißt es: »Der Tod Jesu hat seine Jünger zuerst verstört und ratlos gemacht. Aber bald haben sie sich gesagt: Es darf nicht alles aus sein. Was Jesus gesagt und gewollt hat, war gut. Wir müssen die Menschen dafür gewinnen. Und wenn die Menschen so leben wie

Jesus, lebt Jesus weiter. Darum haben die Jünger gepredigt: Jesus ist nicht tot, er lebt. Viele haben ihnen geglaubt. Und noch heute lebt Jesus in den Menschen fort, die leben wollen wie er.« Das ist doch Unsinn! Nein, glatter Unglaube ist das!
Sprecher: So ereifert sich Magdalenes Mutter von neuem. Magdalene kann darüber nur staunen:
Magdalene: Was hast du denn, das leuchtet einem doch sofort ein. So ist es bestimmt gewesen!
Mutter: Ich hab's jedenfalls anders gelernt: Jesus ist nach seinem Tod wirklich auferstanden. Seine Jünger haben ihn gesehen. Er hat mit ihnen gesprochen und sie in alle Welt geschickt.
Magdalene: Wie willst du heute entscheiden, wer da recht hat: Du oder mein Buch? Ist ja schließlich auch nicht weiter wichtig, Hauptsache wir leben wie Jesus!
Mutter: Wieso soll ich denn das, wenn Jesus nicht lebt? Nein, Kind, ich geh' mal zu deinem Religionslehrer und red' ein ernstes Wörtchen mit ihm. Dieses sogenannte Religionsbuch bringt einen ja ganz durcheinander.

2. Impulsfragen

Was Auferstehung Jesu heißt, darüber gibt es viele Ansichten. Zwei davon sind in unserem Lesespiel erwähnt worden. Wer kennt noch eine andere?... Gut, ich sehe schon, ich hab' eine zu schwere Frage gestellt und muß helfen, damit ihr sie beantworten könnt; also:
— Manche Menschen können nicht glauben, daß Jesus von den Toten auferstanden ist. Weshalb nicht?...
— Andere Leute sind fest davon überzeugt: Jesus ist gestorben. Aber seit Ostern lebt er wieder. Was bestärkt sie in diesem Glauben?...
— Schließlich gibt es Leute, die sagen: »Das mit der Auferstehung Jesu sollte man nicht so wörtlich nehmen. Trotzdem ist etwas an dieser Behauptung dran. Daß Jesus weiterlebt, bedeutet einfach: Seine Sache geht weiter. Wir können Christen sein, auch wenn Jesus selbst gestorben

ist und kein neues Leben erhalten hat.« Wie kommen Menschen wohl zu dieser Ansicht? ...

3. Wir sehen also: Es ist nicht leicht, Ostern zu feiern. Dieses Fest stellt uns Fragen: Was hältst du von Ostern? Was feierst du heute: Sicher, man kann sich um diese Fragen herumdrücken. Aber dann ist Ostern kaum etwas anderes als jeder »gewöhnliche« Sonntag. Dann bleibt nichts übrig, als ein paar Eier zu färben oder sie gleich bunt zu kaufen und zu hoffen, daß das Wetter schön wird, damit der neue Wagen oder Frühjahrshut oder Sommermantel ausgeführt werden kann. Das alles ist zwar auch ganz schön. Aber uns, die wir hierhergekommen sind, genügt das nicht. Für uns geht es an Ostern um die entscheidendsten Fragen des Lebens und Glaubens – um die, die wir schon gestellt haben. Denken wir also auch jetzt in dieser Predigt darüber nach!

4. Wir möchten gern wissen: Wie ist es damals gewesen, als Jesus gestorben und ins Grab gelegt worden ist? Hat sich danach etwas Ungewöhnliches abgespielt? Hat die Erde gebebt? Ist das Grab aufgebrochen? Ist Jesus lebendig aus dem Grab hervorgegangen? Was ist aus seinem Leichnam geworden? Ist er verwest oder verwandelt worden, für ein neues Leben? Hat jemand Jesus nach seinem Tod wirklich gesehen? Oder haben seine Jünger sich nur eingebildet: Er lebt wieder? Haben sie das womöglich sich und andern nur eingeredet, obwohl sie genau gewußt haben: Das stimmt gar nicht?

Wir fragen so, interessiert oder kritisch, weil wir in einer Zeit leben, die uns gelehrt hat, genau zu prüfen. Wir sind es gewohnt, Dokumente zu Gesicht zu bekommen: Reporter und Kameraleute, Fotografen und Stenografen, Tonbänder und Filme zeigen uns heute fast alles »life« – lebensecht, unmittelbar und umfassend vom Ort des Geschehens her. Zumindest reden wir uns das gerne ein: So ist es wirklich gewesen.

Es hilft nichts, wir müssen ehrlich zugeben: Ein Dokument darüber, was am Karfreitag und am Ostertag nach dem Tod Jesu in Jerusalem geschehen ist, werden wir nie zu Ge-

sicht bekommen. Es gibt darüber keinen Augenzeugenbericht mehr. Und das, was wir uns darunter vorstellen, hat es wohl niemals gegeben, weil die Menschen damals nicht so gedacht und gehandelt haben wie wir heute.
5. Also ist die Auferstehungsbotschaft »reine Glaubenssache«? Also kann man davon halten, was man will: sie annehmen oder verwerfen oder sie auslegen, wie man es eben versteht oder will? Nein, behaupte ich, das stimmt nun auch wieder nicht. Es gibt kräftige Hilfen dafür, die Osterbotschaft »richtig« zu verstehen. Auch wir Menschen von heute haben manche Möglichkeit, herauszufinden, was uns die Osterbotschaft sagen will und inwiefern sie Glauben verdient.
Ich möchte hier nur einen dieser Gedanken erwähnen. Gerade ihn, weil er mir besonders hilfreich zu sein scheint: Nehmen wir einmal an, es war bei und nach dem Tod Jesu alles ungefähr so, wie Magdalenes Religionsbuch es behauptet. Jesus war und bleibt tot. Seine Jünger fassen sich allmählich und sammeln sich wieder. Sie wollen leben, wie sie es bei Jesus vor seinem Tod gelernt haben. Und sie glauben: Das tut auch anderen Menschen, allen Menschen gut.
Warum machen sie es dann sich und anderen Menschen so schwer, an Jesus zu glauben? Weshalb behaupten sie: Jesus ist auferstanden? Warum sagen sie nicht einfach die Wahrheit? Die wäre doch für alle Menschen viel einleuchtender, viel annehmbarer gewesen. Auch damals glaubte nämlich kaum jemand gern an Totenerweckungen. Im Gegenteil, auch damals lachten die meisten, wenn jemand behauptete: Da war einer tot, und jetzt lebt er wieder! Es genügt, daß wir die Apostelgeschichte, ein Buch des Neuen Testaments, aufschlagen. Darin wird uns mehrfach erzählt, wie unerhört es auch antike Menschen fanden, wenn ihnen gesagt wurde: Jesus ist von den Toten auferstanden.
Dagegen kam dies damals häufiger vor: Jemand ist als Verbrecher verurteilt und hingerichtet worden. In Wirklichkeit war es aber ein großer, ein weiser, ein guter Mensch. Da finden sich immer bald Anhänger, die für

ihre Meister und seine Lehre werben. Und oft haben sie damit Erfolg. Wir brauchen nur an den großen Philosophen Sokrates zu denken. Er ist bis heute unvergessen, obwohl keiner seiner Schüler nach seinem Tod je behauptet hat: Sokrates lebt wieder.

Die Jünger Jesu aber erklären einer wie der andere und überall, vor Juden und Griechen, vor einfachen und gelehrten Leuten: »Jesus ist von den Toten auferweckt worden. Wir haben ihn am Kreuz gesehen und zu Grabe getragen. Er war wirklich tot. Aber wir haben ihn nach seinem Tod wiedergesehen. Da war er anders als vorher, gewiß. Aber er war leibhaftig unter uns. Wir haben ihn wiedererkannt als den, mit dem wir lange durchs Land gezogen sind. Jetzt können wir deshalb bezeugen, wer Jesus ist: Gott selber hat ihn zu uns gesandt. Jesus ist der Christus, der Herr, Gottes Sohn.«

Die Jünger mußten aber doch wissen: Diese Botschaft erregt Anstoß und Ärger. Sie macht es uns nicht leicht, die Leute für Jesus zu gewinnen. Wir werden daraufhin womöglich sogar verhaftet und verurteilt werden, weil wir dann wie Jesus als Verbrecher gelten. So kommt es jedenfalls. Die meisten Apostel müssen für ihre Predigt leiden und sterben als Martyrer. Aber sie lassen nicht von ihrer Botschaft. Sie behaupten fest und steif: Jesus ist von Gott auferweckt worden.

Diese entschiedene Predigt der Zeugen der Auferstehung Jesu aber überliefern uns die Schriften des Neuen Testaments.

6. Ich bin überzeugt: Allein diese Überlegung gibt uns Grund genug, der Osterbotschaft Glauben zu schenken und zu bekennen: Jesus lebt wirklich und wahrhaftig wieder, nachdem er gestorben war.

7. Müssen wir uns dann aber nicht schämen, daß wir am Anfang dieser Predigt alle möglichen Fragen und Schwierigkeiten aufgezählt haben, die gegen diesen Osterglauben sprechen? Darf ein Christ solche Fragen überhaupt an sich heranlassen?

Ich meine: Ja, er darf und muß! Grund zu dieser Ansicht

gibt mir nicht zuletzt das Evangelium dieses Festtags. Darin wird uns ja versichert: Auch die Jünger Jesu haben nicht von Anfang an daran geglaubt, daß er auferweckt worden ist. Im Gegenteil, sie hatten Fragen und Zweifel und haben erst allmählich begriffen, was mit Jesus geschehen ist. Oder besser gesagt: Die Jünger sind erst nach und nach vom Glauben an die Auferstehung ergriffen und bestimmt worden.

8. Schon deswegen dürfen wir fragen und prüfen, was die Osterbotschaft bedeutet, wir kritischen Menschen des 20. Jahrhunderts. Das ist keine Schande für uns, das ist geradezu unsere Pflicht. Die Botschaft von der Auferstehung Jesu ist und bleibt nämlich unerhört. Und daran, ob sie wahr ist oder nicht, entscheiden sich die wichtigsten Fragen unseres Lebens. Es lohnt sich also sehr wohl, es ist sogar lebensnotwendig für uns, daß wir nachdenken und forschen und beten, damit wir die Osterbotschaft immer besser begreifen, nein, damit wir von Osterfreude und Osterglauben immer mehr ergriffen und verwandelt werden.

Nicht im Alleingang
Zum 2. Ostersonntag

Bezugstext: Joh 20, 19–31 (Tagesevangelium)

Predigtziele:
1. Erkennen, daß wir manche Situation und Aufgabe nicht im Alleingang bewältigen können;
2. an Beispielen feststellen, daß christlicher Glaube die Gemeinschaft verlangt;
3. dankbar zur Glaubensgemeinschaft gehören wollen.

1. Impulsszene

Eckhart: Was, hier sollen wir schlafen – auf der grünen Wiese?
Sprecher: So hat sich Eckhart enttäuscht erkundigt, als er mit den anderen Ministranten seiner Pfarrei aus dem Bus gestiegen ist, der sie ins Ferienlager gebracht hatte. Aber Franz, ihr Oberministrant, hat ihn beruhigt:
Franz: Du hast wohl nicht alle auf dem Christbaum? Wir schlafen doch jetzt im Frühjahr nicht einfach auf der grünen Wiese! Jetzt werden Zelte aufgestellt! Pack nur gleich zu, dann kannst du bald in eines einziehen.
Eckhart: Och, ich muß aber erstmal sehen, was hier sonst los ist.
Sprecher: Dabei verdrückt er sich in den nahen Wald. Dort hat er anscheinend manches Interessante entdeckt. Als er wiederkommt, sind die anderen nämlich schon dabei, sich in den Zelten einzurichten.
Franz: Wer geht in den Wald Holz sammeln?
Sprecher: Im Handumdrehen liegt ein großer Berg aus Reisig und Ästen vor der Lagerküche. Eckhart aber hat kein Stückchen davon beigebracht. Er mußte doch zuerst einmal den Bach untersuchen. Ob's darin auch Forellen gab?

Franz: Zwei Mann zum Milchrühren ins Küchenzelt!
Sprecher: Milchrühren, so etwas Blödes, hat Eckhart sich draufhin geschüttelt. Wahrscheinlich soll es also Kakao geben. Den sollen die andern mal schön allein trinken! Er hatte ja noch sein gutes Erdbeerkaba in der Feldflasche. Also erst mal auf die andere Seite von der Wiese, schauen, ob man sich aus dem Gebüsch dort Stöcke schneiden und Pfeile schnitzen kann. So war Eckhart eigentlich ganz zufrieden mit dem ersten halben Tag im Lager. Bis er dann Hunger bekommen hat und zurück auf den Lagerplatz marschiert ist. Da saßen die andern schon rings um das Küchenzelt auf Steinen. Alle hatten drei herrliche Räuberwürstchen, an kleinen Spießen gebraten, auf ihren Tellern liegen. Für ihn hatte aber niemand welche aufgehoben. Franz hielt das offenbar für selbstverständlich. Er hat nämlich gesagt:
Franz: Du hast doch sicher etwas anderes zu essen dabei. Den ganzen Tag lang hast du dir ja Extrawürste gebraten. Da schmecken dir die Würste doch bestimmt nicht, die wir jetzt essen.

2. Impulsfragen

Eckhart war anscheinend vorher noch nie in einem Lager. Er denkt sich wohl: Lagerleben – das heißt: tun und lassen, was einem Spaß macht. Hat er nicht recht? ... Die Gruppe kann aber auf Eckhart nicht verzichten, jetzt am Anfang jedenfalls noch nicht. Es gibt eine Menge zu tun. Wir haben einige Beispiele dafür gehört. Was fällt denn noch an, wenn ein Zeltlager errichtet wird? ... Eckhart tut da nicht mit. Die andern meinen, sie müßten ihn erziehen. Franz vor allem denkt so. Was haltet ihr von dem, was Franz sagt und tut? ...
3. Eckhart in unserer Geschichte hat sehr hart zu spüren bekommen: Wer allein ist, kommt meist nicht durch. Er muß erfahren: Man kann sich zwar selbständig machen. Aber im Alleingang kommt man nicht weit. Jeder braucht Mitmenschen. Ebenso darf sich keiner den andern entzie-

hen. Er fehlt ihnen einfach. Ohne ihn sind und können die andern weniger.
4. Eckhart bekommt das eindringlich beigebracht. Auf grobe Art sogar. Aber jeder Mensch lernt es, der eine gern und freudig, der andere gegen seinen Willen und wütend.
Manchmal macht es uns Freude, wenn wir erfahren: Allein kann ich nicht viel ausrichten, aber gemeinsam mit andern kann ich etwas leisten. Das kann einem schon beim Fußball- oder Völkerballspiel aufgehen. Wer zu einer tüchtigen Mannschaft gehört, braucht selbst nicht unbedingt viel zu können. Er bekommt dann »Rückendeckung« von den andern, die mehr leisten. Wenn die Mannschaft siegt, fällt auf jeden, der dazugehört, ein wenig Glanz, auch auf die Schwächeren.
Ein andermal macht es uns aber traurig, wenn wir merken: Ich komm' allein nicht recht durch. Ich bin auf andere angewiesen. Wahrscheinlich haben wir alle schon einmal erlebt, daß andere uns auslachen oder verprügeln. Dann waren wir nicht nur wütend, weil wir etwas einstecken mußten. Wir haben uns auch darüber geärgert, daß wir nicht stark oder klug genug waren, es unseren Gegnern »heimzuzahlen«. Es war uns peinlich, daß wir uns dazu Hilfe holen mußten, bei unserem berühmten großen Bruder, beim Herrn Lehrer, vielleicht gar bei einem Polizisten. Daß wir im Alleingang nicht durchkommen, ist nicht immer angenehm...
5. Auch in der Religion, im Glauben können wir keine Einzelgänger sein. Mancher versucht das zwar. »Ich geh' in keine Kirche. Ich bete nicht mit andern zusammen. Wenn ich fromm sein will, geh' ich in den Wald und sprech' mit meinem Gott«, sagen manche Leute – wörtlich oder dem Sinn nach. »Die Christen haben alles falsch gemacht. Die wissen ja gar nicht mehr, was Jesus wirklich gewollt hat; ich hab's wiederentdeckt«, behaupten heute sogar manche Leute mehr oder weniger laut und deutlich. Weit kommen solche Menschen damit aber wohl nie.
Die meisten, wir alle leben anders: Wir gehören zur Kirche, recht oder schlecht. Ein Priester der Kirche hat uns ge-

tauft. Unsere Eltern und Großeltern, Religionslehrerinnen, Lehrer und Geistliche helfen uns glauben. In der Gemeinde beten und singen wir miteinander. Wir empfangen die Sakramente. Und manchmal lassen wir uns in anderer Weise von unserer Pfarrgemeinde helfen, z. B. wenn wir ihren Kindergarten besuchen oder alt werden.
6. Meistens denken wir wohl nicht viel darüber nach. Ein andermal ärgern oder schämen wir uns, weil wir zu »so einer« Kirche, in »diese« Gemeinde gehören. Vielleicht können wir das langweilige Rosenkranzbeten nicht ausstehen, das es da gibt. Oder wir mögen die modernen Messen nicht und geraten einmal in eine hinein.
Daß wir als Gläubige nicht alleinstehen, freut uns aber auch. In den letzten Tagen hat das wohl jeder von uns wenigstens einmal erfahren. Den einen hat es vielleicht am Gründonnerstag gepackt: Da bekommen Leute die Füße gewaschen! Alle dürfen zur Kommunion kommen! So viele empfangen sie heute!
Ein anderer mag's am Karfreitag gespürt haben: Heute beten wir Christen wirklich für alle und alles in der Welt! Jesus Christus läßt sich für uns alle ans Kreuz schlagen. Damit zeigt er uns: Wir gehören alle zusammen! Er ist für uns alle da!
Und erst recht kann jemand in der Osternacht ganz neu erkannt haben: Gott hat mir etwas Besonderes geschenkt. Ich bin getauft. Ich gehöre zur Kirche. Gott schenkt uns allen ein neues, herrliches Leben. Für uns ist es Licht geworden, mitten in der Nacht. Solche Gedanken können uns richtig glücklich machen.
7. Die Geschichte von Tomas, der nicht recht glauben will, unser heutiges Evangelium, erinnert uns an das alles. Sie sagt auch: Allein findet Tomas nicht zum auferstandenen Herrn. Im Kreis der andern Jünger erkennt er ihn aber. Johannes schreibt uns das auf, damit wir dankbar werden und uns freuen: Ich stehe nicht allein. Ich brauche nicht allein zu sein. Ich gehöre zu einer großen Gemeinschaft. Sie hilft mir leben und glauben. Sie braucht mich aber auch. Gott sei Dank, daß ich zur Kirche gehöre!

Umkehr und Vergebung
Zum 3. Ostersonntag

Bezugstext: Lk 24, 35–48 (Tagesevangelium)

Predigtziele:
1. Anhand von Beispielen feststellen, daß wir oft zur Umkehr gerufen werden und Vergebung erfahren;
2. einsehen, daß wir alle in vielfacher Hinsicht Umkehr und Vergebung nötig haben;
3. darauf vertrauen, daß Jesus Christus uns Umkehr ermöglicht, indem er uns vergibt.

1. Impulsszene

Polizist: Hallo, junger Mann, mach mal flott kehrt!
Sprecher: So hört es Uwe hinter sich herrufen, als er gerade mit seinem Fahrrad in die Einbahnstraße eingefahren ist – in verkehrter Richtung. Erst kämpft er ein bißchen mit sich, ob er sich überhaupt umdrehen und nicht so tun soll, als ob er nichts gehört habe. Aber dann schaut er doch, schließlich könnte es ja ein Polizist sein. Und richtig, es ist wirklich einer. Also radelt Uwe auf den Schutzmann zu. Das kann er ja nun guten Gewissens, jetzt stimmt die Richtung ja.
Polizist: Sag mal, Freundchen, mir scheint, du kennst die Verkehrszeichen nicht?
Sprecher: Uwe schüttelt mit dem Kopf:
Uwe: Die kenn' ich alle, Herr Wachtmeister!
Polizist: Das will ich auch schwer hoffen! Alt genug dazu bist du ja. Dann hast du also wohl übersehen, daß hier eine Einbahnstraße ist?
Uwe: Nein, das weiß ich genau. Ich wohn' ja gleich um die Ecke auf der Schumannstraße, da werd' ich doch wohl wissen, daß die Mozartstraße hier Einbahnstraße ist.
Sprecher: Der Polizist schnappt richtig nach Luft:

Polizist: Und das gestehst du kaltlächelnd ein? Du bist ja vielleicht eine Nummer! Ja um Himmelswillen, weißt du denn nicht, was dir passieren kann, wenn du in der verkehrten Richtung durch eine Einbahnstraße fährst? Wieso hast du denn das gemacht? Weil du dich hier sicher fühlst?
Uwe: Nein, ich wollte nur schnell in die Klavierstunde fahren. Ich hab' mich ein bißchen verspätet – und da hätte ich mindestens fünf Minuten gewonnen. Schließlich ist die Stunde teuer genug.
Sprecher: Da zuckt es um die Mundwinkel des Wachtmeisters, und er schmunzelt:
Polizist: Na, dann fahr' mal zu, du Lauser! Wenigstens hast du mich nicht beschwindelt, da muß ich dich ja wohl ohne Verwarnung laufen lassen! Aber merk dir's!
Uwe: Bestimmt – Sie waren ja auch so toll großzügig. Gar nicht wie ein Bulle in den Krimis!
Sprecher: Aber während er das sagt, ist Uwe schon auf sein Rad gesprungen und losgetrampelt, so daß der Polizist nur noch hinter ihm her drohen kann – lachend, versteht sich.

2. Impulsfragen

Bestimmt hätte nicht jeder Polizist so gehandelt wie der, an den Uwe geraten ist. Wie hätte sich ein anderer Schutzmann vielleicht verhalten? ... Und wäre das Unrecht gewesen: Uwe verwarnen, aufschreiben, ausschimpfen? ... Ja, wenn ihr das meint: Hat dann der Polizist, mit dem Uwe es zu tun bekommen hat, nicht sogar einen Fehler gemacht? Hätte Uwe nicht mehr gelernt, wenn ihn der Polizist hart angefaßt hätte? ... Ihr meint also, so fasse ich zusammen: Dieser Polizist wird auf die Dauer bei Uwe mehr erreichen als ein strenger, übergenauer – eben weil er ihn zwar zurückruft und belehrt, aber nicht »fertigmacht«, wie Sabine gesagt hat.
Aber nehmen wir einmal an, Uwe wird leichtsinnig. Er bildet sich jetzt ein: Es ist ja einmal gutgegangen, als ich in der Einbahnstraße in falscher Richtung gefahren bin. Nichts

ist mir dabei passiert. Sogar der Polizist, der mich erwischt hat, hat mir nichts getan. Was dann? Wird dann falsch, was der großzügige Polizist getan hat? ... Ich denke wie Erwin: Auch der leichtsinnig gewordene Uwe sagt sich im Grund sicher: Einmal habe ich eine Chance gehabt. Ich habe sie nur nicht genützt. Wenn mir jetzt etwas passiert oder wenn ich jetzt ertappt werde, komm' ich sicher nicht mehr so gut weg.

3. Wer von euch glaubt, daß er schon einmal etwas ähnliches erlebt hat wie Uwe? ... Ja, Ansgar und Hedwig, ihr meint das also? Erzählt ihr etwas darüber? ... Ja, wunderbar, das waren zwei ausgezeichnete Beispiele; ich wiederhole kurz: – Ansgar hat neulich einmal mächtig Angst gehabt. Weil er ganz ins Spiel mit seiner Legostadt vertieft war, hat er nicht gemerkt: Ich komm' mit meinen Füßen immer näher an das Tischchen, auf dem der Fernseher steht. Und schon war's passiert: Der Tisch ist umgefallen, der Fernsehapparat lag auf dem Boden, die Mattscheibe und manche »Innerei« war zerbrochen. Aber Ansgars Eltern haben ihn weder windelweich geprügelt noch sein Taschengeld gekürzt. »Der Schreck sitzt dir ja noch in den Knochen. Jetzt paßt du sicher besser auf«, hat sein Vater gesagt. Und er hat recht behalten.
– Noch mehr Grund zum Staunen und Lernen hat Hedwig gehabt: Als sie selber noch viel jünger war, hat sie aus Wut einmal ihrer kleinen Schwester die Haare abgeschnitten. Aber das Schwesterchen hat sich gleich danach wieder an sie geklammert, und die Mutter hat Hedwig erklärt, wie das wohl alles gekommen ist. Und sie hat ihr gezeigt, wie man Wutanfälle mit andern zusammen aufarbeiten kann, ohne ihnen die Haare abzusäbeln. Seither klappt es ganz gut zwischen Hedwig und ihrer kleinen Schwester.

4. Jetzt haben wir gesehen: Wir stellen öfter etwas Dummes oder Schlimmes an, egal, wie alt und was wir sind. Wenn wir das merken, tut es uns fast immer leid. Dazu, daß wir aus solchen Fehlern lernen, daß wir in Zukunft besser aufpassen oder weniger gemein sind, hilft uns besonders dies: daß jemand uns vergeben und nicht ver-

dammt hat, daß wir »eines Besseren belehrt«, aber nicht schlecht gemacht worden sind.

5. Ich behaupte nun aber: Oft haben wir niemanden, der uns zur Umkehr einlädt, indem er uns unsere Schuld vergibt. Meist wissen wir ja nur ganz allein, wie sehr wir uns danebenbenommen haben. Zumindest unsere Haßgedanken, unsere Aggressionen gegeneinander bleiben andern oft verborgen – uns aber quälen sie, wenn unser Gewissen lebendig ist. Aber auch sonst gibt es viele Dinge in unserem Leben, die nicht in Ordnung sind und die wir gern ändern möchten: Faul sind wir manchmal und feige, bequem und brutal. Dabei kennen wir die Menschen oft gar nicht, an denen wir uns auf diese Weise vergehen.

6. Müssen wir uns daher nicht laufend Vorwürfe machen, uns ärgern über uns selbst, uns zerquälen und verachten? Manche Menschen wissen keinen besseren Weg. Sie werden zu Skrupulanten. Sie sehen nur noch, was sie falsch machen, und nicht mehr ihren guten Willen und alles, was an ihnen tadellos oder doch nicht hoffnungslos ist. Es gibt sogar Menschen, die sich einreden, daß nichts aus ihnen werden kann, daß keiner sie mag, daß sie ewig in der Hölle braten werden, weil der Teufel sie schon jetzt in seinen Klauen hält.

Aber auch wer sich nicht derart selber kaputt macht, fürchtet und schämt sich oft, sucht Vergebung und möchte umkehren.

7. So warten wir im Grund alle auf die gute Nachricht, die heute im Evangelium tatsächlich verkündet wird: Jesus schickt seine Jünger nicht in die Welt, damit sie den Menschen ihre Schuld bewußt machen und sie verdammen. Nein, Jesus beruft sie als Zeugen dafür, daß »allen Völkern« ausgerichtet wird: Euch wird vergeben! Kehrt um!

8. Noch leben wir in der Osterzeit. Da verstehen wir besonders gut, was diese Worte des Evangeliums uns in Aussicht stellen. Jesus ist nicht umsonst gestorben. Sein Tod kommt uns allen zugute, gleichgültig, wie wir jetzt sind. Das heißt nicht: Jetzt können wir tun und lassen, was uns Spaß macht. Es heißt aber: Wir dürfen uns annehmen und

Mut behalten, auch wenn wir schwach bleiben und oft sündigen. Dieses Evangelium sagt also auch ein gutes Wort an uns über uns: Verurteilt euch nicht! Gott tut es auch nicht. Er liebt euch und gibt euch die Kraft, es immer neu mit dem Guten zu versuchen – auch, wenn ihr aus schlechtem Milieu stammt und schon oft in Sünde gefallen seid.

Ich denke, jeder von uns versteht, was das für ihn ganz persönlich bedeutet. Jeder von uns kennt auch Mittel und Wege genug, wie sich zeigen läßt: Gott sagt ja zu mir. Darum fang' ich neu an.

Ganzer Einsatz
Zum 4. Ostersonntag

Bezugstext: Joh 10, 11–15 (Auszug aus dem Tagesevangelium)

Predigtziele:
1. An Beispielen erkennen, wie viele Menschen sich selbstverständlich für andere einsetzen;
2. sich dankbar an den Einsatz Jesu Christi für uns Menschen erinnern;
3. über den Einsatz von Menschen, besonders von »Hirten«, in der Kirche nachdenken und dafür dankbar sein.

1. Impulsszene

Dorothee: Ja, gibt's denn das auch? Das kann doch nicht wahr sein!
Sprecher: So regt sich Dorothee auf, ganz verzweifelt. Jetzt packt sie auch noch das Telefon, an dem sie nun schon mehrfach vergeblich herumgewählt hat. Will sie es etwa an die Wand werfen vor lauter Wut? Nein, das macht sie nun doch nicht. Sie versucht's noch einmal und wählt wieder die Nummer: 7-4-6-3-5-8. Das stimmt doch! Das ist die Nummer von Dr. Bartmann, den sie schon manchmal zu ihrer Mutter rufen mußte, weil diese öfter krank im Bett liegt. Heute ist es aber besonders schlimm. Schon eine Stunde lang stöhnt die Mutter wegen ihrer Gallenkolik. Der Arzt muß unbedingt her und ihr eine Spritze geben. Und jetzt meldet sich niemand unter seiner Telefonnummer.
Dorothee: Mist, elender! Meld' dich doch schon endlich, wir brauchen dich doch! Mutti hält's einfach nicht mehr aus vor Schmerzen!
Theodor: Mit wem sprichst du denn da?
Sprecher: Dorothees Bruder Theodor ist eben zur Tür hereingekommen. Dorothee merkt es und hat schon wieder vergessen, was er sie gefragt hat.

Dorothee: Ach, Theo, gut daß du da bist! Mutti hat wieder mal einen Anfall, und ich versuch' jetzt schon die ganze Zeit, Dr. Bartmann zu erreichen, damit er kommt und ihr eine Spritze gibt. Aber da meldet sich niemand.
Theodor: Der wird halt in Urlaub sein!
Dorothee: In Urlaub? Aber das geht doch nicht! Ein Arzt kann doch nicht einfach wegfahren und seine Patienten im Stich lassen! Der hat doch immer für sie da zu sein!
Theodor: Du stellst ja vielleicht Ansprüche! Ein Arzt muß sich doch auch mal erholen. Ruf' halt den Notdienst an oder einen andern Doktor und sag', daß Mutti schnell eine Spritze braucht!

2. Impulsfragen

Dorothee meint: Ein Arzt muß immer für seine Patienten da sein. Stimmt das? . . . Theodor sagt: Ein Arzt ist auch ein Mensch. Er muß sich manchmal erholen. Selbst auf Patienten braucht er dann keine Rücksicht zu nehmen. Hat Theodor recht? Weshalb? . . .
Es gibt Leute, die denken in jeder Beziehung ähnlich wie Dorothee und Theodor in unserer Geschichte. Die einen sagen nämlich ungefähr: Ein Mensch muß immerfort für andere da sein. Was meinen die Leute, die so denken? . . .
Andere wiederum sagen: Jeder braucht auch Zeit für sich. Er muß einmal abschalten und frei haben. Weshalb sagen manche Menschen das? . . .
3. Dorothee und Theodor in ihrem Gespräch über einen Arzt, Menschen, die ähnlich denken wie sie, erinnern uns an etwas. Wir vergessen es merkwürdigerweise gern: Wir leben alle davon, daß Menschen für uns da sind. Wir können nur so leben, wie wir's gewohnt sind, weil sich viele für uns einsetzen.
Wer findet Beispiele für das, was ich da eben behauptet habe? . . . Ein paar Stichworte als Hilfe: Ein Baby liegt in seinem Wagen. Wen braucht es, wenn es leben soll? . . .
Wir möchten Nachrichten hören und sehen, auch an Sonn- und Festtagen. Wer muß mittun, damit sie zu uns kom-

men? ... Und noch eines: Wir können immer krank werden oder gar zum Sterben kommen, auch in der Nacht, auch am höchsten Feiertag. Welche Berufe sind immer bereit, kranken und sterbenden Menschen zu helfen? ...

4. Noch viele andere Menschen sind für ihre Mitmenschen da und setzen sich für sie ein. Im Evangelium haben wir soeben Worte eines Menschen gehört, der sich ebenfalls rühmt: Ich bin immer für andere da. Was er damit meint, drückt er mit Hilfe eines Bildes aus. Er sagt von sich: »Ich bin der gute Hirt.« Das ist zwar ein »altmodisches« Bild, aber wir verstehen noch gut, was es sagen soll. Wir wissen ja alle, was ein Hirt für seine Schafherde tut; wir haben es gesehen und gehört: Ein Hirt sucht gute Weideplätze. Er führt seine Schafe dorthin. Er paßt auf sie auf. Er pflegt sie, wenn sie krank sind. Er sucht sie, wenn sie sich einmal verlaufen. Er verteidigt sie, wenn wilde Tiere oder Diebe kommen. Der Evangelist Johannes hat recht, wenn er Jesus Christus sagen läßt: »Ich bin der gute Hirt.« Denn von Jesus Christus bekennen wir all das auch, was ein guter Hirte für seine Schafe tut. Vor allem sind wir ihm dafür dankbar, daß er für uns alle gestorben ist und bei seinem Vater an uns denkt. Von Jesus Christus gilt wie von keinem anderen Menschen: Er ist immer für uns da. Er setzt sich ganz für uns ein. Jetzt in der Osterzeit denken wir besonders oft und gerne an alles, was wir Jesus Christus verdanken.

5. Aber der Evangelist Johannes schreibt uns die Worte vom guten Hirten nicht nur, damit wir uns dankbar an Jesus Christus erinnern. Zumindest zwischen seinen Zeilen ist auch deutlich zu lesen: Gute Hirten wie Jesus Christus kann und soll es viele geben. In gewisser Hinsicht sind wir alle dazu berufen, uns als gute Hirten zu erweisen. Und manche Menschen werden dazu bestellt, als Hirten für andere zu leben; und sie sollten immer gute Hirten sein.

6. Wir brauchen uns nur jetzt im Gottesdienst umzusehen und ein wenig nachzudenken. Dann merken wir: Da tut einer etwas für andere. Da setzt sich jemand für uns ein. Nur ein paar Hinweise zu dieser Behauptung: Wir alle

können singen, mehr oder weniger gut und richtig. Aber wir sind schüchtern dabei und unserer Sache auch nicht so recht sicher. Darum gibt es einen in dieser Gemeinde, der Sonntag für Sonntag an der Orgel sitzt, gleichgültig, ob es dort eiskalt oder brütend heiß ist. Er begleitet uns beim Singen. Er begrüßt und entläßt uns aber auch, er spielt für uns, auch wenn wir nicht mitsingen.

Oder: Es ist notwendig, daß wir in unseren Gottesdiensten Geld einsammeln. Kerzen müssen gekauft werden, Blumen und ab und zu ein neues Meßbuch. Viele Leute in der Pfarrei warten darauf, daß sie einmal besucht werden und einen Scheck oder ein Päckchen bekommen. Oft geht das Geld, worum wir gebeten werden, aber auch weit weg: Wohnhäuser und Kirchen, Kindergärten und Krankenhäuser werden damit z. B. gebaut. Das Geld muß aber eingesammelt werden. Viele von uns möchten das sicher nicht tun. Manche Herren aus unserer Gemeinde machen es aber, gut und gern, der eine oder andere von ihnen schon jahrzehntelang.

Und schließlich: Viele von uns helfen andern, beim Kirchgang oder hier im Gotteshaus. Karin geht mit ihrem Bruder Udo, damit ihm drüben an der Kreuzung nichts passiert. Herr oder Frau Walter nehmen in ihrem Wagen immer Frau Hilbert mit, die in ihrem Haus wohnt und nur mühsam an Krücken gehen kann. Manche Väter und Mütter haben ihre kleinen Kinder neben sich sitzen. Sie zeigen ihnen etwas in ihrem Bildergebetbuch oder erklären ihnen, was geschieht.

Das alles können wir Hirtendienste nennen, die wir für andere Menschen ausüben. Wir kümmern uns dabei ja um andere. Wir helfen und nützen anderen, obwohl uns das etwas kostet, obwohl uns das vielleicht schwerfällt.

7. Von manchen Männern, nämlich von unseren Bischöfen und Priestern, sagen wir aber besonders gern: Sie sind Hirten für uns. Es ist ja ihr Beruf, sich um uns zu kümmern. Bald nachdem wir geboren sind, bringt man uns zu ihnen. Sie taufen uns. Später geben sie uns Unterricht und feiern mit uns Gottesdienst. Sie predigen uns und spenden uns

die Sakramente. Vor ihnen legen wir unser Jawort als Brautleute ab. Ein Priester besucht uns im Krankenhaus oder Altersheim. Er begräbt unseren Leichnam und betet noch für uns, wenn wir längst gestorben sind.

Unsere Hirten sind aber auch auf manch andere Art für uns da: Sie geben Rat und vermitteln Hilfen. Kinder und Eltern, Männer und Frauen, die sich nicht mehr vertragen, bringen sie manchmal wieder zusammen. Sie kümmern sich um Kindergärten und veranstalten Altennachmittage – um nur einige Hirtenaufgaben zu nennen, die Priester ausüben können.

8. Priester, Hirte zu sein ist schön. Man hat viele interessante Aufgaben. Dieser Dienst ist aber auch schwer. Man sieht oft nicht, ob man es richtig macht. Viele mögen einen Priester nicht. Manche Kinder und junge Leute lachen über Priester und machen ihnen das Leben schwer. Es gibt Erwachsene und Alte, die legen keinen Wert darauf, daß ein Priester nach ihnen schaut. Unsere Gottesdienste werden immer schlechter besucht. Das und vieles andere macht es schwer, heute Priester zu sein. Und ein guter Hirte zu werden, heißt wirklich: alles einsetzen, immer bereit sein, sich verschenken an Mitmenschen und Gott.

9. Es gibt also viele Hirtenaufgaben und viele Plätze, wo Hirten stehen müßten. Hirten und solche, die es werden wollen, haben wir aber viel zu wenige. Von guten Hirten ganz zu schweigen.

Darum feiern wir in unserer Kirche diesen Sonntag als Dank- und Bittag für unsere Hirten, für gute Hirten. Feiern wir ihn richtig mit?

Verbunden bleiben
Zum 5. Ostersonntag

Bezugstext: Joh 15, 5–8 (Auszug aus dem Tagesevangelium)

Predigtziele:
1. einige Beispiele dafür sammeln, wie Menschen einander trotz unvermeidbarer Trennung verbunden bleiben können;
2. erkennen, daß wir Menschen auf Verbundenheit und Treue angewiesen sind;
3. Jesus Christus durch Worte und Haltungen verbunden bleiben wollen.

1. Impulsszene

Frau Zirngiebl: Nanu, jetzt noch? Wer kann das denn bloß sein? Mein Gott, hoffentlich ist da niemand etwas passiert!
Sprecher: Das alles hat Frau Zirngiebl gestern ganz erschrocken gemurmelt, als das Telefon noch spät am Abend geläutet hat. Aber kaum hatte sie den Hörer abgenommen, hat sie sich mächtig gefreut:
Frau Zirngiebl: Ja, Kind, was fällt dir denn ein! So spät am Abend rufst du noch an? Seid ihr denn noch nicht im Bett? – Wie, ihr habt so lange am Feuer gesessen und Gespenstergeschichten erzählt? – Und jetzt geht ihr erst schlafen? Na, da wird's aber Zeit! – Halt, langsam, Susanne, ich versteh' dich ja nicht, wenn du so schnell sprichst! Also, alles war toll im Landschulheim, aber du freust dich auch, wenn ihr übermorgen nach Hause kommt? – Ist ja fein! Ja, also, dann mach Schluß, Kind, sonst wird's zu teuer! Grüß dich! Bis bald!
Sprecher: Obwohl Frau Zirngiebl eben noch gelächelt hat, muß sie sich eine Träne abwischen, als sie den Hörer auflegt. Es macht sie verlegen, daß Manfred das sieht. Natürlich fragt er auch schon:
Manfred: Was hast du denn, Mutter? Ist Susanne was pas-

siert? Ich hab' gedacht, sie ist bumsfidel in ihrem Landschulheim! Hast du nicht was von Feuer und Gespenstergeschichten erzählt, als du eben mit ihr gesprochen hast?
Frau Zirngiebl: Hab' ich, Manfred, hab' ich. Es ist auch alles in bester Ordnung bei Susanne. Aber mich rührt's, daß sie noch so spät am Abend anruft. Sie hat gesagt: Sie freut sich aufs Nachhausekommen. Und das Gespräch hat doch mindestens eine Mark gekostet. Dabei hat sie bloß fünf Mark mitbekommen, wie ihre Lehrerin es gewollt hat.
Manfred: Da heulst du also vor Freude?
Sprecher: Seine Mutter hat dazu genickt.

2. Impulsfragen

Susanne hat also nicht viel Geld für ihre Fahrt mitbekommen. Trotzdem ruft sie zu Hause an. Ob sie sich das lange überlegt hat? ... Weshalb (nicht), was meint ihr? ... Susanne sagt ihrer Mutter nichts Besonderes. Sie erzählt ein wenig und freut sich, daß sie bald wieder zu Hause ist. Ihre Mutter macht das aber glücklich. Weshalb? ... Was meint ihr, ob viele Kinder es so ähnlich machen würden wie Susanne? Weshalb (nicht)? ...
3. Viele von euch denken also: Ja, das ist selbstverständlich, was Susanne macht. Das gehört sich so. Eltern freuen sich eben, wenn man sie anruft und ihnen zeigt, daß man an sie denkt, gerade wenn man weit weg von ihnen ist. Schön, daß ihr so gut denkt!
4. Selbstverständlich ist es aber nicht, daß wir Menschen uns verbunden bleiben. Wenn wir weit voneinander entfernt oder lange voneinander getrennt sind, vergessen wir uns jedenfalls oft. Dafür gibt es viele einleuchtende Gründe: Wir haben wenig Zeit. Wo wir leben, ist so viel los. Unsere eigenen Sorgen plagen uns. Wir haben neue Menschen kennengelernt ... Das alles hält uns davon ab, andern zu zeigen: Ich bleibe dir verbunden!
5. Aber auch das ist wahr: Es tut uns leid, Freunde zu verlieren. Es ist uns nicht ganz wohl, wenn wir keinen Kontakt zu Verwandten haben. Wir schämen uns immer ein bißchen,

wenn uns einfällt: Je, wie lange hab' ich schon nicht mehr an den oder die gedacht! Wir werden traurig, wenn eine Freundin in eine andere Stadt zieht, weil ihr Vater versetzt worden ist. Wenn unsere Schwester oder unser Bruder heiraten oder anderswohin ziehen, um zu lernen oder zu studieren, gibt's uns manchmal einen richtigen Stich. Wir werden ein wenig ärmer und schwächer, wenn wir jemand aus dem Auge verlieren. Wir ahnen: Es ist nicht leicht, einander verbunden zu bleiben, wenn man nicht mehr ständig zusammen ist.

6. Daran denkt offensichtlich auch der Evangelist Johannes. Wir haben ja eben im Evangelium dieses Sonntags gehört: Johannes läßt Jesus Christus beim Abschied vor seinem Tod zu seinen Jüngern sagen: Bleibt in mir, lebt aus mir! Besonders schön und eindrucksvoll ist der Vergleich, mit dessen Hilfe Jesus Christus diese Bitte ausspricht. Auch wir verstehen ihn sehr gut, wenn wir auch nicht in einem solchen Weinbauland leben wie die ersten Leser des Johannesevangeliums. Jesus vergleicht uns mit Reben. Reben können nur Trauben hervorbringen, wenn sie Nährstoffe aus dem Weinstock ziehen, zu dem sie gehören. Anders kann es auch bei euch nicht sein, sagt Jesus seinen Jüngern, uns allen: Nur wenn euer Leben aus mir stammt, könnt ihr wirklich Christen sein! Gute Reben mit vielen reifen Trauben könnt ihr nur werden, wenn ihr fest mit mir verbunden bleibt; denn ich bin der Weinstock. Ich allein kann euch geben, was ihr zu einem Leben als Christen braucht.

7. Verstehen können wir gut, was uns Jesus Christus (bei Johannes) damit sagt. Die Frage ist nur: Wie geht das zu? Was können wir dazu beitragen? Was muß geschehen, damit wir lebendig mit Jesus verbunden sind?

Einen Hinweis dazu gibt uns das heutige Evangelium selbst. Jesus sagt darin: »Wenn meine Worte in euch bleiben«, könnt ihr alles erlangen, was groß und wichtig ist. Dazu aber können wir manches tun: Viele Worte Jesu Christi überliefert uns die Heilige Schrift. Manche hören wir oft: hier im Gottesdienst, dann im Religionsunterricht oder aus dem Rundfunk. Vor allem aber können wir diese Worte

selbst lesen. Immer in unserer Freizeit können wir das praktisch tun, allein oder zusammen mit andern.
Es gibt Menschen, die versuchen aber noch mehr, als Worte Jesu Christi zu kennen. Sie geben sich Mühe, daraus zu leben. Sie richten sich beispielsweise einen Tag oder eine Woche lang oder immer besonders nach einem Wort, das uns die Bibel von Jesus berichtet. Solche Menschen versuchen zum Beispiel, sich darüber zu freuen, daß Jesus Christus uns sagt: »Ich bin alle Tage bei euch.« Sie lassen sich also nicht umwerfen von Arbeit und Ärger. Und auch wenn sie krank sind oder alles Elend in unserer Welt bedauern, macht sie dieses Wort stark. Ähnlich kann man aus vielen Worten des Herrn leben. Ich denke etwa an den Satz: »Wo zwei oder drei in meinem Namen beisammen sind, bin ich mitten unter ihnen.« Oder an das andere herrliche Wort: »Wer von diesem Brot ißt, wird ewig leben.«
9. Es gibt aber noch einen anderen Weg dazu, um mit Jesus Christus lebendig verbunden zu bleiben. Viele Heilige sind ihn gegangen. Sie haben erkannt: Jesus ist zu groß, zu vielseitig; ich kann es ihm nicht in allem gleichtun. Aber wenigstens eines kann ich doch ähnlich versuchen, was er getan hat. Und so gibt es Heilige, die wegen Jesus Kranke gepflegt haben oder Bettler geworden sind. Andere haben tapfer gelitten oder mutig gekämpft. Die einen haben gepredigt, andere haben geschwiegen und sich foltern lassen. Viele, sehr viele Möglichkeiten gibt es also, von Jesus zu lernen, wenigstens auf einem Gebiet. Es wäre gut, wenn wir herausfinden würden, was uns möglich oder aufgegeben ist. Und dann sollten wir es damit versuchen.
10. Wer auf Worte Jesu Christi hört, wer seinetwegen liebt oder leidet, ist Jesus Christus verbunden. Er lebt aus ihm, ähnlich wie eine Rebe ihre Kraft aus dem Weinstock zieht. In solchen Menschen bleibt Jesus Christus lebendig.

Ansteckende Liebe und Freude
Zum 6. Ostersonntag

Bezugstext: Joh 15, 9–17 (Tagesevangelium)

Predigtziele:
1. Feststellen, daß Liebe und Freude oft anstecken;
2. an einiges denken, was wir Gott und Jesus Christus verdanken;
3. aus Freude über Gott und Jesus Christus andern Freude machen wollen.

1. Impulsszene

Christiane: Du strahlst ja richtig! Hast du im Lotto gewonnen?
Sprecher: Das hat Christiane am letzten Montag ihre Freundin Bettina gefragt. Bettina hat aber auch wirklich ganz glücklich ausgesehen. Trotzdem mußte sie zugeben:
Bettina: Nein, ich hab' nichts gewonnen, leider. Aber ich hab' noch etwas viel Schöneres erlebt!
Christiane: Los, erzähl' schon, ich platze sonst vor Neugier!
Sprecher: Aber da hat es auch schon geläutet, und ihr Lehrer kam in die Klasse. Kaum war die Biologiestunde zu Ende, hat Bettina ihrer Freundin zugeflüstert:
Bettina: Ja, also das war so: Als ich gestern früh aufgewacht bin, hat die Sonne so herrlich geschienen. Meine Eltern haben noch geschlafen. Da hab' ich mich gewaschen und angezogen und bin mit einem Buch in den Garten gegangen. Da war schon der alte Herr Weber, der über uns wohnt. Der hat Frühsport gemacht. Ich hab' ihm gesagt: »Daß Sie aber noch so toll turnen können!« Das hat ihn gefreut, und er hat nachher zu meiner Mutti gesagt: »Ihre Bettina ist aber wirklich reizend, sie wird immer netter.« Das hat Mutti natürlich stolz gemacht und sie hat mir's erzählt. Darüber hab' ich mich wieder so gefreut, daß ich ihr beim Mittagessenkochen besonders viel geholfen habe.

Vater hat das gemerkt und hat uns dafür alle am Nachmittag ins Café ausgeführt, hochvornehm. Und überhaupt, gestern war's ganz prima bei uns zu Hause. Darüber bin ich jetzt noch so froh.
Christiane: Da hat ja einer den andern richtig angesteckt bei euch. Ich kenn' das auch: Wie in einer Kette kommt man sich dann vor.
Sprecher: Da hat Christiane genickt und sich mit Bettina gefreut.

2. Impulsfragen

Manchmal sind wir richtig glücklich darüber, daß wir leben dürfen. Da freut uns einfach alles. Wie kommt das denn, daß manche Tage so herrlich sind? ... Das schöne Wetter oder die Ferien können dabei eine wichtige Rolle spielen. Aber auch an Regentagen sind wir manchmal richtig froh. Weshalb zum Beispiel? ... Ja, nicht wahr, das haben wir alle schon erlebt: Jemand sagt uns etwas Nettes. Dann freuen wir uns und helfen jemand anderem. Dann ergibt eins das andere. Am Ende war es ein guter Tag, für viele Menschen.

3. Könnte es nicht immer so sein? Eigentlich schon. Anlaß dazu, uns zu freuen und andern Freude zu machen, haben wir immer, wenn wir's recht bedenken. Unser heutiges Evangelium meint jedenfalls: Wir sind doch angesteckt worden.

Jesus Christus, der in diesem Evangelium zu uns spricht, deutet zwar nur an, weshalb das so ist; er zieht eine Linie von Gott über sich zu uns hin. Wir können diese wenigen Worte gut mit Beispielen belegen: Wir könnten uns nicht freuen, wir würden gar nicht leben, wenn Gott nicht wäre. Gott läßt die Welt werden. Gott läßt Pflanzen, Tiere und Menschen entstehen. Gott schenkt uns Menschen Kraft, damit wir planen und erfinden, säen und ernten, fahren und fliegen können. Gott hat Freude an allem, was gut ist für uns. Er macht sich aber auch Sorge um uns, weil wir vieles falsch machen. Trotzdem hält Gott uns die Treue; er hilft uns auch dann noch, wenn wir nichts von ihm wissen wollen und uns das Leben gegenseitig verleiden.

4. Wir können Gott aber nicht sehen und sprechen. Darum übersehen und überhören wir ihn leicht. Deshalb schickt Gott Jesus Christus zu uns. Er versteht uns und spricht wie wir, denn er ist Mensch. Jesus Christus kennt aber auch Gott und spricht wie Gott, denn er ist Gottes Sohn. Jesus Christus zeigt uns, was das heißt: wirklich ein Mensch sein. Ebenso können wir an ihm aber auch erkennen, wie Gott ist. Jesus macht den Menschen Freude. Er spricht und ißt mit ihnen. Gerade mit solchen Leuten, für die sonst niemand Zeit hat. Jesus gibt ihnen guten Rat und macht sie heil. Jesus versteht die Menschen. Jesus hat uns Menschen so lieb, daß er sich für uns umbringen läßt.

5. Im heutigen Evangelium erklärt er, weshalb er das alles getan hat: Er wollte und sollte uns anstecken. Er macht uns Freude, weil Gott es so will. Gott aber will uns Freude machen, damit wir einander Freude machen. Jesus Christus liebt uns, damit wir lieben. Er ist für uns da, damit wir füreinander da sind.

6. So wie Jesus Christus kann keiner von uns werden. Aber es ähnlich halten wie er, das können wir alle. Seinetwegen. Wir können dem alten Herrn Weber in unserem Haus etwas sagen, worüber er sich freut. Wir können Petra etwas erklären und Willy etwas abnehmen. Wir können unseren kleinen Bruder spazierenfahren und unserer Oma einen Brief schreiben, damit sie nicht so einsam ist. Und noch vieles andere können wir.

7. Vielleicht ist das alles selbstverständlich für uns. Wir tun es, weil wir die Menschen kennen und gern haben. Gut, wenn es so ist.

Manchmal fällt uns so etwas aber auch schwer. Wir mögen manche Menschen überhaupt nicht, oder sie ärgern uns.

Wie das auch sei: Es kann ansteckend wirken, wenn wir daran denken: Gott liebt uns. Jesus Christus macht uns Freude. Dann geht uns nämlich vielleicht auf: Das darf nicht aufhören! Es muß so bleiben! Das muß weitergehen – durch mich hindurch!

Freude an der Welt
Zu Christi Himmelfahrt

Bezugstext: Mk 16, 15–20 (Tagesevangelium)

Predigtziele:
1. An Ereignisse und Gelegenheiten denken, bei denen wir uns über »die Welt« freuen;
2. über Ursachen für diese »Freude an der Welt« nachdenken;
3. daran glauben und sich darüber freuen, daß Jesus Christus seit seiner Erhöhung überall in der Welt zugegen ist.

1. Impulsszene

Ferdi: Also pfüatdi, Bert! Und viel Spaß morgen!
Sprecher: So hat Ferdi sich gestern von seinem Freund Bert verabschieden wollen. Da hat Bert aber wütend geknurrt:
Bert: Von wegen Spaß! Stinklangweilig wird's morgen! Wir haben kein Auto! Mein Vater ist am Montag mit einem andern zusammengerasselt. Jetzt sind Kotflügel und Tür hin und natürlich noch nicht ersetzt. Da können wir morgen zu Fuß durch die Gegend latschen!
Ferdi: Das ist doch alles nicht so schlimm! Im Gegenteil! Wandern macht doch Spaß! Mir jedenfalls. Wenn du wanderst, kriegst du doch Sachen zu sehen, an denen du im Auto nicht mal vorbeikommst!
Bert: Genau: da gibt's Wespennester, aus denen du angefallen wirst, und schlammige Waldwege, auf denen du dich dreckig machst. Und dann kannst du zu Hause Schuhe putzen, womöglich noch für die ganze Familie!
Ferdi (lachend): Das kann dir natürlich auch passieren. Aber dafür siehst du auch eine Eidechse, die sich auf einem warmen Stein sonnt. Oder eine Schwammerlkolonie, die sich eben durch die Erde bohrt. Wenn du Glück hast, sogar ein Wildschwein mit Jungen!

Bert: Du bist ja ein richtiger Wandernarr! Das hab' ich ja noch gar nicht gewußt!
Ferdi: Und du bist ein noch viel elenderer Autohengst, als ich gedacht habe! Macht dir denn sonst gar nichts Spaß als über die Straßen zu jagen und die Luft zu verpesten?
Bert: Für Wasser hab' ich viel übrig. So an einem See liegen oder gar am Meer, das ist prima. Und dann reinspringen, wenn's dir heiß ist. Oder paddeln und rudern, das ist auch Klasse!
Ferdi: Na also, da kannst du doch morgen wenigstens schwimmen gehen oder dir Dias angucken, auf denen du einen Kahn durchs Wasser steuerst.
Bert: Keine schlechte Idee! Vielleicht komm' ich morgen doch noch zu dem Spaß, den du mir vorhin gewünscht hast!

2. Impulsfragen

Ferdi wandert gern, Bert mag das Wasser lieber. Ich glaube, hier unter uns sind manche, die es mit Ferdi halten, und andere, die eher wie Bert denken. Schauen wir einmal nach diesen beiden »Parteien«! ... Gut, es gibt sie also. Dann kann ich ja auch eine Frage an die stellen, die gern zu Fuß unterwegs sind: Was macht denn dabei besonderen Spaß? ... Nun die gleiche Frage an die Wasserratten unter uns: Weshalb mögt ihr denn das Wasser so? ...
3. Jetzt haben wir manches aufgezählt, was uns freut, wenn wir draußen sind: im Wald, auf den Bergen, an Flüssen, Seen, am Meer und im Freibad. Dazu jetzt aber noch eine schwere Frage: Weshalb freuen wir uns denn über das alles? Nicht wahr, das ist nicht ganz leicht zu sagen? Vielleicht hilft es weiter, wenn ich zuerst einmal frage: Der eine wandert lieber, ein anderer schwimmt besonders gern. – Wie kommt das? ... Richtig: Dem einen tut's besonders gut, wenn er viel läuft. Ein anderer wird schnell müde. Da schwimmt er lieber ab und zu ein bißchen. Der eine schwitzt leicht. Dann läuft er nicht gern viel in der Sonne herum. Das heißt aber: Wir sind verschieden. Uns geht es verschieden. Wir alle sind anders erzogen worden. Deshalb

sehen wir auch die Welt verschieden. Der eine mag das lieber, der andere jenes.

Wir alle freuen uns aber am Leben, an der Welt, jedenfalls manchmal: wenn die Sonne scheint, wenn wir gesund sind, wenn wir keinen Kummer haben, in den Ferien zum Beispiel. Es gibt so viel Schönes in unserer Welt, daß wir alle Grund genug haben, uns zu freuen.

4. Heute, am Fest Christi Himmelfahrt, fällt uns das besonders auf. Christi Himmelfahrt, das ist für viele ja der Tag im Jahr, auf den sie sich besonders freuen. Viele Leute, nicht nur Väter und andere Männer, machen Ausflüge. Die einen kommen nur bis zum nächsten Gasthaus. Andere wandern weit oder segeln. Aber sie alle freuen sich und finden schön, was sie vorhaben.

5. Ich behaupte aber: Wer sich so an der Welt freut, hat mehr Grund dazu, als er oft ahnt. Unsere Welt, unser Leben ist nämlich nicht nur schön, wenn die Sonne scheint und wir gut gelaunt sind. Überall auf der Welt ist es schön, wenn wir es richtig überlegen. Wir haben immer Grund, uns zu freuen.

Wie kommt das? Dieser Festtag sagt es uns klar, sein Evangelium versichert uns: Jesus Christus ist nicht weit weg von uns, seit er nicht mehr auf der Erde lebt wie wir Menschen. Er ist nicht nur bei seinem Vater »im Himmel«. Er ist genauso hier auf unserer Erde, überall, wo wir Menschen sind. Besonders nahe ist er uns, den Christen. Er begleitet uns überall hin. Nicht nur in den schönen Stunden ist er uns nahe. Er ist gerade auch dann bei uns, wenn es gefährlich und schwierig wird. Denn er liebt jeden von uns. Wir alle sind ihm wichtig. Wir sind ja verschieden, wir denken anders und mögen Dinge, die andern nicht so gefallen. Zusammen aber sind wir vielen verschiedenen Menschen ein buntes Gemisch. Wir sind reich und stark. Darum gehören wir auch alle zusammen. So wollte es Gott haben. Darum wird sein Sohn Mensch. Deshalb lebt Jesus Christus jetzt bei uns Menschen und bei Gott. Er ist unser Herr, er ist unser Bruder: Das bekennen wir von ihm, besonders an diesem frohen Festtag.

6. Es ist gut für uns, daß wir das glauben dürfen. Denn unser Leben besteht nicht aus lauter Feiertagen, wo wir uns wohlfühlen. Oft sind wir traurig und haben Angst. Gerade dann dürfen wir uns sagen, was in einem Psalm steht, den gläubige Menschen schon mehr als zweitausend Jahre lang beten:

»Muß ich auch wandern in finsterer Schlucht,
ich fürchte kein Unheil;
denn du bist bei mir,
dein Stab und dein Stock geben mir Zuversicht.
Du deckst mir den Tisch im Angesicht meiner Feinde.
Da salbst mein Haupt mit Öl,
du füllst mir reichlich den Becher.
Nur Güte und Huld werden mir folgen mein Leben lang;
und wohnen darf ich im Hause des Herrn für lange Zeit.«
(Ps 23, 4–6)

Was immer uns in unserem Leben begegnet, wir dürfen vertrauen und uns freuen. Denn Jesus Christus ist nicht nur im Himmel. Er ist und bleibt auch bei uns. Er begleitet uns, er führt uns.

Auch: anders sein
Zum 7. Ostersonntag

Bezugstext: Joh 11b–19 (Tagesevangelium)

Predigtziele:
1. Am Beispiel eines Gastarbeiterkindes feststellen, was »Anderssein« bedeuten kann;
2. an Situationen denken, wo wir uns anders verhalten als andere;
3. um Jesu Christi willen entschlossen sein, notfalls auch anders zu sein als andere Menschen.

1. Impulsszene

Sprecher: Mensch, schon wieder so ein Kümmeltürke!
Erzähler: So hat der dicke Maxl gestöhnt, als seine Lehrerin neulich einen schwarzhaarigen Buben mit dunklen Augen in die Klasse gebracht hat. Aus der Türkei war er zwar nicht; ein neues Gastarbeiterkind, das jetzt mit Maxl und den andern in die gleiche Klasse gehen sollte, war das kleine Bürschchen aber schon. Frau Sangermann hat ihn der ganzen Klasse vorgestellt:
Frau Sangermann: Das ist Demetrios – so heißt er mit dem Vornamen, mit Familiennamen Papandreou. Er kommt aus Griechenland, von der schönen Insel Rhodos. Sein Vater arbeitet jetzt hier bei uns in der Bahnhofsgaststätte. Seid nett zu Demetrios. Nun setz dich, Demetrios! Und ihr andern nehmt eure Lesebücher heraus!
Erzähler: Damit hat Frau Sangermann den neuen Griechenjungen zum freien Platz neben Maxl geführt und ihn dort hingesetzt. Die Lesebücher haben die Buben aus der 4b schon heraufgeholt. Ihre Gedanken waren aber gar nicht bei dem Stück, das sie lesen sollten. Immerfort hat einer dem andern etwas über den Neuen zuflüstern müssen.
Sprecher: Schau mal, wie der komisch angezogen ist! Sei-

nen Sonntagsbinder mit Gummizug hat er sich unters Kinn gehängt!
Erzähler: Das hat Hubert seinem Nachbarn Rudi ins Ohr geflüstert. Der hat zurückgenickt:
Sprecher: Und eine Schultasche hat er auch nicht. Mit so'nem blöden Bastkorb in die Schule zu kommen! Der ist ja vielleicht bescheuert!
Erzähler: Eberhard, der hinter dem Neuen saß, hat ein bißchen an ihm herumgeschnuppert und zu Maxl gesagt:
Sprecher: Der stinkt vielleicht nach Knoblauch! Das ist ja nicht zum Aushalten!
Erzähler: Maxl hat geseufzt und den Neuen fest gekniffen. Der hat aber keinen Ton von sich gegeben. Er hat Maxl nur ganz traurig aus seinen schwarzen Augen angeschaut. Maxl hat das mit Unschuldsmiene hingenommen und Eberhard zugezwinkert:
Sprecher: Das ist vielleicht ein Blödhammel! Nicht mal Deutsch kann er!

2. Impulsfragen

In unserer Stadt gibt es noch nicht allzu viele Gastarbeiterkinder. Immerhin, zu manchen von euch gehen auch schon Kinder ausländischer Familien in die Klasse. Wer hat denn ausländische Klassenkameraden?... Aus welchen Ländern kommen denn diese Mitschüler?... Wenn Gastarbeiterkinder neu in Schulklassen zu uns kommen, sind sie oft ein wenig anders als ihr alle. Was fällt einem denn besonders an ihnen auf?... Und wie geht es Gastarbeiterkindern, weil sie anders sind als Buben und Mädchen bei uns?...
3. Gastarbeiterkinder haben es also wirklich oft nicht leicht, wenn sie in eine deutsche Schulklasse gehen müssen. Freilich – es ist auch für deutsche Kinder nicht ganz einfach, mit ihnen zusammen zu leben und zu lernen. Allein schon wegen der Sprache...
So kann man an Gastarbeiterkindern in unseren Klassen besonders erkennen, was das bedeutet: anders sein als andere. Und es ist wichtig, das zu wissen. Denn auch wir

sind manchmal anders als andere, wir können oft gar nicht anders. Und das ist nie leicht. Also ist es gut, einmal darüber nachzudenken, und das wollen wir heute tun.
4. Anders sein als andere – wie sieht denn das aus? ... Nun, die Frage überrascht euch anscheinend. Ich kann euch aber sicher schnell auf die Sprünge helfen: Es ist herrlich schön draußen, die Sonne scheint, der Himmel ist blau, trotzdem ist es noch nicht heiß. Auf dem Sportplatz tobt und lärmt eine Klasse. Ganz in der Nähe im Krankenhaus aber liegt Elfriede. Vorgestern hat ihr der Arzt den Blinddarm herausoperiert. Was denkt Elfriede jetzt, wenn sie es da unten lachen und johlen hört? ...
Ein anderes Beispiel: Die meisten in der Klasse sind Fußballnarren. Viele haben Poster und Fotos der Größen von Bayern München und vom Nürnberger FC in ihren Zimmern stehen oder hängen. Werner nicht. Er war noch auf keinem Fußballplatz. Er sammelt Briefmarken. Was halten seine Klassenkameraden wohl von ihm – von einem Buben, der sich nicht für Fußball interessiert? ...
5. Was Elfriede und Werner erleben, ist noch relativ harmlos. Sie bekommen nicht allzusehr zu spüren, daß sie anders sind als andere. Elfriede wird bald wieder gesund sein und spielen können wie alle andern. Werner imponiert seinen Kameraden vielleicht auf andere Weise als durch Fußballverständnis – und er kann sich schließlich ja auch ein bißchen mit dem Fußball anfreunden, wenn er gar zu schlecht gemacht wird.
Manchmal können wir aber beim besten Willen nicht so sein wie andere. Unser Gewissen oder ein Gesetz befiehlt uns ganz streng: Du mußt das anders machen als andere! Kommen wir darum auf unsere Eingangsgeschichte zurück! Vielleicht sitzt in der Klasse, in die Demetrios aus Rhodos kommt, eine Marion oder ein Ludwig. Die finden den fremden Neuen auch nicht gerade sympathisch. Aber sie sagen sich: »Ich darf es ihn nicht spüren lassen. Er ist wirklich anders als wir. Er kommt ja aus einem fremden Land. Deswegen muß ich ihm jetzt sogar helfen. Für ihn ist doch alles fremd. Was soll er machen, wenn er auch noch lauter Fein-

den begegnet?« Deshalb lästern Marion oder Ludwig nicht mit über Demetrios. In der Pause gehen sie zu ihm. Sie zeigen ihm, wie man in den Schulhof kommt, oder kaufen ihm eine Flasche Cola. Damit ziehen Ludwig und Marion wahrscheinlich zunächst einmal einen Trennungsstrich zwischen sich und ihre andern deutschen Schulkameraden. Jetzt gelten sie womöglich auch gleich als anders und werden ausgelacht oder gar verprügelt.

Verprügelt – wegen so etwas? Ja, das gibt's! Sogar noch aus ganz anderen Gründen. Mir hat ein Religionslehrer aus unserer Stadt dieser Tage erzählt: »Ich weiß genau, daß Schüler und Schülerinnen in meinen Klassen verprügelt werden, weil sie im Religionsunterricht interessiert mitarbeiten. Andere zerreißen ihnen auch die Hefte, damit es aussieht, als ob sie genauso wenig mittun wie viele andere.«

6. Wenn jemand derart zu spüren bekommt, daß er anders ist, stimmt er auf die Dauer vielleicht andere nachdenklich. Sein Beispiel reißt am Ende wahrscheinlich doch mit. Aber zuerst einmal muß er manches erleiden. Das tut weh.

7. Jeder von uns muß damit rechnen, daß er gelegentlich »anders« sein muß als andere. Besonders uns Christen mahnt das Gewissen leicht dazu. Im Straßenverkehr kann das ebensogut der Fall sein wie beim Einkaufen, beim Diktat in der Schule genauso wie vor einem Kiosk mit Süßigkeiten oder Zeitschriften. Kinder können dazu ebensogut Anlaß haben wie Erwachsene.

8. Wahrscheinlich wissen wir das alle bereits aus Erfahrung. Heute sagt es uns – im Evangelium – Jesus Christus selbst. Er betont: Ich will euch nicht aus der Welt nehmen, wo es auch gemeine Menschen, böse Taten und üble Dinge gibt. Jesus Christus bittet aber seinen Vater, daß er uns stark macht. Dann können wir anders sein, wenn es nötig ist. Weil uns das Evangelium diese schönen Worte überliefert, dürfen wir auch hoffen: Jesus Christus läßt uns nicht allein. Er macht uns stark, wenn wir anders sein müssen als andere. Das haben wir bitter nötig; denn es ist nicht leicht, anders zu sein.

Erneuerung
Zu Pfingsten

Bezugstext: Joh 20, 19–23 (Tagesevangelium)

Predigtziele:
1. Anhand von Beispielen überlegen, was Erneuerung bedeuten und bewirken kann;
2. sich daran erinnern, wie die Ostererfahrung die Apostel »pfingstlich« erneuert hat;
3. an Erfahrungen eines »neuen Geistes« im eigenen Leben denken und sie im Glauben auf den Geist Gottes zurückführen.

1. Impulsszene

Karin: Mensch, guck mal, endlich hauen die ab!
Sprecher: Das hat Karin neulich zu Manuel gesagt, als sie gemeinsam aus der Schule kamen. Und sie hat dabei auf das alte Haus an der Ecke gezeigt, an dem nun schon monatelang die verschiedensten Handwerker gearbeitet hatten. Jetzt aber waren die Fassadenmaler dabei, das Gerüst abzubauen. Alles war fertig. Manuel wußte sofort, was Karin sagen wollte:
Manuel: Gott sei Dank, daß die elenden Krachmacher endlich verschwinden! Manchmal war's ja nicht mehr zum Aushalten mit ihnen! Neulich, beim »Ex« in Erdkunde, wär' ich fast in die Luft gesprungen, als die immerfort in höchsten Tönen gesägt haben!
Sprecher: Karin konnte nur nicken. Sie hatte nämlich auch oft über den Krach geschimpft, der von dem alten Eckhaus her in ihre Klasse gedrungen war. Nun mußte sie zugeben, daß dabei auch etwas Gutes herausgekommen war.
Karin: Jetzt sieht die alte Bude aber schwer schick aus; die neuen Fenster, das neue Dach, die neue Fassade in hellgrün – macht sich gut, find' ich.

Sprecher: So hat Karin anerkennend gemeint. Manuael war nicht ganz so begeistert wie seine Klassenkameradin.
Manuel: Wohnen möcht' ich in so'nem grünen Ding ja eigentlich nicht. Aber hier in die Straße mit den vielen neugetünchten Fassaden paßt das Haus schon ganz gut. Bloß – ob man so eine alte Bude auch innen so umbauen kann, daß sich's lohnt? Schauen wir doch mal hinein.
Sprecher: Beide sind zu dem renovierten Haus hingelaufen und haben ins Treppenhaus geguckt. Dort war es zwar noch schmutzig. Aber statt der alten Holztreppen gab es jetzt helle Steinfliesen. Der Aufgang war in schöner gelber Farbe gestrichen. Die Wohnungen hatten neue, hellbraune Türen in festen Stahlrahmen bekommen.
Karin: Sieht gut aus, nicht? Was aus so einer alten Bude doch werden kann, wenn man sie erneuert!

2. *Impulsfragen*

Wir leben in einer alten Stadt mit vielen alten Häusern. Deshalb haben wir alle ab und zu Gelegenheit, eine Hauserneuerung zu beobachten. Wer von euch hat das schon einmal getan? ... Was kann denn an einem alten Haus restauriert oder renoviert werden? ... Nehmen wir einmal an, in einem alten Haus sei viel erneuert worden: die Fassade und das Treppenhaus, das Dach und die Fenster, die Fußböden und die Türen: Ist es dann eigentlich noch das alte Haus? ... Weshalb glaubt ihr das? ...
3. »Aus alt mach neu«, das ist ein Spruch, der nicht nur für Häuser gilt. Viele alte Dinge lassen sich auffrischen. Dann kann man sie wieder gebrauchen. Unter Umständen werden sie sogar schön. Wer nennt noch das eine oder andere Beispiel? ... (Kleider, Wohnungen, Autos, Zäune ...)
4. Manchmal sagt sogar jemand zu uns: »Ich fühl' mich wie neu! Jetzt bin ich ganz wiederhergestellt!« Was will er damit ausdrücken, wenn er so etwas sagt? ... Ja, richtig, manchmal heißt das bloß: Ich hab endlich einmal wieder ausgeschlafen. Jetzt kann ich wieder arbeiten. Ein andermal aber bedeutet es mehr. Da war vielleicht jemand viele

Monate oder gar Jahre krank. Er hat in Krankenhäusern und Kurheimen leben müssen. Aber jetzt ist alles wieder heil: die Knochen oder der Magen etwa. Auch sonst fühlt dieser Mensch sich wieder leistungsfähig. Er ist glücklich, daß er wieder zu Hause sein und arbeiten kann. Alles ist wie früher, vielleicht sogar besser als vorher. Solche »Erneuerung« von Menschen kommt ziemlich oft vor. Wir haben sicher alle schon die eine oder andere selbst erlebt.
5. »Ich fühl mich wie neugeboren. Jetzt sieht alles ganz anders aus«: Wenn jemand das sagt, kann er aber auch eine ganz andere »Erneuerung« erfahren haben als eine vorwiegend körperliche.
Er hat vielleicht etwas Wichtiges erlebt; entweder ist ihm eine große Freude beschert worden, oder er hat etwas sehr Trauriges durchgemacht. Zu »neuen Menschen« können wir vor allem werden, wenn wir merken: Da hat mich jemand lieb – und ich mag ihn auch sehr! Junge Leute, die sich zum erstenmal richtig verlieben, wissen das wohl am besten. Auch wenn jemand stirbt, der uns nahestand, sieht die Welt für uns auf einmal ganz anders aus. Und es kommt vor, daß ein Mensch auch durch solch einen Verlust »wie neu«, wie »umgewandelt« wird: Er wird gütiger, geduldiger, tapferer, gläubiger als vorher.
6. Heute, am Pfingstfest, denken wir an Menschen, die ein Ereignis tief betroffen und verwandelt hat. Wir erinnern uns daran, wie diese »erneuerten Menschen« anderen ihre Freude und ihren Glauben mitgeteilt haben, damit auch sie »neu« werden. Vor allem danken wir heute besonders dafür, daß wir alle einmal »erneuert« worden sind und jetzt wie neue Menschen leben dürfen.
Ostern heißt das Ereignis, das uns Menschen erneuert hat wie nichts sonst. Die Apostel, Maria, die Freunde und Anhänger Jesu hatten erleben müssen: Sie haben Jesus gekreuzigt. Er ist tot. Manche von ihnen laufen daraufhin fort, nach Hause, zurück an den See als Fischer, wo Jesus sie einmal in seinen Jüngerkreis berufen hatte. Andere bleiben zusammen, voller Angst. Sie verstecken und verrammeln sich. Aber dann dürfen die Jünger erleben: Jesus

ist kein Toter. Er lebt! Anders als vorher, aber so wirklich, wie sie ihn gekannt haben. Da spüren die Apostel und die anderen Anhänger Jesu: Jetzt sind wir neu geworden! Der Herr Jesus Christus ist auferstanden. Damit schenkt Gott auch uns neues Leben. Er gibt uns einen neuen Geist. Daß die Jünger das bereits an Ostern erfahren, betont besonders Johannes in seinem Evangelium, aus dem wir eben gelesen und gehört haben. Ein anderer, Lukas, schreibt uns die herrliche Geschichte vom Pfingsttag auf, der die Apostel erneuert wie Sturmesbrausen und Feuersglut. Beide wollen das gleiche sagen: Als Gott Jesus auferweckt und die Jünger davon erfahren, werden sie neu.

7. Aber eben nicht nur für sie. Der Heilige Geist, der die Jünger verwandelt, ist genauso in uns lebendig. Sehen kann man diesen Geist Gottes nicht.

Aber Gottes Geist ist am Werk. Er verwandelt, er macht neu: Das eine Mal macht er uns Mut. Dann können wir reden wie sonst nie. Gute Worte fallen uns ein, womit wir jemand trösten können. Ein andermal staunen wir selbst, wie wir plötzlich beten können. Und manchmal stoßen wir im Religionsunterricht oder hier, während der Predigt, auf eine Frage oder Antwort, an die wir nie zuvor gedacht hätten. Dann wieder ist es langweilig. Unseren Freunden fällt nichts Gescheites ein – im Lager oder Landschulheim, wenn es regnet, bei einer Party oder in den Ferien. Da kommt uns eine Idee. »Klar, das ist doch ein prima Spiel!« blitzt es etwa in uns auf. Wir schlagen es vor – und die Stunden vergehen wie im Flug. Ab und zu macht es uns auch gar nichts aus, uns einmal auslachen zu lassen, weil wir in die Messe gehen oder zur Beichte, wovon so viele in unserer Klasse nichts mehr halten ...

8. In solchen Augenblicken zeigt sich: Gottes Geist ist am Werk. Er erneuert uns. Er macht uns anders, als wir es von uns aus sind. Ostern und Pfingsten sind zwar Feste, die die Menschen schon lange feiern. Ostern und Pfingsten gibt es aber auch heute noch. Gottes Geist erneuert Menschen wie eh und je.

Angebote

Zum Dreifaltigkeitsfest

Bezugstext: Mt 28, 16–20 (Tagesevangelium)

Predigtziele:
1. An einem Beispiel feststellen, daß wir öfter Angebote für unser religiöses Leben erhalten;
2. die Predigt in unseren Gottesdiensten als Angebot identifizieren, das zur Entscheidung herausfordert und für das alle Gemeindemitglieder mitverantwortlich sind.

1. Impulsszene

Eva: Schau dir mal die da an!
Sprecher: Mit diesen Worten hat Eva neulich am verkaufsoffenen Samstag ihre Freundin Cornelia angestoßen. Dabei hat sie auf ein Mädchen gezeigt, kaum älter als sie beide. Das Mädchen stand vor dem großen Kaufhaus. Mit einer Hand hielt sie eine Zeitschrift hoch, in der andern gleich eine ganze Serie davon, wie einen Fächer ausgebreitet. Cornelia war ganz erstaunt.
Cornelia: Was macht denn die da? Schiebt die Reklame?
Eva: So kann man's auch nennen. Ich würde aber eher sagen: Sie bietet den Leuten eine neue Religion an!
Cornelia: Eine neue Religion? Ja, um Himmels willen, wieso denn? Die sagt doch kein Sterbenswörtchen!
Eva: Aber sie bietet den »Wachtturm« zum Verkauf an! Das ist doch eine Zeitschrift von den Zeugen Jehovas oder wie diese Leute heißen!
Cornelia: Viel Erfolg hat sie aber anscheinend nicht. Es kauft ihr ja kein Mensch etwas ab. Die steht bestimmt noch heute abend mit ihren vielen Blättchen da!
Eva: Dann hätt' ich erst recht Respekt vor ihr. Ich möchte das jedenfalls nicht – den ganzen Tag dastehen, bei dem herrlichen Sonnenschein! Die macht doch sicher auch lieber

was anderes. Und dann noch umsonst – nein, für mich wär' das nichts.
Cornelia: Mir tut sie nicht leid. Warum ist sie so blöd? Außerdem gehört so etwas verboten, was die macht. Die belästigt doch andere Leute mit ihrem komischen Zeug. Wer gibt der denn das Recht dazu?
Sprecher: Da hat Eva ihre Freundin ganz erstaunt angeguckt und sie gefragt:
Eva: Was hast du denn? Die tut doch keiner Menschenseele etwas. Es muß ihr doch niemand etwas abkaufen. Sie bietet doch nur etwas an.
Cornelia: Aber du kannst dich nicht dagegen wehren, auch wenn du gar kein Interesse für ihre Blättchen hast.
Eva: Kannst du vielleicht unseren Pfarrern in ihre Predigt reinreden? Die erzählen dir doch auch, was sie grad' wollen.
Cornelia: Mensch, da hast du eigentlich auch wieder recht. Wie kommen unsere Pfarrer eigentlich dazu?

2. Impulsfragen

Leute, die den »Wachtturm« und ähnliche Blätter anbieten, gibt es auch in unserer Stadt. Wer hat schon einmal solche »Anbieter« gesehen? ... Wo stehen solche Verkäufer besonders gern? ... Was denken, was sagen wir, wenn wir sie sehen? ... Einerseits bewundern wir solche Menschen. Auf der anderen Seite ärgern wir uns über sie. Wir fühlen uns von ihnen herausgefordert. Wir meinen, in religiösen Dingen sollte einer den andern in Ruhe lassen. Da sollte keiner dem andern dreinreden. Erst recht dürfe niemand anderen eine bestimmte Ansicht aufdrängen.

3. Nun behauptet die kritische Eva in unserem Anfangslesespiel aber: So etwas ähnliches passiert doch in unseren Gottesdiensten auch. Zumindest an Sonn- und Festtagen wird in der Eucharistiefeier doch gepredigt. Und eine Predigt, wie sieht die denn aus? ... In der Predigt werden wir also angesprochen. Ein Priester, ein Diakon oder ein Laie trägt uns etwas vor. Er glaubt, daß er uns etwas Wich-

tiges sagt. Er hat sich vielleicht dafür sehr angestrengt. Er hat hoffentlich nachgedacht und gebetet. Er hat für diese Predigt allerlei gelesen und gehört. Er hat sich die Menschen vorgestellt, die ihm zuhören werden. Der Prediger hat die Bibeltexte studiert, die an dem betreffenden Tag im Gottesdienst verlesen werden. Dann hat er seine Predigt aufgeschrieben oder sich doch Stichworte dazu gemacht. Womöglich hat er sie gar auswendig gelernt. Dann trägt der Prediger das vor.

4. Und wie geht es dabei, ihm und uns? Was glaubt ihr? ... Richtig, manche Leute verdrücken sich, wenn die Predigt anfängt! Sie gehen draußen auf und ab und rauchen vielleicht eine Zigarette. Sie denken: Das ist nichts für mich! So etwas kann der andern erzählen, kleinen Kindern oder sonstwem! Ich weiß es besser.

Manche lassen sich gern überraschen. Sie denken: Was kommt heute wohl? Ob's gut wird? Kann ich brauchen, was gepredigt wird?

Andere haben nichts gegen die Predigt. Sie kümmern sich aber auch nicht weiter darum. Sie sitzen sie ab. Sie hören nicht recht zu oder vergessen doch bald, was sie gehört haben.

5. So ist es bisher meist mit unseren Predigten. So werden sie vorbereitet, gehalten und gehört – oder nicht gehört. Ist das aber gut so? Soll es so bleiben? Geht es nur so? Könnte es auch anders sein? Was ließe sich besser machen? Dazu können wir manches aus Erfahrung sagen. Wir versuchen in unserer Gemeinde in den Sonntagsmeßfeiern ja manches, wozu wir speziell euch Buben und Mädchen einladen. Wir möchten gerade die Predigten darin so gestalten, daß sie Freude machen und helfen.

Im vergangenen Predigtjahr haben manche von euch Bilder erklärt, die wir immer als Beginn unserer Predigten benutzt haben. In diesem Kirchenjahr lesen wir an dieser Stelle eine kurze Szene aus dem Alltag vor, die uns eine Frage stellt oder an eine Erfahrung erinnert. Manche von euch helfen gerne und oft auf diese Weise bei der Predigt mit. Andere mögen das nicht so sehr. Sicher gibt es ver-

schiedene Gründe dafür, daß sie das nicht recht wollen ...
Aber auch manche Erwachsene in unserer Gemeinde interessieren sich besonders für unsere Kinderpredigten. Eure Religionslehrer erzählen mir gelegentlich, daß ihr ihnen berichtet: »Bei uns zu Hause sprechen wir manchmal über die Predigt. Wir fragen uns, ob sie uns gefallen hat. Wir kritisieren sie. Wir halten fest, was wir daraus mitnehmen wollen.« Ab und zu einmal schreibt auch jemand einen Brief an mich oder ruft mich an. Dabei sagt er seine Meinung zu einer Predigt oder zu meinen Predigten überhaupt. Leider passiert das nur ganz selten. Und meist heißt das Urteil dann: »So ist es nicht gut! Bitte anders! Das dürfen Sie nie wieder sagen!«

6. Es ist also nicht ganz wenig, was geschieht, damit in der Predigt nicht nur der Prediger selbst zu Wort kommt. Manche zeigen, daß sie wissen: Die Predigt ist unser aller Sache. Wir alle können und müssen etwas dafür tun. Nur dann wird die Predigt gut. Nur dann kommt sie an. Nur dann hilft sie weiter.

7. Es gibt aber noch mehr, das wir versuchen könnten. In anderen Gemeinden probieren die Leute einiges, was vielleicht auch uns gelingt und guttut: In manchen Kirchen steht z. B. eine Art Briefkasten mit der Aufschrift: »Fragen und Anregungen für die Predigt.« In diesen Kasten werfen die Leute Zettel. Und die Prediger versuchen, darauf einzugehen, sobald es möglich ist. Vielleicht könnten wir uns das fürs nächste Predigtjahr einmal vornehmen.

In anderen Gemeinden findet ab und zu einmal nach der Predigt und dem Gottesdienst ein Gespräch statt. Wer will, trifft sich mit andern, vor allem dem Prediger, in einem Saal oder in der Krypta der Kirche. Die Leute berichten, ob sie die Predigt verstanden haben; sie fragen und überlegen. Alle lernen voneinander, am meisten oft der Prediger.

An manchen Orten bilden sich auch kleine Gruppen. Sie stellen Listen mit Themen auf, über die gepredigt wird. Oder sie sprechen mit den Predigern, ehe die ihre Predigt endgültig vorbereiten. Dann können die Prediger viel leich-

ter sagen, was die Menschen brauchen. Ihre Worte, ihre Bilder, ihre Hinweise fürs Leben »sitzen« besser.
Es gäbe noch manches andere, was wir versuchen könnten, damit aus den Predigten der Priester wirklich unsere Predigten werden. Aber es muß für heute genügen, was ich sagen konnte.
8. Wir müssen zum Schluß unbedingt noch über die Frage nachdenken: Warum denn das alles? Weshalb denn so viel Aufhebens wegen der Predigt?
Wichtige Antworten auf diese Frage gibt uns dieser Festtag, besonders sein Evangelium. Beide sagen uns: Der große, gute Gott wollte nicht allein bleiben. Er läßt die Welt und uns alle werden, damit er uns beschenken kann. Wir sollen glücklich werden, für immer und ewig. Das können wir aber nicht von allein. Gott muß uns dazu beistehen. Jesus Christus hilft uns, richtig zu leben. Er möchte darum, daß alle Menschen seine Jünger werden – also Menschen, die ähnlich leben wie er. Das können wir aber nur, wenn wir Jesus Christus gut kennen und ihn bewundern. Für Jesus Christus gewinnen kann uns aber gerade die Predigt. Darum ist die Predigt wichtig, für den dreifaltigen Gott und für uns. Sie ist ein Angebot, über das wir zu entscheiden haben. Wie es aussieht und wie wir uns entscheiden, hängt von uns allen ab.

Anrufe

Zum 2. Sonntag im Jahreskreis

Bezugstext: Joh 1, 35–42 (Tagesevangelium)

Predigtziele:
1. Feststellen, daß wir oft angerufen werden;
2. die Anrufe kritisch überdenken wollen, die an uns ergehen;
3. Anrufen entsprechen wollen, die Jesus Christus gemäß sind.

1. Impulsszene

Erzähler: Es war einmal ein Seepferdchen. Das nahm eines Tages seine sieben Taler und schwamm auf und davon, in die Ferne. So wollte es sein Glück suchen. Es war noch gar nicht weit gekommen, da traf es einen Aal. Der sagte zu ihm:
Sprecher: Hallo, Kumpel, wo willst du hin?
Erzähler: Das Seepferdchen antwortete stolz:
Seepferdchen: Ich bin unterwegs, mein Glück zu suchen.
Erzähler: Dem Aal gefiel das, was das Seepferdchen sagte. Deshalb brummte er:
Sprecher: Da kannst du aber froh sein, daß du mich getroffen hast! Ich kann dir nämlich etwas ablassen, was du bestimmt gut gebrauchen kannst. Hier – du kannst meine schnelle Flosse haben, damit du besser vorankommst. Sie kostet dich auch nur vier Taler – weil du's bist.
Seepferdchen: Gemacht!
Erzähler: Das Seepferdchen bezahlte die vier Taler, nahm dem Aal die Flosse ab, schnallte sie sich an und glitt nun dreimal so schnell durchs Meer wie zuvor. Bald gelangte es zu einem Schwamm. Der sprach das Seepferdchen auch an:
Sprecher: Hallo, Kamerad, wohin so eilig?

Erzähler: Wieder gab das Seepferdchen zur Antwort:
Seepferdchen: Ich bin unterwegs, mein Glück zu suchen.
Erzähler: Der Schwamm lachte:
Sprecher: Deswegen brauchst du dich doch aber nicht so zu plagen. Hier ich überlaß dir gern das Boot, auf dem ich angewachsen bin. Es hat einen Düsenantrieb. Damit kommst du spielend voran. Weil's schon ein bißchen alt ist, geb' ich es dir gern für drei Taler.
Erzähler: Das Seepferdchen überlegte nicht lange. Es gab dem Schwamm seine letzten drei Taler. Der riß sich los, und das Seepferdchen brauste mit seinem Boot von dannen — fünfmal so schnell wie zuvor. Bald traf es auf einen Haifisch. Der rief es an:
Sprecher: Hallo, du da, warum so eilig? Wohin willst du denn?
Seepferdchen: Ich bin unterwegs, mein Glück zu suchen.
Erzähler: Der Haifisch antwortete:
Sprecher: Famos! Wenn du diese kleine Abkürzung machen willst, sparst du eine Menge Zeit.
Erzähler: Und der Haifisch deutete dabei auf seinen Rachen, der weit aufgesperrt war. Das Seepferdchen überlegte nicht lange. Schwups, sauste es in den Rachen des Haifischs hinein. Ehe es verschwand, rief es noch:
Seepferdchen: Vielen Dank, das ist ja großartig!
Erzähler: Man kann etwas lernen von diesem Seepferdchen: Wer nicht weiß, was er will, landet leicht da, wohin er bestimmt nicht will[1].

2. Impulsfragen

Der Verfasser dieser Geschichte ist auch ein Lehrer. Er erzählt nicht nur. Man merkt: Er möchte, daß wir etwas lernen, wenn wir seine Geschichte anhören. Damit wir das ja nicht übersehen, hängt er seiner Geschichte sogar eine »Moral« an: Er sagt uns, was wir daraus lernen können.

[1] Nach R. Mager, Lernziele und Programmierter Unterricht, Weinheim-Berlin-Basel 1971, XVII.

Habt ihr diese »Moral« noch im Ohr? Wie hieß sie denn?
... Ihr bekommt sie nicht mehr richtig zusammen? Nun, dann versuchen wir einmal gemeinsam, eine Lehre aus der Geschichte zu ziehen!
Das Seepferdchen handelt richtig und falsch. Was ist denn vernünftig oder klug, was es macht? ... Weshalb kann man denn sagen: Das war gut? ...
Aber dann begeht das Seepferdchen auch eine Riesendummheit. Welche denn? ... Und weshalb kommt es soweit? ...
Was hätte das Seepferdchen denn besser getan, als der Haifisch gesagt hat: »Da hinein, in meinen Rachen«? ...
Keine Frage: Das Seepferdchen in unserer Geschichte hätte besser aufpassen und überlegen müssen. Vielleicht hat es nicht gewußt, wohin seine Reise gehen soll. Aber es hat doch bestimmt nicht haben wollen, daß ein Haifisch es auffrißt. Es hat also gewußt, wohin es *nicht* will. Daran hätte das Seepferdchen im entscheidenden Augenblick denken sollen. Danach hätte es sich richten müssen. Dann hätte es sein Glück machen können. – Das ungefähr will uns der Verfasser dieser Geschichte sagen. Und er tut das, weil er uns genau das gleiche für unser Leben empfiehlt.
3. Diesen guten Rat können wir brauchen. Auch wir sind ja alle, ähnlich wie das Seepferdchen, auf der Fahrt durchs Leben, auf der Fahrt zum Glück. Und auch uns rufen viele an, Dinge und Menschen. Nur ein paar Beispiele dafür!
Unsere Nachbarin hat Hausordnung. Und weil es jetzt draußen so schmutzig ist, hat sie über den Fußabstreifer bei der Haustür einen Putzlappen gelegt. Aber dieser Lumpen ist ganz verschoben worden. Er liegt gar nicht mehr auf dem Abstreifer. Jetzt kommen wir vorbei. Wir sehen, was los ist. Wir wissen, weshalb die Nachbarin den Lappen hingelegt hat. Der Lappen ruft uns also etwas zu ...
Kaum stehen wir draußen auf der Straße, kommt Lumpi angehumpelt, der Dackel aus dem Haus nebenan. Er watschelt noch viel mehr als sonst. Manchmal bleibt er auch stehen und leckt sich seine Pfoten. Was hat er nur? Ach richtig – er trägt ja keine Schuhe! Und überall ist Viehsalz gestreut,

damit der Schnee wegtaut. Das tut Lumpi natürlich weh. Deshalb guckt er uns an. Er will etwas von uns ...
Und als wir in die Schule kommen, sitzt Edeltraut neben uns oder Edgar, wie jeden Morgen. Aber heute hat Edeltraut oder Edgar ganz schwarze Ringe unter den Augen. Kaum haben wir uns hingesetzt, fängt Edeltraut an zu husten, oder Edgar niest, ein ganzes Tempotaschentuch voll kommt aus seiner Nase geflossen. Nicht wahr, da merken wir etwas! So etwas ist doch ein Anruf an uns ...
Wenn uns so etwas passiert, müssen wir eigentlich etwas unternehmen. Wir können freilich wegschauen oder vorbeilaufen oder »auf stur schalten«. Wenn wir das machen, bohrt es aber in uns, oft jedenfalls: »Na aber«, mahnt uns das Gewissen dann, »jetzt hättest du aber etwas tun müssen, etwas anderes, als du gemacht hast.«
4. Manchmal jedenfalls müssen wir »Farbe bekennen« — wenn uns unser Leben vor eine wichtige Entscheidung stellt. Um solche Entscheidungen kommen wir nicht herum. Eines Tages müssen wir uns entscheiden: Ich werde Friseuse oder Verkäuferin, Fernfahrer oder Polizist — oder eben sonst etwas. Eines Tages werden wir einmal gefragt: Liebst du mich, willst du mich heiraten? Dann müssen wir uns entscheiden, so oder so. Es gibt Anrufe, an denen wir uns nicht vorbeidrücken können.
5. Wenn wir wenigstens merken: Da ruft mich etwas, da ruft mich jemand, ist das schon gut. Dann verschlafen wir unsere Entscheidung nicht, dann sind wir wach, dann überlegen wir, was zu tun ist.
Noch besser ist es, wenn wir wissen, was wir *nicht* wollen. Dann können wir nämlich nein sagen, auch wenn der Anruf noch so lockt. Wer z. B. weiß: Rauchen schadet, der fällt nicht so leicht auf Plakate herein, auf denen sich einer seinen Schuh durchgelaufen hat — nur damit er zu »seiner« Zigarette kommt.
6. Am besten ist es natürlich, wenn wir genau wissen, was zu tun ist, wenn wir einen Anruf verspüren. Aber das ist oft nicht so. Was dann, wenn wir nicht wissen, was jetzt gut oder besser ist?

Eine Antwort auf diese Frage steht im Evangelium dieses Sonntags. Es erzählt uns ja, wie Jesus Menschen anruft, damit sie seine Jünger werden. Das ist aber nicht bloß eine Geschichte von damals. Jesus Christus lebt ja weiter, mitten unser uns. Er ruft auch uns an – in vielen Menschen, in manchen Aufgaben. Unser kranker Banknachbar hat etwas mit Jesus Christus zu tun. Aber auch der gehbehinderte Mann im Autobus, der nicht allein die Stufen heruntersteigen kann, unsere Mutter, die uns braucht, unser Lehrer, der uns etwas aufgibt, sie alle rufen uns oft genau das zu, was jetzt wichtig und gut ist.

Deshalb dürfen wir sagen: Hinter solchen Menschen und Anrufen steht der Herr Jesus Christus selbst. *Er* ruft uns an, weil er uns leben helfen und glücklich machen will. Und dann kommt es darauf an, daß wir uns entscheiden – richtig entscheiden.

Vergeben — Umkehren
Zum 3. Sonntag im Jahreskreis

Bezugstext: Mk 1, 14–15 (Auszug aus dem Tagesevangelium)

Predigtziele:
1. Bemerken, daß wir oft Anlaß haben, uns aggressiv zu verhalten;
2. einsehen, daß es besser ist, zu vergeben, wenn daraus Friede erwächst;
3. sich im Hinblick auf den Bußruf Jesu Christi grundsätzlich dazu entschließen, »Schuldigern« zu vergeben.

1. Impulsszene

Andreas: Toll, toll.
Sprecher: Vor lauter Begeisterung klatscht der kleine Andreas in seine Hände. Er hört ja die Fehler noch nicht, die seine große Schwester Ulrike beim Flötenspielen macht. Ulrike hört sie aber schon gut heraus. Und sie ärgert sich über jeden einzelnen »Patzer«. Denn eigentlich möchte sie das Stück, das sie eben übt, morgen tadellos können. Sie will es nämlich der Mutter zum Geburtstag vorspielen. Deshalb ist Ulrike auch auf Andreas wütend, weil der dauernd etwas von ihr will. Jetzt kommt er auch noch auf Ulrike zugekrochen, auf allen Vieren.
Andreas: Andy auch mal Flöte spielen!
Sprecher: Und dabei guckt Andreas seine Schwester ganz erwartungsvoll an. Aber die stampft ärgerlich mit dem Fuß auf und schimpft los:
Ulrike: Das tät' gerade noch fehlen – dir jetzt meine Flöte geben! Ich muß doch üben, für morgen, für Mamas Geburtstag!
Sprecher: Aber Andreas läßt nicht locker. Er setzt sich neben Ulrike auf den Boden und zupft sie am Rock.
Andreas: Andreas will auch mal flöten! Kann gut flöten.

Sprecher: Ulrike weiß sich nicht mehr zu helfen. Plötzlich kommt's ihr wieder. Wie war das doch neulich? Jetzt fällt es ihr ein:
Ulrike: Du altes Ferkel, du kriegst meine Flöte überhaupt nie mehr! Neulich hast du sie mir ja stibitzt und drauf geblasen. Und dann war sie ganz voller Spucke, und ich mußte eine Viertelstunde lang Flöte putzen!
Sprecher: Andreas versteht noch nicht alles, was seine Schwester sagt. Aber daß sie ihm ihre Flöte nicht geben will, das merkt er. Und selbst wenn er's nicht gemerkt hätte – er kriegt es gleich zu spüren. Ulrike hebt nämlich ihren Fuß und stößt Andreas zur Seite. Andreas rollt zweimal um sich herum. Dann schlägt er mit seinem Kopf am Tischbein an. Es bumst ganz schön, und prompt fängt Andreas zu heulen an. Aber er gibt nicht so schnell auf. Er marschiert auf Ulrike zu und haut mit seinen Fäusten auf sie ein.
Andreas: Blöde Ulrike!
Sprecher: Jetzt reicht es Ulrike aber. Sie packt ihren Bruder und schiebt ihn vor die Tür. Dann sperrt sie ab. Sie ist nämlich allein mit Andreas zu Hause, die Mutter ist zum Einkaufen.
Ulrike: Da draußen im Gang kannst du plärren, soviel du willst.
Sprecher: Und in aller Ruhe fängt sie wieder an, Flöte zu spielen. In aller Ruhe? Nein, die hat Ulrike eigentlich nicht. Denn auf dem Gang ist es merkwürdig still. Und außerdem – es war doch ganz schön, als Andreas sie vorhin gelobt hat. Und schließlich – er ist ja noch so klein und weiß noch gar nicht richtig, was er will. Was macht es denn schon, wenn er mal ein bißchen in ihre Flöte spuckt? Endlich hält es Ulrike nicht mehr aus. Sie macht die Tür wieder auf. Da sitzt Andreas im Gang, und der Bock stößt ihn noch immer.
Ulrike: Na, komm schon!
Sprecher: Und sie hält ihm die Flöte entgegen. Andreas schaut sie verwundert an, dann steht er auf, nimmt die Flöte und bläst gleich hinein. Er lacht; nur auf seiner linken Backe, da läuft noch eine kleine Träne herunter.

2. Impulsfragen

Es hat also »ganz schön gefunkt« – bei Ulrike und Andreas. Am Ende aber sind sicher beide glücklich und zufrieden. Weshalb freut sich Andreas? ... Und worüber ist Ulrike sicher froh? ...
Zuerst hat es aber gar nicht so gut ausgesehen. Da hatten sich die beiden Geschwister doch mächtig »in der Wolle«. Auf einmal war das dann aber anders. Wie kam das? Hat da jemand geholfen? ... Richtig, Ulrike hat überlegt. Dabei ist ihr manches aufgefallen. Was sagt sie sich denn im stillen? ...
Durch diese guten Gedanken von Ulrike ist also alles zu einem guten Ende gekommen. Malen wir uns aber auch noch aus, was geschehen wäre, wenn Ulrike das alles nicht eingefallen wäre. Wie wäre Ulrike dann vielleicht zu ihrem kleinen Bruder gewesen? ... Und was hätte Andreas gedacht und gemacht, wegen der Flöte und gegen seine Schwester? ...
3. Was Ulrike und Andreas miteinander erleben, kennen wir alle gut: Jemand ärgert uns. Ach, das passiert so oft! Wann denn z. B.? ... Gut, aber noch zwei andere Fälle ähnlicher Art dazu: Eines Morgens sind wir spät aufgestanden; mit dem Frühstück muß es also »ganz schnell gehen«. Vor lauter Aufregung stoßen wir die Tasse mit dem Kakao um. Das tut uns leid. Trotzdem sagt die Mutter »natürlich«: »Du Esel, kannst du denn nicht aufpassen?« Und du – denken wir daraufhin – und du, kannst du denn nicht verstehen, daß wir uns jetzt doppelt und dreifach ärgern? Mußt du das auch noch sagen? – Ein andermal kommt's noch dicker: Wir sind mächtig stolz auf unseren neuen Anorak oder die neuen Skischuhe, die uns der Vater gestern im Ausverkauf erstanden hat. Natürlich wollen wir sie gleich vorzeigen, besonders den Klassenkameraden. Die werden staunen, denken wir. (Und so ein bißchen Neid von Kameraden tut doch gut, nicht wahr?) Aber keine Spur. Kein Mensch beachtet unsere neuen Sachen. Da helfen wir ein bißchen nach. »Schau mal«, sagen wir zu Elvira oder zu

Helmut, die neben uns sitzen. »Na ja«, sagen die bloß. Und zeigen auf ihre neue Hose oder ihren Pulli – und der gefällt uns mächtig. Schon wieder möchten wir grün und blau werden vor Ärger. Nein wirklich – unser halbes Leben besteht aus Ärger!

4. Wenn wir uns ärgern, verbergen wir das meistens nicht. Ganz im Gegenteil! Es gibt aber auch so herrlich viele Möglichkeiten, jemand anderem zu zeigen, daß man sich über ihn ärgert. Man kann »mit Verachtung über ihn wegschauen« und ihn »links liegen lassen«, »mit ihm Schluß machen« und ihn »nicht mehr ansehen«. Wir können jemand aber auch unsere ganze Wut ins Gesicht schreien, wenn er uns geärgert hat, oder ihn bei andern schlecht machen. Und wenn's ganz schlimm kommt, gehen wir im Ärger auch aufeinander los, mit Fäusten oder Krallen, wir spucken und beißen, wir boxen und raufen ... Wir, nicht wahr, wir könnten noch eine ganz schöne Zeitlang erzählen, was wir vor Ärger alles fertigbringen.

5. Und was kommt heraus, wenn wir uns ärgern und unseren Ärger zeigen? Meist nichts Gutes. Der andere ärgert sich nämlich auch. Wahrscheinlich glaubt er sowieso, daß er's ganz richtig gemacht hat, weil er denkt, wir haben ihn zuerst geärgert. Und dann gibt eines oft das andere: Unser »Gegner«, unsere »Feindin« rächt sich. Wir bekommen heimgezahlt, was wir aus Ärger gesagt oder getan haben. Es wird nicht besser, sondern schlimmer.

6. Aber manchmal fällt uns auch etwas anderes ein, wenn wir uns ärgern. Ungefähr das, was Ulrike in unserer Geschichte am Anfang gedacht hat; wir sagen uns beispielsweise: »War's denn wirklich so schlimm? Der andere hat es ja gar nicht so bös gemeint! Eigentlich hat er doch auch recht. Was kommt denn schon heraus, wenn ich jetzt ärgerlich werde und es ihm zeige? Wir kriegen nur Zank und Streit.« Manchmal sind wir daraufhin stark und schließen Frieden. Manchmal können wir sogar ein Unrecht vergeben, das jemand uns zugefügt hat. Ab und zu einmal verzeihen wir unseren »Schuldigern«.

7. Schuldiger – dieses Wort gebrauchen wir heute eigent-

lich nur noch im Vaterunser. Wenn wir das tun, danken wir Gott, der uns vergibt, auch wenn wir ihn »ärgern«, wenn wir ihn erzürnen und betrüben. Wir bitten Gott um die Kraft, daß wir auch vergeben können, wenn jemand uns beleidigt oder geschadet und damit »geärgert« hat. Im Evangelium, das wir heute verkündet bekommen, deutet Jesus an, weshalb es gut ist, wenn wir »umkehren«, also beispielsweise vergeben, wenn wir uns ärgern möchten. »Gottes Reich ist nahe«, sagt Jesus als Grund für seine Aufforderung. Das heißt: Gott will, daß alles gut wird für uns. Wir sollen glücklich werden. Dazu gehört aber auch, daß Friede ist. Und Friede wird nur, wenn wir bereit sind, zu vergeben.

Staunen
Zum 4. Sonntag im Jahreskreis

Bezugstext: Mk 1, 21–22 (Auszug aus dem Tagesevangelium)

Predigtziele:
1. Bemerken, wie oft wir staunen und staunen könnten;
2. feststellen, daß wir etwas Neues, Ungewohntes, womöglich Unerhörtes entdecken, wenn wir staunen;
3. bereit sein zum Staunen – auch, weil es auf Gott verweisen kann.

1. Impulsszene

Annemie: Du, schau mal, Bettina, so ein komischer Baukran!
Sprecher: Das hat Annemie neulich zu ihrer Freundin Bettina gesagt, als sie über den Marktplatz nach Hause gegangen sind. Aber Bettina war anderer Meinung als Annemie.
Bettina: Das ist doch kein Kran. Hast du denn keine Augen im Kopf? Das ist doch ein großes Gerüst.
Sprecher: Das aber konnte Annemie wiederum nicht glauben.
Annemie: Ein Gerüst sieht doch ganz anders aus.
Sprecher: Das stellt Annemie entschieden fest. Fast wären sich die beiden Freundinnen darüber in die Haare geraten. Da ruft Annemie plötzlich:
Annemie: Mensch, Bettina, toll – Drahtseilakrobaten kommen! Da, guck mal auf das feuerrote Plakat, da steht's drauf: »Die vier Conradis – die Familie, die immer auf Draht ist!« Und hier über dem Marktplatz wollen sie zeigen, was sie können – ohne Netz!
Bettina: Wenn das nur gutgeht!
Sprecher: Bettina macht sich einige Sorgen. Aber sie fragt selbstverständlich:
Bettina: Kommst du auch – morgen abend, zu den Conradis?
Annemie: Na klar!

Sprecher: Am nächsten Abend sitzt sie neben Bettina auf dem Holzgerüst, von dem aus man gut auf das Seil sehen kann. Das ist zwischen zwei Masten ausgespannt, die die beiden gestern für einen Kran oder ein Gerüst gehalten haben. Und schon geht's los. Was die Conradis zu bieten haben, ist großartig. Annemie und Bettina können immer nur den Atem anhalten, wenn sie staunen oder um die Conradis Angst haben.
Annemie: Möchtest du jetzt da oben Handstand machen, mitten auf dem Seil, 60 Meter über dem Boden, ohne Fangnetz noch dazu?
Sprecher: Das flüstert Annemie einmal ganz atemlos Bettina zu. Die schüttelt bloß mit dem Kopf. Aber die große Überraschung kommt noch. Das kleine Conradi-Mädchen, sicher nicht älter als Annemie und Bettina, bleibt auf einmal mitten auf dem Seil stehen, mutterseelenallein. Die lange Stange, die es bisher in beiden Händen gehalten hat, nimmt es jetzt in eine Hand. Der Vater kommt ihm entgegen und nimmt ihm die Stange ab. Ehe das Mädchen ihm die Stange gibt, zieht es aus dem einen Ende dieser Stange einen kleinen Schirm heraus. Den macht das Mädchen auf. Es nimmt den Schirm in die rechte Hand – und dann geht die Kleine ganz langsam, Schritt für Schritt, auf das Ende des Drahtseils zu. Annemie und Bettina wagen kaum zu atmen. Da, endlich ist es soweit: Das kleine Mädchen ist auf der Plattform angekommen, auf der das Seil endet. Es dreht sich um und macht Knickse nach allen Seiten. Den Schirm hat es dabei noch immer in der Hand.
Annemie und Bettina: Bravo, bravo!
Sprecher: Und sie klatschen sich die Hände rot und heiß, weil sie so begeistert sind. Damit ist die Vorstellung beendet. Aber vergessen werden Annemie und Bettina bestimmt nicht so schnell, was sie heute erlebt haben. Als ob sie das bekräftigen will, sagt Bettina vor dem Abschied:
Bettina: Die war vielleicht Klasse, was? Ich möcht' das nicht!
Sprecher: Dazu kann Annemie nur nicken, denn sie staunt auch jetzt noch über das kleine Mädchen auf dem Drahtseil.

2. Impulsfragen

Wer von euch hat schon einmal solchen Drahtseilakrobaten zugeschaut wie Annemie und Bettina in unserer Geschichte? Wer hat sie im Freien gesehen, wer im Fernsehen?... Habt ihr da auch gestaunt?... Was hat euch an diesen »Seiltänzern« – wie man früher gern gesagt hat – am meisten imponiert?... Damals habt ihr also gestaunt. Und deshalb wißt ihr, was Staunen ist. Wie zeigen wir denn, daß wir staunen?... Kommt es darauf an, daß wir vor Bewunderung »Mund und Nase aufsperren«? Oder ist etwas anderes noch entscheidender, wenn wir staunen?...

Noch eine letzte Frage zum Staunen: Wann habt ihr denn das letzte Mal gestaunt?...

3. Wir staunen also öfter. Jedenfalls manche von uns. Andere weniger häufig. Wir sagen also besser: Es gibt vieles in unserem Leben, worüber wir staunen *können*. Wir *müssen* aber meist nicht unbedingt staunen. Ob wir staunen oder nicht, das hängt auch ein bißchen von uns ab. Staunen kann man auch wollen. Wer nicht staunen will, staunt meist auch nicht.

4. Wer nicht staunen kann, ist recht arm dran. Wer staunt, sieht nämlich ein bißchen weiter oder tiefer als andere. Er staunt, entdeckt etwas – wir haben das eben schon einmal angedeutet. Wer staunt, dem fällt etwas auf, was er bisher noch nicht beobachtet hat. Wer staunt, der bemerkt etwas, was für ihn neu ist. Womöglich ist sogar unerhört, worüber wir staunen.

Wenn wir staunen und etwas Neues entdecken, ist das meist gut für uns. Was wir anstaunen, lacht uns sozusagen an. Es ruft uns zu: Komm, fang mich! Lern' mich kennen! Es lohnt sich! Hier gibt es etwas zu erobern! Das könntest du doch auch – wenigstens so etwas ähnliches kannst du lernen oder bekommen.

5. Wenn wir staunen, wird uns oft sogar »warm ums Herz«: Wir freuen uns, wir werden glücklich. Und manchmal sogar stolz. Unser Herz tut oft förmlich einen Sprung, wenn wir staunen. Es spricht dann sozusagen zu uns: Menschenskind,

ist das aber toll! Und das kann uns wieder an einen Satz erinnern, den einmal ein Dichter geschrieben hat, der Dichter der herrlichen Geschichte vom »kleinen Prinzen«, der Franzose Saint-Exupéry. Der sagt nämlich einmal: »Man sieht nur mit dem Herzen gut.« Wir dürfen ruhig ebenfalls sagen: Wer staunen kann, hat nicht nur offene Augen. Er hat auch ein offenes Herz. Unser Herz kann manches entdecken, was unsere Augen nicht sehen.

6. Das gilt ganz besonders, wenn wir über Gott staunen – oder über etwas, was Gott uns sagt oder gibt. Die kleine Begebenheit, die heute im Evangelium steht, zeigt uns das auf ihre Weise. Jesus kommt in die Stadt Kafarnaum, wo er sich gerne aufhält und manche Freunde hat. In der Synagoge, im Gotteshaus, predigt er an einem Sabbat. Das durfte jeder jüdische Mann tun. Aber Jesus spricht so, daß die Menschen aufhorchen. Sie staunen über ihn. Die Leute fragen: Wer ist denn das? Weshalb kann der so herrlich reden? Woher hat er das, was er uns sagt? Und weil sie so staunen, ahnen manche Leute: Jesus ist mehr als alle, die sonst zu uns sprechen. Jesus ist auch etwas anderes als ein Mensch. Gott spricht aus diesem Jesus. Jesus spricht im Namen Gottes zu uns.

7. Leider staunen wir kaum noch über Jesus Christus. Wir denken manchmal: Ich kenne ihn schon. Ich weiß alles von ihm. Das ist schade. Denn Jesus sagt und tut unerhörte Dinge. Man kann immer wieder über ihn staunen. Immer Neues entdecken wir Menschen an ihm. Darum ist es gut, wenn Menschen auch Neues von ihm sagen. Das tun heute z. B. Menschen, die neu entdecken, daß Jesus sich um die Armen gekümmert hat und eine bessere Welt will.

Aber auch vieles andere im Leben kann uns zum Staunen bringen: ein Mensch, der gut zu uns ist. Ein Buch oder ein Film, die uns interessieren und belehren. Ein Berg, auf den wir steigen, eine Autobahn, auf der wir dahinrasen. Fast immer aber, wenn wir staunen, können wir auf Gott stoßen, der uns die Welt schenkt, wo es so viel zum Staunen gibt.

Jemand suchen

Zum 5. Sonntag im Jahreskreis

Bezugstext: Mk 1, 35–37 (Auszug aus dem Tagesevangelium)

Predigtziele:
1. Bemerken, daß wir oft »jemand suchen«;
2. vertrauensvoll nach »jemand suchen« wollen;
3. vertrauensvoll nach Jesus Christus »suchen«.

1. Impulsszene

Mechthild: Hörst du's – da ist es schon wieder, dieses schreckliche Geräusch!
Sprecher: Das flüstert Mechthild voll Angst ihrer älteren Schwester Rosemarie zu. Auch Rosemarie ist es längst nicht mehr ganz geheuer. Aber zugeben will sie es noch nicht. Deshalb sagt sie:
Rosemarie: Ach, was du immer hast mit deinen Geräuschen! Schlaf jetzt endlich! Vati und Mutti müssen ja auch bald heimkommen.
Mechthild: Ich fürcht' mich aber so schrecklich.
Sprecher: Jetzt fängt Mechthild auch noch zu weinen an. Rosemarie will sie beruhigen gehen. Sie steigt aus ihrem Bett. Da hört sie es auch, ganz deutlich: Auf dem Speicher, genau über ihrem Schlafzimmer, knarrt es. Und auf der Straße ist es totenstill. Ausgerechnet heute – sonst ist der Verkehr immer so lebhaft. Da kriegt es auch Rosemarie mächtig mit der Angst zu tun. Sie kriecht zu ihrer Schwester ins Bett. Und nun heulen sie beide um die Wette.
Mechthild: Mensch, hör bloß auf!
Sprecher: Mechthild fährt plötzlich hoch; dabei laufen ihr noch die Tränen herunter.
Mechthild: Wenn der Einbrecher oben auf dem Speicher merkt, daß wir allein zu Hause sind, lockt wir ihn doch bloß an!

Sprecher: Rosemarie nickt. Es leuchtet ihr ein, was ihre Schwester sagt. Aber was sollen sie jetzt nur machen? Wer weiß, wann die Eltern nach Hause kommen! Es bleibt ihnen nur eines übrig: Sie müssen sich gegenseitig Mut machen, so gut es geht. Also setzen sie sich nebeneinander auf den Bettrand. Sie schlingen sich gegenseitig die Arme um die Schultern und warten, warten. Stundenlang. Dann sind sie aber doch so müde, daß sie einschlafen. Sie sitzen aber immer noch. So finden die Eltern sie. Ganz erstaunt wecken sie ihre Kinder. Und beide fallen den Eltern um den Hals. Sie jubeln:
Rosemarie und *Mechthild:* Endlich, endlich!

2. Impulsfragen

Rosemarie und Mechthild klammern sich aneinander, solange sie denken: Ein Einbrecher ist im Haus. Weshalb tun die beiden das? ... Hätten sie auch noch etwas anderes tun können in ihrer Angst? ... Dann kommen die Eltern heim, und die beiden fallen ihnen um den Hals. Wieso denn das? ...
Zweimal zeigen Rosemarie und Mechthild also: Wenn uns angst und bange ist, fliehen wir gern zueinander. Wir rücken zusammen und klammern uns aneinander.
3. Wir können das alle bestätigen, denn wir haben es schon manchesmal ähnlich gemacht. Mancher von uns hat als kleiner Junge oder kleines Mädchen plötzlich auf einem Rummelplatz allein dagestanden, mitten im Gewühl der vielen Leute und im Lärm der Karussells und Autoscooter. Da habt ihr angefangen zu schluchzen und zu suchen: »Wo ist mein Papa? Meine Mama ist weg! Ich find' sie nicht mehr! Wer bringt mich zu ihnen?« Und selig seid ihr mitgetrippelt, wenn ein Budenbesitzer oder ein Polizist euch zu einem Lautsprecher geführt hat, über den dann die Eltern gerufen wurden.
Aber nicht bloß die Angst flößt uns Sehnsucht nach lieben Menschen ein. Wir sehnen uns z. B. auch nach jemand, der uns versteht, wenn wir glauben: Mich mag ja doch keiner.

Darum halten es viele junge Leute nicht bei ihren Eltern aus. Sie laufen weg. Sie suchen sich gleichaltrige Freunde. Von denen glauben sie: Das sind gute Kumpels. Mit denen kann ich Pferde stehlen. Die verstehen mich – anders als »meine Alten« daheim.

Und irgendwann im Leben überlegt wohl jeder Mensch: Wer paßt für immer zu mir? Wem könnte ich mich ein Leben lang anschließen? Wen kann ich heiraten? Denn allein sein – das möchte ich nicht. Ich sehne mich nach einem Lebensgefährten.

4. Daß wir uns nach jemand sehnen, kann also recht verschiedene Gründe haben. Gleichgültig, was wir dabei zuerst suchen, zuletzt geht es immer um den gleichen Wunsch: Wir brauchen Hilfe. Wir fühlen uns klein oder elend. Wir meinen, daß wir verlassen sind oder unverstanden. Deshalb glauben wir: Irgend jemand gibt es auch für mich. Einer wenigstens meint es ganz bestimmt gut mit mir.

5. Von Jesus Christus haben viele Menschen zu seiner Zeit gedacht: Der kann mir helfen. Deshalb haben sie sich entschlossen: An den will ich mich halten. Unser Sonntagsevangelium verkündet uns das heute besonders deutlich. Es erzählt: Jesus hat schon viele Kranke geheilt. Jetzt betet er. Da kommt Petrus zu ihm und die anderen Jünger mit ihm. Sie sagen: »Herr, die Menschen suchen dich.« Da steht Jesus auf und geht zu den Menschen, die auf ihn warten. Er spricht sie an. Er tut ihnen Gutes. Er ist für sie da. Er enttäuscht sie nicht.

6. Das war nicht nur damals so, als Jesus noch in Palästina gelebt hat. Zweitausend Jahre halten Menschen sich jetzt schon an Jesus Christus, überall auf der Welt. Dazu gehören alte und junge, kranke und gesunde, quicklebendige und Menschen in ihrer Sterbestunde. Sie alle zeigen uns: Jesus Christus verdient es, daß wir nach ihm suchen. Er ist bereit, uns zu helfen. Er hat auch die Macht dazu. Es ist gut für uns, wenn wir nach ihm suchen.

Geheim halten
Zum 6. Sonntag im Jahreskreis

Bezugstext: Mk 1, 40–45 (Tagesevangelium)

Predigtziele:
1. Bemerken, daß gemeinsame Geheimnisse verbinden können;
2. den christlichen Glauben auch als Geheimnis ansehen, das verbindet und verpflichtet.

1. Impulsszene

Sprecher: Bernhard und Dieter sind dicke Freunde. Das heißt: Sie waren es bis vor ein paar Monaten. Seither ist es aus zwischen ihnen beiden. Es ist einfach zuviel geschehen – seit einem Tag im vorigen Sommer. Da hat Bernhard seinen Freund gefragt:
Bernhard: Kannst du schweigen?
Dieter: Wie ein Grab, ehrlich!
Sprecher: Das hat Dieter felsenfest behauptet.
Da hat Bernhard ihm zugeflüstert:
Bernhard: Na, dann komm mal mit, ich zeig' dir was!
Sprecher: Und Bernhard ist Dieter vorangeschlichen, bis auf den Speicher ihres Hauses. Dann hat er durch die Dachluke in die Regenrinne gezeigt. Darin saß ein kleines Rotschwänzchen auf seinem Nest.
Bernhard: Ksch-ksch, hau ab!
Sprecher: So hat Bernhard den Vogel verscheucht. Der ist natürlich auf- und davongeflogen. Und da konnte Dieter sehen, was sein Freund ihm zeigen wollte: In dem Nest saßen vier kleine Rotschwänzchen. Eben hatte man sie nur nicht sehen können, weil die große Mutter sie verdeckt hatte. Aber jetzt hockten sie da, sperrten die Schnäbel auf und piepsten.
Dieter: Mensch, ist das toll! So was Goldiges hab' ich noch nie gesehen!

Sprecher: Dieter war begeistert. Dann aber haben die beiden sich hinter der Luke versteckt und zugesehen, wie die Vogeleltern ihre Jungen gefüttert haben. Das hat fast eine Stunde gedauert. Leider mußten beide gehen. Aber vor Dieters Wohnungstür hat Bernhard noch einmal geflüstert:
Bernhard: Aber keiner Menschenseele etwas verraten, hörst du? Das bleibt unser Geheimnis.
Sprecher: Dieter hat bloß genickt. Und auch seither hat er kein Wort mehr mit Bernhard gesprochen und Bernhard keines mit ihm. Denn als Bernhard am nächsten Mittag auf den Speicher geht und nach dem Nest mit den Rotschwänzchen sehen will, ist das Nest zwar noch da. Aber es liegt umgedreht in der Rinne. Zwei kleine tote Rotschwänzchen liegen darunter. Von den Alten keine Spur. Neben dem Nest in der Rinne aber steckt eine abgebrochene Plastiklanze. Die kennt Bernhard gut. Die gehört Günter. Der ist ein Freund von Dieter, aber nicht von ihm ...
Nicht wahr, da kann man verstehen, daß Bernhard und Dieter noch kein Wort miteinander gesprochen haben, seit das geschehen ist?

2. Impulsfragen

Wir können Bernhard bestimmt alle verstehen. Was denkt er wohl von Dieter, der ihn so enttäuscht hat? ... Ich könnte mir auch denken, daß Bernhard sich jetzt ebenso über sich selbst ärgert. Ich Dummkopf, sagt er vielleicht. Weshalb könnte Bernhard so denken? ...
Womöglich muß Bernhard sich jetzt sogar über sich selbst wundern und ärgern. Es könnte ja sein, daß er Dieter sein Geheimnis gar nicht anvertraut hat, weil Dieter sein Freund war. Vielleicht hat Bernhard gar nicht nur gedacht: Geteilte Freude ist doppelte Freude. Vielleicht hat er auch gemeint: Ätsch, Dieter, ich weiß was, wovon du keine Ahnung hast! Damit will ich jetzt einmal vor dir angeben. Wenn das so war, schämt sich Bernhard jetzt womöglich sogar. Er sagt sich: Geschieht mir ganz recht, daß Dieter mein Geheimnis weitererzählt hat!

3. Wenn wir Menschen einander Geheimnisse anvertrauen, kann dabei allerlei im Spiel sein. Dann kann uns manch Unerwartetes geschehen und klarwerden. Betrachten wir noch ein Beispiel dafür:
»Willst du mal sehen, was ich Mutti sticke?«, fragt Isolde kurz vor Weihnachten ihren Bruder Klaus. Obwohl der sich für »solchen Weiberkram« nicht sonderlich interessiert, brummt er großzügig: »Na, zeig' schon her!« So erfährt er, daß seine Mutter von seiner Schwester eine Halbschürze bekommen soll, mit bunten Blumen im Kreuzstichmuster lustig bestickt. Am nächsten Tag ist Klaus zufällig mit seiner Mutter im Kaufhaus. Die Mutter will sich eine kleine Schürze kaufen, wie sie da billig angeboten werden. »Laß mal, Mutter«, sagt Klaus da. Und er erzählt, weshalb sich seine Mutter gerade jetzt keine neue Schürze kaufen muß. Als sie zusammen nach Hause kommen und die Wohnungstür ziemlich leise aufgeschlossen haben, packt Isolde ganz schnell ihre Stickerei zusammen. »Laß nur, meine kleine Schürzenmacherin«, verplappert sich die Mutter da. Und schon hat Isolde heraus, daß ihr Bruder ihr Geheimnis verraten hat – diese Klatschbase!

4. Wenn uns jemand so enttäuscht, können wir ihm manchmal lange nicht verzeihen. Erst recht ist das so, wenn einer etwas von uns ausplaudert, was wir nur ihm erzählt oder gezeigt haben, weil es ganz persönlich war. Ich hab' z. B. schon oft gehört, daß Geschwister oder Freunde sich spinnefeind werden, wenn einer etwas verrät, was er im Tagebuch des anderen lesen durfte.

Das ist verständlich. Denn wenn wir jemand ein Geheimnis anvertrauen, zeichnen wir ihn aus. Wir lassen ihn dann sozusagen in unser Herz blicken. Daraufhin erwarten wir natürlich, daß er schweigen kann »wie ein Grab«. Wir möchten ihn durch dieses Geheimnis, an dem wir ihn teilhaben lassen, ja gerade an uns binden. Der andere aber geht von uns weg, wenn er unser Geheimnis lüftet. Er läßt noch andere in unser Leben Einblick nehmen, vielleicht jemand, den wir gar nicht mögen.

5. Das heutige Evangelium erzählt uns, daß auch Jesus

einmal so enttäuscht wird. Ein Mensch, den er heilt, ahnt, wer Jesus ist. Jesus möchte aber nicht, daß die Leute schon jetzt darüber nachdenken. Sie könnten ihn sonst falsch verstehen. Darum wahrt Jesus sein Geheimnis. (So schildert es uns jedenfalls der Evangelist Markus, aus dessen Buch in diesem Kirchenjahr unsere Evangelien genommen werden.) Aber der geheilte Kranke kann seinen Mund nicht halten. Er erzählt weiter, wer ihn geheilt hat. Natürlich lobt er Jesus dabei. Jetzt kommen die Leute gelaufen und wollen alles mögliche von Jesus, auch Taten und Worte, zu denen sich Jesus nicht verstehen kann.

6. Es hat also manchmal guten Sinn, nicht von Jesus zu reden. Bisweilen schweigen wir besser von ihm. Genauer: Worte, die wir über Jesus und unseren Glauben an ihn sagen, können auch schaden, weil sie falsch verstanden werden. Viele Christen in den ersten Jahrhunderten unserer Kirche haben das beachtet: Sie waren glücklich, daß sie an Jesus Christus glauben konnten. Aber sie haben das auch als Geheimnis gehütet. Sogar ein Geheimzeichen haben die Christen damals gehabt: den Fisch. Nur auf eines haben diese Christen Wert gelegt: daß die Leute wissen, wie die Christen leben und sind. Das sollte den Menschen gefallen, die noch nichts von Jesus Christus gewußt haben. Dann sollten sie die Christen fragen: Weshalb seid ihr so? Dann haben sich die Christen erklärt und bekannt.

7. Vielleicht können wir etwas von diesen Christen und aus dem heutigen Evangelium lernen: Unser Glaube an Jesus Christus ist *auch* ein Geheimnis. Jesus Christus teilt uns dieses Geheimnis mit. Wir sollen uns darüber freuen. Wir dürfen darauf stolz sein. Manchmal müssen wir dieses Geheimnis sogar hüten; denn nicht alle Leute können es richtig verstehen. Wir können Jesus Christus auch schaden, wenn wir zu schnell und zu selbstverständlich von ihm reden. Besser als reden ist es, wenn Menschen über uns staunen und uns fragen: Weshalb seid ihr so? Warum tut ihr das? Dann können wir ihnen unser Geheimnis weitergeben: daß wir an Jesus Christus glauben, weil er uns in sein Geheimnis eingeweiht hat.

Sich helfen lassen
Zum 7. Sonntag im Jahreskreis

Bezugstext: Mk 2, 1–12 (Tagesevangelium)

Predigtziele:
1. Erkennen, daß wir alle »groß und stark« sein möchten;
2. hinnehmen, daß wir gelegentlich Hilfe brauchen;
3. von Jesus Christus Hilfe annehmen wollen.

1. Impulsszene

Sprecher: Jetzt hab' ich's doch vergessen, ärgert sich Jürgen, als er aus der Schule nach Hause geht. Er denkt dabei an das Tarzan-Heft, das er gestern abend unters Kopfkissen gestopft hat. Natürlich soll es die Mutter nicht finden; denn sie hat Jürgen schon hundertmal verboten, vor dem Einschlafen im Bett noch zu lesen. Aber Jürgen tut das gar zu gern. Und Tarzan hat es ihm besonders angetan. Das ist doch noch ein Kerl: stark und kühn! Was der alles erlebt und fertigbringt ... Nun, Jürgen tröstet sich. Vielleicht hat die Mutter keine Zeit gehabt, mein Bett zu machen. Dann hat sie auch das Heft nicht gefunden und wird mich nicht ausschimpfen, hofft er. Ja, denkste! Als Jürgen an der Wohnungstür läutet, kommt ihm schon Yvonne entgegengelaufen, seine kleine Schwester. Sie schwenkt sein Tarzan-Heft in der Hand und ruft:
Yvonne: Huch, Tarzan, der Rächer der Enterbten, naht! Großer Rächer, sei willkommen!
Jürgen: Blöde Gans!
Sprecher: So knurrt Jürgen. Und er reißt seiner Schwester das Heft aus der Hand. Ganz zerknittert ist es schon. Jürgen will Yvonne das Heft um die Ohren schlagen. Aber da kommt seine Mutter aus der Küche. Sie muß lächeln, auch wenn sie ernst meint, was sie sagt:
Mutter: Aber Jürgen, ich hab' dir doch schon so oft gesagt, du sollst im Bett nicht lesen. Zum einen verdirbst du dir

die Augen bei deiner schwachen Nachttischbirne. Und dann: diese billigen Hefte – das ist doch nichts für dich! Hast du denn keine besseren Helden?
Jürgen: Nein!
Sprecher: Jürgen ist wütend. Und es entfährt ihm:
Jürgen: Der Tarzan ist Klasse. Groß ist er und stark. Er schwingt sich von einer Liane zur andern. Er hilft, wenn jemand nicht weiterkann. Er ißt bloß rohes Fleisch. Davon kriegt man Muskeln!
Mutter: Rohes Fleisch?
Sprecher: Jürgens Mutter stutzt. Und sie fragt:
Mutter: Hast du mir vielleicht gestern von den Fleischstückchen genommen, die ich schon für das Gulasch gerichtet hatte? Ich hatte den Eindruck, daß es viel weniger waren, als ich sie anbraten wollte.
Sprecher: Jürgen wird puterrot. Auch das noch! Jetzt hat die Mutter ihn auch noch dabei ertappt, daß er mal probieren wollte, ob er von rohem Fleisch stärker wird. Und diese Yvonne steht herum und kriegt obendrein alles mit! Natürlich lacht sie ihn schon aus:
Yvonne: Rohfleischesser zieht sein Messer.
Sprecher: Am liebsten möchte Jürgen sich in ein Mauseloch verkriechen, aber da, in ihrem Wohnungsflur, ist keines.[1]

2. Impulsfragen

Tarzanhefte und Tarzanfilme kennt ihr sicher alle. Trotzdem, erinnern wir uns kurz daran, wie Tarzan darin aussieht... Und jetzt zu Jürgen und dem, was er mit seinem Tarzan-Heft erlebt. Gibt es das auch bei euch Buben und Mädchen manchmal: Ihr möchtet ein spannendes Heft oder Buch lesen und solltet doch schlafen gehen? ... Weshalb fällt es den Kindern so schwer, das Licht auszumachen oder das Lesen im Bett ganz bleiben zu lassen, wie die Eltern es wünschen? Hängt das bloß damit zusammen, daß ihr

---

[1] Idee aus: S. Kilian, Na und?, Weinheim-Basel 1972, 30–34.

eben »etwas Spannendes« verschlingen wollt? ... Ja, richtig, manchmal wenigstens denken wir beim Lesen: So wie der, von dem ich da lese, möchte ich auch sein: stark und mächtig und angesehen – meinetwegen also: ein ähnlicher »Held« wie Tarzan.

3. Dieser Wunsch steckt in uns allen, ob wir nun sieben oder dreißig oder siebzig Jahre alt sind: Ich möchte etwas sein. Etwas darstellen will ich mindestens. Die andern sollen staunen, was ich alles zuwege bringe. Die andern sollen Achtung vor mir kriegen, weil ich so ein toller Kerl bin. Das fängt schon an, wenn wir noch ganz klein sind und kaum richtig sprechen können. Eines Tages haben wir gemerkt: Den Löffel mit Spinat oder Grießbrei kann man auch selber in den Mund schieben. Man muß sich nicht immer füttern lassen. Selber essen macht sogar viel mehr Spaß. Und deshalb haben wir gesagt: »Selber machen.« Und wir haben unserer Mutter den Löffel aus der Hand genommen und uns allein »gefüttert«. Erst ging's noch nicht so richtig. Wir haben nicht direkt zum Mund gefunden und uns rundherum ganz schön bemalt. Natürlich auch das Lätzchen und das Tischtuch und den Teppich dazu. Aber allmählich hat's doch geklappt. Seither essen wir ohne Hilfe.

Im Grunde bleiben wir aber so ähnlich, wie wir als kleine Kinder waren: Wir wollen alles selbst machen, allein stark und tüchtig sein. Niemand soll uns helfen müssen. Manchmal zeigen das auch noch alte Leute. Sie schämen sich, wenn sie nicht mehr richtig hören. Darum verstecken sie das Hörgerät, das sie brauchen. Andere schleppen sich lieber ab und keuchen dabei, als daß sie ihre Nachbarin bitten: »Würden Sie mir vielleicht ein paar Pfund Kartoffeln mitbringen, mir fällt das Tragen so schwer.«

4. Damit wir uns ja nicht falsch verstehen: Es ist nicht etwa schlecht, wenn wir selbst etwas schaffen und sein wollen. Ganz im Gegenteil: Es wäre schlimm, wenn's anders wäre! Wo kämen wir denn hin, wenn jeder darauf warten wollte, bis andere etwas tun? Wir säßen sicher heute noch in Fellen da und müßten in Höhlen hausen und nur Beeren und »Schwammerln« essen, wenn wir alle denken wollten: Ach,

ich kann nichts! Andere sollen sich was einfallen lassen! Besonders für Jungen und Mädchen ist es wichtig, daß sie sich sagen: Ich möchte ein »fabelhafter Kerl« werden. Ich will schon jetzt etwas darstellen. Nur wer so träumen und hoffen kann, hat Lust und Kraft. Nur er wird etwas leisten und lernen, etwas versuchen und unternehmen.

5. Manchmal jedoch geht es nicht anders: Wir müssen uns helfen lassen. Wir liegen krank im Bett. Wir haben vielleicht sogar eine Krankheit, die ein Arzt nur schwer heilen kann: Asthma oder einen Herzklappenfehler. Deshalb können wir nicht so laufen wie andere und dürfen später niemals tanzen. Oder wir sind noch zu schwach oder schon zu alt, um einen schweren Eimer schleppen zu können. Uns liegt Mathematik oder Englisch nicht so wie andern, und wir brauchen Nachhilfeunterricht.

Das kommt uns dann hart an. Wir schämen uns. Wir möchten uns nicht blamieren, sowenig wie Jürgen in der Geschichte am Anfang dieser Predigt.

6. Es ist aber keine Schande, wenn wir uns helfen lassen müssen. Wir brauchen das alle. Und Gott sei Dank: Es gibt auch Menschen, die uns nicht auslachen oder verachten, wenn wir ihre Hilfe benötigen. Das wissen wir, weil wir alle solche Menschen kennen, unsere Eltern und Lehrer und Ärzte zum Beispiel.

Auch das Evangelium berichtet uns heute von einem Mann, der Hilfe nötig hat und sich auch helfen ließ. Freunde schleppen den Gelähmten zu Jesus und decken sogar ein Dach für ihn ab. So bringen sie ihn buchstäblich vor Jesus hin. Und Jesus hilft diesem Mann, an Leib und Seele, wie wir sagen. Er macht ihn gesund und sagt ihm, daß er auch Gott nicht fürchten muß, weil Gott ihm seine Sünden vergibt.

Diese Geschichte will uns Freude machen. Sie besagt ja: Jesus Christus hilft gern. Gleichgültig, welche Hilfe jemand braucht, er darf immer zu Jesus Christus gehen. Er braucht sich nicht zu schämen oder zu ärgern. Jesus Christus will, daß wir »groß und stark« sind. Darum hilft er uns, wenn wir »klein und schwach« sind.

Neu-gier
Zum 8. Sonntag im Jahreskreis

Bezugstext: Mk 2, 21–22 (Auszug aus dem Tagesevangelium)

Predigtziele:
1. Erkennen, daß wir uns oft mit »Flickwerk« behelfen;
2. erkennen, weshalb wir gerne »neu-gierig« sind;
3. sich darüber freuen, daß Jesus Christus uns und die Welt erneuern kann und will.

1. Impulsszene

Mutter: So, mein Junge, jetzt kannst du dich wieder sehen lassen.
Sprecher: So hat Frau Neumeier neulich geseufzt. Es hatte immerhin fast eine Stunde gedauert, bis sie die Herzen aus Leder ausgeschnitten und an die Ärmel der Trachtenjacke genäht hatte. Diese Jacke gehört Tobias. Bis jetzt hat er sie »irrsinnig« gern getragen. Nun aber, da sie geflickt werden mußte, mault er:
Tobias: Och, die sieht aber jetzt mistig aus! Soll ich die vielleicht auch noch in die Schule anziehen?
Mutter: Aber natürlich!
Sprecher: Seine Mutter erklärt das ganz entschieden. Und sie sagt auch, weshalb das so sein muß:
Mutter: Immerhin, die Jacke hat fast hundert Mark gekostet. Bis auf die Ärmelflecken ist sie noch ganz ordentlich. Und die fallen nicht weiter auf. Viele tragen so etwas. Vielleicht kann ich dir im Ausverkauf im Sommer eine neue Jacke kaufen. Jetzt reicht das Geld nicht dafür.
Sprecher: Also zieht Tobias am nächsten Morgen seine geflickte Jacke in die Schule an. Er dreht sich damit aber vor dem Spiegel hin und her, damit die Mutter ja merkt, was sie ihm damit zumutet. Mittags kommt Tobias nach Hause. Über seinem Mantel trägt er die Jacke auf dem Arm.

Mutter: Nanu, weshalb hast du denn die Jacke ausgezogen? Es ist doch noch kühl draußen.
Sprecher: Aber Tobias strahlt die Mutter an:
Tobias: Jetzt ist sie endgültig hin! Da, guck mal: ein ganz langer Riß in dem einen Ärmel! Der Stoff muß schon zu dünn gewesen sein. Oder du hast zu dickes Garn genommen, als du die Herzen aufgenäht hast. Kaum war ich in der Schule, hat Sabine mich ausgelacht – wegen der ollen Flickärmel. Da hab' ich ihr eine scheuern wollen. Da hat es ratsch gemacht, und der Ärmel war hin!

2. *Impulsfragen*

Tobias freut sich, seine Mutter ärgert sich sicher: über die gleiche Sache. Wie ist das möglich?... Sagt mal, glaubt ihr, daß es noch andere Kinder gibt, die wie Tobias sind?... Ihr meint also: Tobias ist schon recht eitel, und eigentlich sollte er sich was schämen. Nun gut, aber es ist eben so: Manche machen sich nichts draus, wenn sie nicht besonders gut angezogen sind. Andere sind in diesem Punkt furchtbar empfindlich. Sie wollen immer nur »unter die Leute«, wenn sie ganz tipptopp angezogen sind.
3. Ähnlich wie Tobias sind wir wohl alle: Wir finden etwas Neues viel schöner als Altes. Wir sind richtig neu-gierig. Erzählen wir uns gegenseitig ein paar Beispiele dafür:
Ihr habt daheim ein Auto; das ist schon überall rostig, und es bringt höchstens noch 110 Sachen zuwege. Dabei scheppert der linke Kotflügel ganz laut. Was denkt und sagt ihr da?...
Oder, warten wir ab, es wird gar nicht mehr lange dauern: Wenn es wirklich Frühling geworden ist, werden die Plakate wieder auftauchen, auf denen steht: »Öfter mal was Neues!« Andere Gardinen und Teppiche, andere Möbel und Tapeten, andere Mäntel und Hüte wird uns die Reklame dann unter diesem Motto einreden wollen. Auch wenn wir das alles gar nicht brauchen, es wird sich richtig ein Wurm in uns hineinbohren, der sagt: »Etwas Neues muß her!«

Und ein paar Wochen später brummen vermutlich manche von euch: »Was, wir wollen in den Ferien schon wieder in dieses Nest fahren? Da waren wir doch schon dreimal! Das ist doch langweilig! Ich möcht' gern mal woanders hin und etwas Neues kennenlernen.«
Selbst Menschen, die wir schon lange kennen und die älter sind, tauschen wir gelegentlich gern gegen »neue«, gegen unbekannte und junge aus. Ich glaube jedenfalls: Manche von euch gingen lieber zu einer schicken jungen Lehrerin in die Schule als zu dem Herrn Oberlehrer oder Oberstudienrat, den sie nun schon drei Jahre als Klassenlehrer haben.
4. Damit haben wir auch schon einige Ursachen dafür genannt, weshalb wir oft »neu-gierig« sind: Das Neue ist unbekannt. Wir versprechen uns etwas davon, jedenfalls mehr als vom Alten, das wir schon kennen. Was neu ist, kommt uns schick vor, modern. Und das möchten wir alle sein. Mit etwas Neuem können wir auch ein bißchen angeben und andere neidisch machen. Und das tut uns meist recht gut – jemand andern ausstechen und übertrumpfen. Schließlich: Vieles Neue ist unbestreitbar schöner oder sicherer oder vielseitiger als etwas Altes. Also kann es auch sehr vernünftig sein, wenn wir etwas Neues möchten.
5. Aber oft geht es uns eben wie Tobias: Wir müssen uns mit dem Alten begnügen. Wir können uns nichts Neues leisten. Wenn es sich nur um eine Jacke handelt, ist das nicht schlimm. Bei einem Auto ist das schon kritischer und kann sogar gefährlich werden. Wenn eine Klasse aber einen Lehrer oder eine Gemeinde einen Pfarrer hat, der schon so alt und krank ist, daß er eigentlich gar nichts mehr leisten kann, für den es aber keinen Ersatz gibt, ist das wirklich bedauerlich.
Ganz besonders ärgern wir uns aber manchmal über uns selbst, daß wir »immer die alten« bleiben. Wir möchten doch so gern groß oder hübsch oder nett oder klug sein – und wir werden's einfach nicht. Wir wollen uns ja gar nicht immer mit unseren Geschwistern zanken und tun's doch immer wieder. Eigentlich finden wir es viel gemütlicher, wenn es

zu Hause ruhig oder sogar lustig zugeht. Aber immer wieder bringen wir uns gegenseitig zur Weißglut und ärgern uns am meisten über uns selbst, weil wir mit daran schuld sind.
Ähnlich ergeht es uns mit vielen Dingen in der Welt: Wir möchten sie gern ändern. So vieles müßte besser werden. Aber wir schaffen nur wenig, nicht nur, weil wir zu feige und zu selbstsüchtig, sondern auch, weil wir zu schwach und zu unwissend sind. Deshalb sind wir manchmal so hilflos und so verbittert, wenn wir an die Aussätzigen oder die Ausgebeuteten, die Verfolgten und die Übermächtigen irgendwo in der Welt denken.
7. Es bleibt aber nicht alles beim alten. Wir müssen nicht ewig die alten bleiben: Das dürfen wir glauben, das glauben wir.
Jesus Christus stellt uns das in Aussicht, besonders eindrucksvoll im heutigen Evangelium. Darin verspricht er uns, daß er alles neu gestalten will und kann. In diesem Evangelium macht Jesus uns in einer ganz besonders schönen Weise »neu-gierig«: Er stellt selbstbewußt fest, daß er selber und seine Botschaft immer neu sind, zeitgemäß, vielsagend, wichtig. Wer für Jesus Christus und sein Evangelium lebt, ist also nicht altmodisch. Er hat immer etwas Neues vor sich. Er darf immer hoffen, daß alles neu und gut wird, nicht zuletzt er selbst.

Emanzipation
Zum 9. Sonntag im Jahreskreis

Bezugstext: Mk 3, 1–6 (Auszug aus dem Tagesevangelium)

Predigtziele:
1. Erkennen, daß Gesetze und Gewohnheiten sinnvoll sind, wenn sie Menschen dienen;
2. erkennen, daß Gesetze und Gewohnheiten ihren Sinn verlieren, wenn sie Menschen nicht dienen oder gar Menschen gefährden;
3. Gesetze und Gewohnheiten kritisch auf ihren Sitz prüfen wollen;
4. sich darüber freuen, daß Jesus Christus uns dazu freigibt, Gesetze und Gewohnheiten kritisch zu prüfen und sie im Bedarfsfall nicht zu beachten.

1. Impulsszene

Martina: Ich geh' aber immer bei Rot über die Straße, wenn kein Verkehr ist.
Sprecher: So hat Martina neulich in der Verkehrserziehung stolz behauptet. Und das, obwohl Frau Schnitzler, ihre Lehrerin, für diese Stunde einen richtigen Polizeiwachtmeister eingeladen hatte. Der hat denn auch gleich protestiert:
Wachtmeister: Oho, kleines Fräulein, da kannst du aber von Glück reden, daß ich dich noch nicht erwischt habe! Ich würde dir nämlich gehörig die Meinung sagen. Und zwar nicht, weil's mir Spaß macht, mit kleinen Mädchen zu schimpfen, sondern weil das ganz gefährlich ist, was du machst. Für dich und für andre. Du kannst ja nicht wissen, ob nicht ganz schnell ein Auto heransaust. Der Fahrer denkt: Ich hab' grün, und fährt drauflos. Und schon hat's dich erwischt. Schuld ist dann nicht der Fahrer, sondern du. Du hast noch Glück, wenn du bloß verletzt wirst. Womöglich muß der Fahrer aber deinetwegen ins Gefängnis, oder er verliert seinen Führerschein.

Sprecher: Aber Martina hat trotzdem noch nicht aufgeben wollen. Sie hat sich gemeldet und gefragt:
Martina: Aber wenn ich wirklich geschaut hab' und die Straße ist nach beiden Seiten ganz frei, und ich hab's schrecklich eilig, nach Hause zu kommen, darf ich dann auch nicht über die Straße gehen, wenn die Ampel auf Rot zeigt?
Sprecher: Da hat der Wachtmeiser gelächelt und gesagt:
Wachtmeister: Raten und erlauben möcht' ich dir das nicht. Und verboten bleibt's an sich. Aber wenn die Straße wirklich frei ist und wenn du keinem kleineren Kind ein schlechtes Beispiel gibst, würde ich jedenfalls die Augen zudrükken, wenn ich dich dabei erwische!
Wolfgang: Es gibt aber Leute, die dürfen auch bei Rot über die Kreuzung. Die Polizei zum Beispiel oder ein Krankenwagen im Einsatz. Wenn die mit dem Martinshorn hupen und das Blinklicht eingeschaltet haben, dürfen sie das.
Sprecher: So hat sich Wolfgang gemeldet. Aber was er da gesagt hat, hat Martina so aufgeregt, daß sie einfach herausgeplatzt ist:
Martina: Aber das ist doch klar, daß die auch bei Rot über die Kreuzung dürfen. Bei denen kommt es doch oft auf Sekunden an. Da geht es doch um Menschenleben: Ein Verletzter muß schnell ins Krankenhaus gebracht werden. Oder die Polizei muß an einer Unfallstelle den Verkehr umleiten, damit nicht noch mehr passiert.
Sprecher: Diesmal hat der Wachtmeister Martina zugenickt und gesagt:
Wachtmeister: Ausgezeichnet, du hast's erfaßt. Im Notfall gelten andere Gesetze als sonst.

2. Impulsfragen

»Gleiches Recht für alle«, sagt eines unserer Sprichwörter. An sich klingt es ganz vernünftig. Wir haben aber eben gesehen: Es stimmt nicht immer. Unsere Verkehrsordnung kennt z. B. Ausnahmen für Fahrzeuge mit einer besonderen Blinkanlage und Hupe. Was sind denn das für Fahrzeuge?... Und weshalb dürfen sie manchmal sogar dann über die Kreuzung fahren, wenn die Ampel auf Rot geschaltet ist?... Aber auch wir kommen manchmal in Versuchung, bei Rot über die Kreuzung zu gehen – ähnlich wie Martina. Was bringt uns denn auf die Idee?... Und wie steht's damit: Dürfen wir das tun?...

3. Wir erkennen aus diesen wenigen Beispielen: In unserem Leben ist vieles geordnet. Manchmal richten wir uns nach Gewohnheiten. Beispielsweise geben wir Bekannten die Hand, wenn wir sie treffen und mit ihnen sprechen. Manche Bereiche unseres Lebens werden sogar durch Gesetze, durch Gebote und Verbote geregelt, beileibe nicht nur unser Verhalten im Straßenverkehr. Denken wir nur an die Schulpflicht, der wir alle folgen müssen, es sei denn, wir sind so schwer krank, daß wir nicht unterrichtet werden können.

4. Und das wissen wir alle: Solche Regeln und Gesetze, solche Ordnungen haben meist ihren guten Sinn. Sie schützen uns. Sie helfen uns. Sie dienen uns. Sie erleichtern es uns, uns so zu verhalten, daß es für uns und andere gut und angenehm ist. Wohl keine Stadtverwaltung wird z. B. an einem Baggersee ein Schild aufstellen, auf dem steht: »Baden verboten« – außer, sie hat gute Gründe dafür. Dann muß das Wasser dort eben verseucht oder so tief sein, daß sich jeder schwer gefährdet, wenn er da badet. Und wenn der Staat und die Stadt von allen Leuten Steuern verlangen, die etwas verdienen, steckt dahinter auch nicht ein Minister oder Kämmerer, der gern viel Geld in seinen Säckel bringen möchte. Dann sind eben viele Ausgaben nötig, für Schulen und Straßen, für Krankenhäuser und Kindergärten, für Altersheime und Anlagen.

5. Manchmal werden Regeln und Gesetze aber auch sinnlos. Es kommt sogar vor, daß es schädlich wird, sich nach ihnen zu richten. Daß man sich durch Handschlag begrüßt, ist beispielsweise nicht bei allen Völkern in dem Maß üblich wie bei uns. Wenn wir einen Japaner oder eine Amerikanerin zu Freunden haben, ist es also besser, wenn wir abwarten, ob sie uns die Hand geben. Womöglich liegt ihnen das nämlich nicht recht, und sie tun's deshalb nicht gern.

In manchen anderen Ländern gibt es andere Verkehrsregeln als bei uns. In England zum Beispiel herrscht Linksverkehr. Wer dort Auto fährt wie bei uns, handelt also gefährlich. Er wird bestraft.
Gelegentlich müssen wir sogar selber feststellen: Gilt dieses Gebot jetzt für mich? Oder hat es seinen Sinn verloren? Jeden Tag kann uns das passieren, und sogar in einer ziemlich wichtigen Angelegenheit: Ihr Buben und Mädchen müßt ja normalerweise zur Schule, wir Erwachsene zur Arbeit in unserem Beruf. Manchmal sind wir aber krank. Und schon taucht die Frage auf: Wie krank bin ich? Kann ich aufstehen und in die Schule, in die Fabrik oder ins Büro gehen? Oder wäre das gefährlich für mich und andere Leute?
6. Wenn wir's recht überlegen, müssen wir sogar sagen: Jedes Gebot, jede Regel kann ihren Sinn verlieren. Eigentlich müssen wir also immer kritisch prüfen, ob wir uns danach richten dürfen oder nicht. Zuletzt entscheidet unser Gewissen darüber, ob wir jetzt besser einer Gewohnheit und einem Gesetz folgen oder nicht. Wir sind also mündig.
7. Das ist nicht nur etwas Schönes. Es belastet auch. Es kann gefährlich sein. Vielleicht denken manche, die jetzt hier sind: Darüber kann man doch nicht predigen. Besonders nicht vor Kindern. Wo kämen wir sonst hin?
Das heutige Evangelium versichert uns aber: Jesus hat auch Gesetze übertreten. Das hat vielen Leuten nicht gepaßt. Sie haben über Jesus geschimpft und ihn zur Rede gestellt. Dann hat Jesus tapfer und ehrlich erklärt: Manchmal verlieren Gebote und Regeln ihren Sinn. Sie sollen ja Menschen dienen. Wenn sie aber schaden, dann folge ich ihnen nicht.
8. Damit spricht Jesus auch uns frei. Er »emanzipiert« uns. Er bestätigt: Wir haben zu entscheiden, was jetzt gerade das beste ist. Und das heißt manchmal auch: Wir müssen uns über Gewohnheiten und Gesetze hinwegsetzen. Wenn es um Menschen, wenn es um Gott geht, werden Gebote zweitrangig. Dann entscheidet allein unser Gewissen, was zu tun ist – mit Gottes Hilfe richtig, wie wir hoffen.

Entscheidung erforderlich
Zum 10. Sonntag im Jahreskreis

Bezugstext: Mk 3, 20–27 (Auszug aus dem Tagesevangelium)

Predigtziele:
1. sich der Vieldeutigkeit menschlichen Verhaltens bewußt werden;
2. dem Evangelium entnehmen, daß auch das Verhalten Jesu von seinen Zeitgenossen unterschiedlich beurteilt wurde und daher auch heute verschieden gedeutet werden kann;
3. sich der Verantwortlichkeit der Entscheidung über Jesus Christus bewußt sein.

1. Impulsszene

Ulrike: Ist doch unwahrscheinlich! Als ob es ganz andre Leute wären! Und dabei reden sie von der gleichen Person!
Sprecher: Mit diesen Sätzen hat Ulrike ziemlich genau wiedergegeben, was alle aus der 7e empfunden haben, als sie zur Pause aus dem Gerichtssaal kamen. Die meisten aus der Klasse waren darin nur Zuschauer gewesen. Ein paar aber hatten auch als Zeuginnen auftreten müssen. Schließlich hatten sie als erste festgestellt, daß der Hausmeister ihrer Schule aus den Taschen ihrer Mäntel und Jacken gestohlen hat, was ihm nur in die Finger kam, selbst Taschentücher, vor allem aber natürlich Geldbeutel.
Elfi: Was bin ich froh, daß ich nicht Richter bin!
Sprecher: Das hat Elfi gemeint. Und Ulrike hat sofort erraten, was sie damit sagen wollte:
Ulrike: Ich wüßte auch nicht, wie ich mich entscheiden sollte: Der Staatsanwalt stellt den Hausmeister als Schuft dar, der seine Pflicht verletzt, das Vertrauen von Kindern mißbraucht und Menschen schädigt, die viel ärmer sind als er selber. Und die Verteidigerin malt von dem gleichen Mann

ein Bild, daß man ihm alles verzeihen und noch etwas dazuschenken möchte: als Kind kein Zuhause gehabt, immer Prügelknabe gewesen, in Heimen verführt worden, im Gefängnis der Selbstmordversuch, dann die kranke Frau, die so viel Geld braucht, die Schulden, die der Mann für sie macht und fortwährend die Gelegenheit zum Diebstahl. Was ist nun richtig?
Sprecher: Mit diesen Worten hat Ulrike die Schultern hochgezogen, um ihre Ratlosigkeit zu zeigen. Viele haben verständnisvoll genickt. Elfi aber hat ausgesprochen, was die meisten aus ihrer Klasse empfunden haben, ohne es sagen zu können:
Elfi: Ich finde, beide haben recht, aber beide sehen nur einen Teil der Wahrheit. Was sie gesagt haben, war einseitig. Der Richter hat zu entscheiden, worauf mehr Gewicht zu legen ist, auf die Schuld oder die mildernden Umstände. Das muß er doch können. Schließlich ist das ja sein Beruf.

2. *Impulsfragen*

Wir sind keine Richter, jedenfalls ihr Buben und Mädchen und ich nicht. Trotzdem müssen auch wir oft entscheiden, was wir von einem Menschen halten wollen. Wann ist denn das der Fall?... Ja, gut! All das sind Gelegenheiten, bei denen wir festlegen müssen, wie wir einen Menschen ansehen wollen: als Freund oder Feind, als vertrauenswürdig oder bedenklich. Der »Nichtseßhafte« vor unserer Tür, der neue Klassenkamerad oder Lehrer, der Fremde, der uns einlädt: »Komm doch mal mit!«, sie alle fordern uns zu solchen Entscheidungen heraus. Und wir Erwachsenen müssen aufgrund solcher Urteile sogar wählen: Politiker in die Parlamente, aber auch den Partner für das Eheleben, wenn wir heiraten.
3. Entscheiden, wählen müssen, darum kommen wir nicht herum. Weshalb eigentlich nicht?... Nun, ich finde, unser »Anspiel« hat uns das gezeigt. Wer weiß jetzt, wonach ich gefragt habe?... Ja, genau das ist es: Wir Menschen be-

nehmen uns oft so, daß andere nicht genau erkennen können, wie wir es eigentlich meinen. Manchmal wissen wir sogar selbst nicht, wie wir meinen, was wir tun: Wir sind vieldeutig – so nennen wir das. Im Altertum gab es bei den Römern ein Götterbild, das diesen Gedanken sehr handgreiflich ausgedrückt hat: Auf einer Seite war das Gesicht des Gottes Janus lachend, auf der andern wütend. Aber, wie gesagt, wir wissen aus Erfahrung gut, wie es in dieser Hinsicht auf unserer Welt steht: Wir können oft beim besten Willen nicht ermessen, woran wir sind. Dürfen wir dem Mann trauen, der uns auf der Straße angesprochen hat und anlacht? Meint er es gut mit uns oder will er uns hereinlegen? Was denkt die Lehrerin, der wir eine Maus ins Pult gesetzt haben? Ärgert sie sich oder lacht sie über uns, weil wir glauben, daß sie sich fürchtet?

4. Jetzt aber endlich meine letzte Frage für heute: Nach welchen Maßstäben richten wir uns eigentlich, wenn wir über das Verhalten eines Menschen urteilen müssen?...
Ja, das alles gibt es: Wir richten uns nach dem »Eindruck«, den wir von andern haben, nach ihrem Aussehen, nach ihrer Kleidung, nach Erfahrungen, die wir gemacht oder von denen wir gehört haben. All das kann uns zu einem klugen Urteil helfen – aber auch böse hereinfallen lassen. »Der Schein trügt«, sagt ein wahres deutsches Sprichwort.

5. Nun, meist ist es nicht ganz so schlimm, wenn wir einen Menschen falsch beurteilen. Wenn wir einmal ein bißchen Zeit oder ein paar Pfennige verlieren, weil wir uns geirrt haben, macht das weiter nichts aus. Wenn aber ein Kind auf einen »Sittenstrolch« hereingefallen ist oder wenn ein Richter einen Angeklagten falsch einschätzt, wenn viele Leute unfähige Politiker gewählt haben – was dann? Das kann sehr schlimme Folgen haben: Krankheit und Tod oder gar Arbeitslosigkeit und Krieg. Je mehr, je wichtiger ein Mensch zu sein scheint, desto entscheidender ist auch, daß andere ihn durchschauen können.

6. Deshalb nehmen die meisten von uns wohl an: Über Jesus Christus gibt es eigentlich keine Diskussion. Bei ihm ist doch alles klar. Er hat in seinem Erdenleben gezeigt und

gesagt, wer er ist. Er hat packend gepredigt und wunderbare Dinge getan. Eigentlich hätten ihm alle Leute glauben müssen. Wer das nicht gemacht hat, war oberflächlich oder dumm oder böswillig. Und eigentlich ist es heute nicht viel anders: Wer guten Willen hat, müßte sich für Jesus Christus entscheiden.

Wer so denkt, dem bereitet das heutige Evangelium eine Überraschung. Wenn wir ehrlich zugeben, was wir darin hören, besagt es ja: Bei Jesus war keineswegs alles eindeutig. Im Gegenteil, die Menschen hatten Gründe für ihre Ansicht über ihn, wie immer diese Ansicht ausgefallen ist: Gesehen und beobachtet haben Jesus viele. Festgestellt haben sie die gleichen Dinge. Aber sie haben sie ganz verschieden gedeutet: Den einen ist Jesus als Freund, als Prophet, als Heiland erschienen, andern wie verrückt, wie ein Schwindler oder gar ein Zauberer mit teuflischen Kräften. Freilich, Jesus hat sich gegen Vorwürfe gewehrt. Er hat erklärt: Ich lebe und wirke in der Kraft Gottes. Aber behaupten kann ja jeder viel. Das war damals schon so und ist heute nicht anders.

Aber auch die, die für oder gegen Jesus Christus auftreten, nehmen uns die Entscheidung zuletzt nicht ab: Sicher haben Priester und Prediger und Religionslehrer gute Argumente, wenn sie uns versichern: Jesus Christus verdient es, daß wir ihm nachfolgen. Aber auch Ungläubige und Feinde des Christentums warten mit Gründen auf, die uns oft sprachlos machen. An denen, die sich heute Christen nennen, imponiert manches, aber es stört auch vieles. Umgekehrt kann niemand leugnen: Viele, die nichts von Christus wissen wollen, wirken doch gewinnend.

7. Wir alle stehen also nicht anders vor Jesus Christus als die Menschen, die uns das Evangelium heute zeichnet: Wir können ihn verehren, aber auch verwerfen, ihm glauben oder ihm mißtrauen, ihn für heilig oder für krank halten. Das alles ist möglich, weil Jesus vieldeutig ist und bleibt. Gerade deswegen fordert Jesus Christus uns heraus. Wir haben über ihn und unser Verhältnis zu ihm zu entscheiden, so oder so.

Handeln und abwarten

Zum 11. Sonntag im Jahreskreis

Bezugstext: Mk 4, 26–34 (Tagesevangelium)

Predigtziele:
1. an Beispielen bewußt machen, daß Menschen bisweilen handeln, bisweilen abwarten;
2. dem Evangelium entnehmen, daß für das Reich Gottes Handelnkönnen und Abwartenkönnen erforderlich sind;
3. handeln und abwarten wollen, beides zu seiner Zeit, im Vertrauen darauf, daß Gott das für seine Anliegen Notwendige zur rechten Zeit gibt.

1. Impulsszene

Annette: Ich hab' dir's doch gleich gesagt, das Ding ist noch unterentwickelt! Jetzt hast du den Salat!
Sprecher: Das war Annette – vorgestern abend. Michael, ihr Bruder, hatte eben die neue Fernsehplatte mit der Affenkinderstuben-Sendung ins teure Leihgerät geschoben, genau nach Anweisung. Da gab es einen vernehmlichen Knacks – und die beiden schauten in die finstere Röhre.
Michael: Mist, elender!
Sprecher: Das war das einzige, was Michael zunächst herausbrachte, nachdem kein Schalten und Schütteln helfen wollte. Aber dann mußte er seine Enttäuschung und seinen Ärger an jemand auslassen. Also hat er seine Schwester angeknurrt:
Michael: Ja freilich, du hast das schon kommen sehen! Weil du immer schwarz siehst, weil du überhaupt nichts wagst! Wenn es nach dir ginge, müßten wir Menschen heute noch in Fellen herumlaufen und uns Elefanten in Gruben fangen.
Sprecher: Über den witzigen Vergleich mußte sogar Annette lachen. In der Sache aber ist sie hart geblieben:

Annette: Und du würdest am liebsten mit einem Papierflieger zur Sonne starten, ungeduldig wie du bist! Man muß warten können, sag' ich mir stattdessen. Es braucht alles seine Zeit, wenn es ordentlich werden soll. Kommt Zeit, kommt Rat.
Sprecher: Aber Sprichwörter sind eine Spezialität von Michael. Also konnte er seiner Schwester herausgeben:
Michael: Was du heute kannst besorgen, das verschiebe nicht auf morgen – das gefällt mir besser als deine ängstlichen Sprüche.
Sprecher: Aber noch war auch Annette nicht am Ende ihrer Weisheit:
Annette: Troja ist auch nicht an einem Tag erbaut worden.
Michael: Wer nicht wagt, gewinnt nicht.
Sprecher: Das wußte Michael darauf zu sagen. Aber dann hat er doch getan, wozu seine Schwester ihn aufgefordert hat:
Annette: Komm, es hat keinen Zweck, daß wir uns streiten. Wir müssen den Eltern ja doch sagen, daß das neue Wunderwerk der Technik hin ist und sie den Schaden berappen müssen.

2. Impulsfragen

Die einen sind wie Michael eher fürs Zupacken, fürs schnelle Handeln. Andere warten lieber ab, sie bedenken wie Annette alles gründlich, was sie vorhaben. Ach, was sag' ich denn da: Die einen und die andern sind so? Ist ja viel zu wenig: *Wir* halten es mal so, mal so, alle miteinander. Das glaubt ihr mir nicht? Nun, schauen wir doch einmal zu:
– In unserem Haus wohnt eine junge Familie. Vor ein paar Tagen hat sie ein Baby bekommen. Jede Nacht, pünktlich um halb zwei, brüllt der Säugling aus Leibeskräften. Wir fahren zwar hoch und knurren, tun aber nichts weiter. Wenn aber der gleiche junge Mann drei Jahre später Nacht für Nacht über unseren Köpfen herummarschieren und Trompete blasen wollte, ich wette, wir würden uns das bald verbitten. Einmal sind wir geduldig und warten, ein

andermal unternehmen wir etwas. Wie kommt es, daß wir so verschieden sind? ...
– Oder wie ist dies zu erklären: Wenn die Zuschauer auf dem Fußballplatz ihre Mannschaft oder ihr Idol anspornen wollen, brüllen sie aus Leibeskräften: »Seppi, vor! Noch ein Tor!« Sie blasen auf ihren Tröten und schwenken riesige Fahnen oder klitzekleine Taschentücher. Wenn aber die gleichen Leute am Abend im Zirkus sitzen und die Drahtseilkünstler setzen zum Doppelsalto rückwärts an, wird es totenstill im Zelt. Alle halten den Atem an. Dabei möchten alle, daß es klappt. Warum so ein verschiedenes Verhalten? Geht es nicht im Grund ums gleiche? Die Leute wollen doch beide Male etwas erreichen? ...
3. Ihr habt die Unterschiede fein herausgearbeitet: Ob wir zupacken oder abwarten, anfeuern oder atemlos sind, hängt ganz von den Umständen ab. Und die sind mal so, mal so, hat Beate richtig bemerkt. Manchmal ist es höchste Zeit, daß jemand mit der Faust auf den Tisch haut, die Ärmel hochkrempelt und etwas tut. Sonst geht nämlich nichts voran. Ein andermal kommt es darauf an, in Ruhe abzuwarten, geduldig und mit Vertrauen. Lange könnten wir über diese Erfahrung sprechen. Viele Beispiele lassen sich dafür finden, aus allen Bereichen des Lebens.
4. Gerade weil das so ist, wollen wir diesen Gedanken jetzt in der Form aufgreifen, in der ihn das heutige Evangelium enthält. Darin sagt Jesus ganz selbstverständlich: Damit geschieht, was vor Gott und für uns gut ist, muß es beides geben: harte Arbeit und geduldiges Warten, wie bei einem Bauern, der sein Feld bestellt, aber die Saat reifen lassen muß, je nach dem Wetter.
Ich könnte mir denken, daß mancher dazu fragt: Na und? Was soll denn das bedeuten? Das ist doch selbstverständlich. Richtiggehend banal klingt das ja. Aber denken wir nur ein wenig über diese Worte nach! Überlegen wir, wie das hier und heute aussehen kann: handeln und abwarten im Interesse des Reiches Gottes!
5. Zuerst zum Handeln: Wir alle erwarten etwas von Gott, von unserem Glauben, von unserer Kirche. Es soll uns gut

gehen. Erfolg möchten wir haben und gesund bleiben. Und wenn wir schon sterben müssen, soll das »kurz und schmerzlos« geschehen. Beten soll uns in gute Laune versetzen. Was wir als Christen tun, wird uns ein ruhiges Gewissen bescheren, so denken wir. Und das wünschen wir uns nicht erst alles von »der Kirche«! Die Pfarrer haben reizende Menschen zu sein. Die Pfarrgemeinde soll Kindergärten einrichten und ständig verbessern. Wer krank ist, möchte von einem Gemeindemitglied besucht werden. Wer alt und einsam ist, erhofft sich Trost und Hilfe ... Ich könnte diese Liste von Hoffnungen und Wünschen noch verlängern. Ich breche aber mit dieser Aufzählung ab. Alle wissen ja ungefähr, was ich noch anführen könnte. Ich stelle abschließend nur fest: All diese und ähnliche Vorstellungen sind gut und weithin berechtigt. Nur setzen sie etwas voraus, was viele Christen übersehen oder nicht genügend berücksichtigen: daß wir handeln im Dienst des Reiches Gottes und der Kirche, jeder auf seine Weise. Leider ist festzustellen: Es tun viel zu wenige. Mancher singt im Kirchenchor. Dieser und jener ist Ministrant. Manche Damen besuchen Kranke. Einige Christen schreiben schon mal einen Leserbrief an die Zeitung und legen dar, wie es nach ihrer Ansicht im Leben zugehen sollte. Das ist gut. Aber wieviel fehlt noch! Allein an unserem Familiengottesdienst könnte sich noch eine stattliche Zahl von Helfern beteiligen, damit er dazu gewinnt und immer mehr gelingt: Texter und Sänger, eine Musikband und eine Spielschar, Kinder, Jugendliche und Erwachsene könnten sich hier betätigen, andern und sich zur Freude und zum »Segen«. Auch eine Aktion »Flinke Hände – flinke Füße«, wie sie unsere Pfadfinder gelegentlich einmal durchführen, hätte in unserer Gemeinde ein weites Betätigungsfeld. Ich kenne gut zwanzig alte und kranke Damen und Herren in unserer Gemeinde, die sehr dankbar wären, wenn sie einmal in der Woche jemand besuchen und ihnen einkaufen oder auch einmal etwas aus der Zeitung vorlesen oder erzählen wollte. Umgekehrt könnte aber auch mancher Ältere aus unserer Gemeinde andern gute Dienste erweisen. Er könnte kleine Kinder oder sogar die Schulaufgaben älterer beaufsichtigen, wenn die Eltern dazu keine Zeit haben. Aber die, die etwas geben können und wollen und die, die etwas brauchen, schweigen sich oft aus. Sie trauen sich nicht, mit der Sprache herauszurücken. Darum möchte unser Pfarrgemeinderat demnächst etwas versuchen, was andere Pfarrgemeinden schon ausprobiert haben, manchmal mit erstaunlichem Erfolg: Alle Jugendlichen und Erwachsenen unserer Pfarrei sollen in einem Brief gefragt werden, ob die Gemeinde ihnen irgendwie helfen könnte. In seiner Antwort soll jeder genauso ehrlich schreiben, was er vielleicht für andere tun könnte, wie lange und in welchem Umfang. Das ist ein Schritt, den wir hier und jetzt in der einen Richtung gehen können, die uns Jesus im Evangelium dieses Sonntags weist.

6. Darin ist, wie ich schon gesagt habe, auch vom Abwarten die Rede. Ist das kein Widerspruch? In der Hinsicht, von der Jesus spricht, wirklich nicht. Jesus sagt nämlich in seinem Gleichnis: Menschen können manches gar nicht tun, was Gott und seinem Reich dient. Ganz Entscheidendes kann Gott allein geben. Und das müssen wir, seine Gläubigen, abwarten können.

Solch ein Warten auf Gottes Handeln kann uns Menschen aber sehr schwerfallen. Wir möchten zum Beispiel haben, daß Gott uns sofort gibt, worum wir ihn bitten. Oft gehen jedoch selbst Dinge nicht in Erfüllung, von denen wir annehmen: Sie gefallen Gott bestimmt. Die alte Frau Schröffer betet etwa darum, daß ihr Sohn sich mehr um sie kümmert, nicht so viel trinkt und seiner Frau nicht wegläuft. Aber Frau Schröffer merkt nicht, daß ihr Sohn nachdenkt oder gar anders geworden ist, seit sie Gott das alles klagt. Oder: Neulich erst haben mir Klaus-Peter und seine Schwester Beate gestanden: Sie kommen sonntags nicht mehr zum Gottesdienst, in dem sie früher immer waren. »Da ist es ja jetzt sooo langweilig«, haben sie gestöhnt. Sie können nicht verstehen, daß es nicht leicht ist, etwas für diesen Gottesdienst zu tun, wenn man sechzehn oder sechsunddreißig Jahre alt ist, eine Lehre durchmacht oder einen Beruf hat und gegen Abend müde nach Hause kommt.

»Wenn Sie uns nicht versprechen können, daß am Sonntag in der Messe etwas los ist, lassen wir uns nicht blicken«, haben mir die beiden Ungeduldigen ganz energisch versichert. Ich konnte sie nicht von dieser Meinung abbringen. Jesus aber will uns durch seine Geschichte zeigen: Auch abwarten gehört zum christlichen Glauben. Wir dürfen natürlich bitten und erhoffen, was uns gut scheint. Aber Gott sieht weiter und tiefer als wir. Vielleicht muß der Sohn und Frau Schröffer noch viel erfahren, ehe er sich freiwillig und wirklich ändert. Womöglich erlebt seine Mutter das nicht mehr. Gott verliert ihn aber sicher nicht aus den Augen und ruft ihn an, wenn er auch keinen Menschen dazu zwingt, sich zu bekehren. Und selbst langweiligem Gottesdienst kann Gott noch einen Sinn geben: Vielleicht wird es damit nach einiger Zeit so schlimm, daß viele nachdenken und zupacken und gemeinsam mehr erreichen, als wenn anfangs einige wenige etwas unternommen hätten – gegen die Mehrheit. Christ sein und Gott vertrauen heißt daher gerade auch: abwarten können, ob, wann und wie Gott handeln will.

7. Jeden von uns ruft Jesus heute im Evangelium zu beidem auf: zum Handeln und zum Abwarten. Das schließt nicht aus, daß mancher von uns »um Gottes willen« eher zupackt und ein anderer vor allem im Glauben abwartet. Denn beides stammt zuletzt von Gott, beides ist wichtig und ergänzt sich.

In der Angst
Zum 12. Sonntag im Jahreskreis

Bezugstext: Mk 4, 35–41 (Tagesevangelium)

Predigtziele:
1. an wichtige Erscheinungsformen und Ursachen der Angst denken;
2. mit Ängsten rechnen;
3. Ängste im Vertrauen auf Gott und im Blick auf Jesus Christus überwinden wollen.

1. Impulsszene

Frau Schulz: Mein kleiner Spatz!
Sprecher: Das war das einzige, was Frau Schulz zunächst herausgebracht hat, als sie ihren Lutz wieder in die Arme schließen konnte. Kein Wunder, die letzten Stunden waren ja zu sehr von Aufregung und Angst erfüllt gewesen. Und dabei hatte alles so gut angefangen! Bei wunderschönem Wetter war sie mit ihrem vierjährigen Bübchen und seiner großen Schwester auf den Jahrmarkt gegangen. Im Feuerwehrwagen auf dem Kinderkarussell und vor dem Kasperltheater hatte Lutz vor Vergnügen gekräht. Aber auf einmal, bei der Geisterbahn, war er verschwunden. Eine ganze Stunde hatte Frau Schulz ihn zusammen mit der großen Susanne auf dem Festplatz gesucht, dann natürlich auch auf den Straßen ringsum. Aber es war kein Lutz zu finden. Endlich waren sie zur Polizei gegangen. Und Gott sei Dank, die wußte schon etwas. Einem jungen Mann war der heulende Lutz vor der Schießbude aufgefallen, und er hatte ihn aufs nächste Revier gebracht. Jetzt hielten sich Mutter und Söhnchen also umschlungen.
Lutz: Mutti, Mutti, ich hab dich ja sooo lieb.
Sprecher: Lutz begann zu schluchzen. Die Tränen sind ihm dabei nur so heruntergekullert. Und gezittert hat er auch noch. Seiner Mutter ging es nicht viel besser:

Frau Schulz: Bübchen, mein Lutz, das war ja schrecklich! Hab' ich eine Angst um dich gehabt!
Sprecher: Die Mutter konnte jetzt nur noch flüstern. Da hat Lutz sie gestreichelt und ihr ins Ohr gesagt:
Lutz: Ich auch, Mutti, und wie toll!

2. Impulsfragen

Mächtige Angst haben der kleine Lutz und seine Mutter gehabt, als sie sich verloren hatten. Weshalb der Bub? ... Und warum die Mutter? ... Und was hätten die beiden gegen ihre Angst tun können, als sie sich noch gesucht haben? ... Gut habt ihr das erkannt und gesagt! Ohne zu merken, haben wir damit auch schon ziemlich viel über alle die verschiedenen Ängste gesagt, die uns Menschen packen können. Ergänzen und ordnen wir diese Äußerungen zur Angst ein wenig!

3. Angst – wann überfällt uns denn dieses schlimme Gefühl? Ich meine, eine der wichtigsten Ursachen für die Angst ist der Gedanke: Jetzt geschieht etwas Schreckliches – mir allein oder vielen Menschen oder gar allen auf der Welt. In der Nacht kann uns ein Traum erschrecken, der uns solche Ängste einjagt. Am Tag kann es eine Zeitungsnachricht sein. Oder es kommt in der Schrecksekunde über uns, wenn das Auto eines andern auf uns zurast und wir nicht ausweichen können.

– Angst können wir wegen anderer Menschen haben: Wenn ein Mann in unserem Haus wohnt, der oft betrunken ist und seine Familie anbrüllt, macht er uns Angst. Besonders ängstigen wir uns aber um liebe Menschen: um unseren Vater, wenn er als Vertreter viel mit dem Auto unterwegs ist; um unsere Mutter machen wir uns Angst und Sorge, wenn sie nach einer schweren Operation lange im Krankenhaus liegt und der Arzt uns nicht sagen kann oder will, ob sie wieder gesund wird.

– Angst einjagen kann uns ein großer Hund oder eine kleine Wespe, der Friedhof und unser eigener Keller, eine Aufgabe, eine Reise, eine Prüfung – ja, ich darf ruhig sagen:

Das ganze Leben mit allem, was dazugehört, kann uns ängstigen. Manche Menschen jedenfalls sind so furchtsam, daß sie sich nirgendwo hintrauen und nichts Gescheites unternehmen können. Und wir alle sind manchmal »wie gelähmt«, weil wir furchtbare Dinge kommen sehen und meinen, wir könnten nichts dagegen unternehmen, nicht einmal fliehen.

4. Damit ist bereits ein Stichwort für eine nächste Frage gefallen. Sie heißt: Wie benehmen wir uns in der Angst? – Eine Verhaltensweise, zu der Ängste auch uns Menschen veranlassen, läßt sich besonders gut an manchen Tieren beobachten: Tiere stellen sich manchmal tot, wenn ihnen Gefahr droht. Ihr habt sicher schon von Kaninchen gehört, die eine Schlange auf sich zukommen sehen. Ganz steif und starr werden die Kaninchen dann angeblich. Wir könnten auf den Gedanken kommen: Das Kaninchen wird in seiner Angst kopflos. Es hofft: Vielleicht wird es nicht so schlimm! Ich laß mich mal überrollen! Die instinktiven Regungen, die ein Tier in der Angst zum starren Aushalten bewegen, sehen zwar meist wohl ein wenig anders aus. Aber bei uns Menschen gibt es das sehr wohl: Manchmal tun wir in der Angst einfach so, als ob wir keinen Grund dazu hätten, uns zu fürchten. Wir überspielen unsere Angst. Wir machen uns und manchmal auch andern vor, daß wir uns nicht fürchten. Ich denke mir, so etwas haben wir alle schon versucht. Und wenn es damals war, als wir zum erstenmal allein in den dunklen Keller mußten. Da haben wir laut gepfiffen oder gesungen, nicht wahr?

In der Angst tun wir aber in der Regel noch lieber das Gegenteil: Wir halten nicht aus, sondern machen uns aus dem Staub. Wir fliehen irgendwohin, wo wir uns sicher wähnen, am liebsten zu einem Menschen, der uns beschützen und trösten kann. Wie oft haben wir das als kleine Kinder getan: Vor einem großen Hund oder nach einem bösen Traum sind wir zu unserer Mutter gelaufen. Wir haben die Arme um sie geschlungen oder unser Gesicht in ihrem Schoß vergraben. Und schon war alle Angst vergessen.

5. In der Angst zu einem starken, guten Menschen fliehen –

das ist durchaus menschlich. Und trotzdem steht im Evangelium dieses Sonntags zu lesen: Jesus fährt seine Jünger hart an, er tadelt sie, als sie sich in höchster Not an ihn wenden. Ist das nicht ungerecht? Hat Jesus denn kein Verständnis für seine Jünger in ihrer Todesangst? Hätte er sich nicht eigentlich freuen müssen, daß sie zu ihm kommen? Daß sie ihm zutrauen: Er wird auch jetzt einen Ausweg wissen, er kann die Gefahr bannen? Nun, ganz falsch sind diese Gedanken bestimmt nicht, die ich eben ausgesprochen habe und die wohl beim Hören des heutigen Evangeliums in uns allen aufgestiegen sind. Dafür spricht, daß der Evangelist uns eigens verkündet: Jesus läßt die Jünger in ihrer Angst nicht allein. Er tut etwas für sie. Nein, nicht etwas: Jesus bannt die Gefahr, die die Angst ausgelöst hat. Also will der Evangelist sicher andeuten: Jesus zeigt Verständnis für die Angst seiner Jünger. Er »honoriert« irgendwie, er erkennt an, daß sie sich an ihn wenden, als die Wellen über ihnen zusammenzuschlagen drohen. Jesus läßt sie erfahren: Ich bin da, hier bei euch im Boot! Und ich habe Macht, euch zu beschützen!

6. Das Evangelium macht aber auch deutlich: Eigentlich will Jesus bei seinen Jüngern eine andere Haltung sehen, wenn sie in Angst geraten. Jesus traut und mutet ihnen erheblich mehr zu. Was kann das anderes sein als dies: Die Jünger sollen auch in der Angst zeigen: Wir halten aus, wir tun das Unsere, denn unser Herr ist mit uns. Er gibt uns Kraft, auch diese Gefahr zu meistern, selbst wenn wir darin umkommen sollten. In der Kraft, die uns Jesus Christus von Gott her schenkt, können wir auch das, wenn es sein muß.

7. Sehr große Worte habe ich da eben »gelassen« ausgesprochen. Das weiß ich genau. Und ich behaupte keineswegs: Ich kann das, was ich da eben als Idealverhalten hingestellt habe. Mir sind aber Menschen eingefallen, von denen uns ein entsprechendes Verhalten glaubhaft berichtet wird. Sicher war das bei den meisten von uns auch der Fall: Ich denke etwa an einen der bekanntesten christlichen Schriftsteller unserer Tage. Er hat in seinem Heimatland furcht-

bar gelitten, weil dessen Regierung schon jahrzehntelang Millionen unschuldiger Menschen verfolgt und quält und umbringt. Auch der Dichter selbst hat das zu spüren bekommen. Er war lange genug in Straflagern. Aber er hat nicht geschwiegen, trotz seiner Angst nicht. Er hat sich das Unrecht eingeprägt, davon geredet und geschrieben. Heute kennt ihn alle Welt. Und heute weiß und bekennt dieser große Russe auch: Ich mußte so handeln. Mein Glaube an Jesus Christus verlangt das einfach. Und dieser Glaube hat mir Kraft gegeben, meine Angst zu vergessen.
Aber auch weniger bekannte und manche längst vergessenen Menschen haben ähnlich gehandelt, gerade auch in unserem Land. In diesem Jahr denken wir an viele von ihnen, weil sie vor genau dreißig Jahren sterben mußten: Arbeiter und Politiker, Priester und Generäle. Sie haben versucht, dem sinnlosen letzten Weltkrieg und dem Morden der Nazis früher ein Ende zu machen. Sie haben gewußt, was das bedeuten kann. Viele von ihnen haben uns genau beschrieben, von andern wissen wir es durch ihre Freunde: Auch diese Männer, wie der evangelische Pfarrer Dietrich Bonhoeffer und der katholische Pater Alfred Delp, hatten Angst – mit Recht. Sie sind ins KZ gekommen, als ihr Anschlag aufgedeckt wurde. Hitlers Schergen haben sie furchtbar gequält. Am Ende mußten sie sterben, manchmal wenige Tage, bevor die Sieger über Deutschland sie hätten befreien können. Aber diese Männer sind gläubig in den Tod gegangen – im Vertrauen auf Jesus Christus.
8. Solche Menschen lehren uns verstehen, was es heißt: Im Vertrauen auf Jesus Christus auch die Angst durchstehen, in der Kraft Jesu Christi in die Gefahr hineingehen, wenn es sein muß.
»Was seid ihr so ängstlich? Habt ihr denn keinen Glauben?« Diese Worte Jesu im heutigen Evangelium sollten wir deshalb behalten und sie mitnehmen, in unsere alltäglichen Ängste hinein, aber auch in unsere Todesangst.

Ängste überwinden

Zum 13. Sonntag im Jahreskreis (und Herz-Jesu-Fest)

Bezugstext:
Mk 5, 21–24. 35b–43 (Kurzfassung des Tagesevangeliums) in Verbindung mit Joh 19, 31–37 (Tagesevangelium des Herz-Jesu-Festes)

Predigtziele:
1. Anhand von Beispielen auf Formen der Angst aufmerksam werden;
2. anhand von Beispielen erkennen, wie Angst überwunden werden kann;
3. sich auch in Angst und Not auf Jesus Christus verlassen wollen – im Vertrauen auf seine Liebe zu uns.

1. Impulsszene

Mutter: Sieglinde! S-i-e-g-l-i-n-d-e! Komm mal sofort her!
Erzähler: So ruft die Mutter zum Küchenfenster hinaus. Sie meint: Sieglinde ist draußen im Garten und spielt im Sandkasten. Jetzt soll sie mir aber Zucker einkaufen gehen, damit ich Pfannkuchen fürs Mittagessen backen kann. Sieglinde denkt aber ganz etwas anderes, als sie ihre Mutter rufen hört. Sieglinde hat nämlich vorhin die halbe Schüssel mit Erdbeeren aufgefuttert, die es zum Mittagessen geben soll. Jetzt hat sie Angst. Sie denkt:
Sprecher: Bestimmt hat die Mutter gemerkt, was ich angestellt hab'. Jetzt wird sie mich mächtig schimpfen. Vielleicht sperrt sie mich auch ein oder verhaut mich so wie neulich, als ich die große Vase heruntergeworfen habe.
Erzähler: Deshalb schaut sich Sieglinde ängstlich um und denkt:
Sprecher: Ich muß mich irgendwo verstecken.
Erzähler: Da kommt ihr auch schon der rettende Gedanke: Im alten Schweinestall hinter der Garage sucht sie bestimmt niemand. Dort liegt ja schon lange nur altes Gerümpel her-

um. Also schleicht sich Sieglinde an der Hauswand entlang zum Schweinestall. Schnell kriecht sie hinein. Die alte rostige Tür zieht sie hinter sich zu. Und dann hockt sie sich unter den alten Küchentisch, der da herumsteht.
Sprecher: Jetzt findet mich so schnell keiner.
Erzähler: Sieglinde freut sich. Und sie hat recht: Zuerst wundert sich die Mutter, daß Sieglinde nicht kommt, als sie gerufen wird. Dann schaut sie in den Garten. Sie durchsucht das ganze Haus. Als es Mittag wird und Sieglinde auch nicht zum Essen kommt, hält sie es nicht mehr aus. Sie läutet der Nachbarin und bittet, daß die mit ihr zur Polizei geht und eine Suchanzeige aufgibt. Aber die Nachbarin hat zufällig gesehen, wie Sieglinde in den Schweinestall gekrochen ist. Da hockt sie auch noch, als die beiden Frauen nachsehen. Die Mutter ist sprachlos. Sie kann nur fragen:
Mutter: Aber Kind, was ist denn mit dir los?

2. Impulsfragen

So wie die Mutter von Sieglinde muß man wirklich fragen: Weshalb benimmt sich Sieglinde so? ... Warum hat sie solche Angst? ... Sieglindes Angst ist also nicht unberechtigt: Sie hat schlechte Erfahrungen gemacht. Sie ist schon ausgeschimpft und bestraft worden. Jetzt hat sie aber wieder etwas »ausgefressen«. Deshalb fürchtet sie: Gleich geht es mir schlecht. Darum versteckt sie sich.
3. Ist das nur bei Sieglinde so? Oder gibt es das auch sonst, daß Kinder Angst vor ihren Eltern haben? ... Weshalb ist das so? ...
Und wann habt ihr Buben und Mädchen denn sonst noch Angst? ... Ja, gut: Manchmal auf dem Schulweg, wenn ihr euch fürchtet, daß ihr eine schwierige Arbeit schreiben werdet. Oder im Winter, wenn es geschneit hat, daß andere euch mit Schneebällen bewerfen und verletzen könnten.
4. Aber auch Erwachsene haben manchmal Angst ... Väter und Mütter wissen bisweilen keinen Rat, wie sie mit ihren Kindern auskommen sollen. Sie machen sich Sorgen, weil sie krank sind oder nicht genug verdienen. Das alles macht

Angst. Aber auch vor einem strengen Chef oder der bösen Zunge von Kollegen kann man Angst bekommen. Fast alle Menschen haben Angst davor, daß sie einmal schwer krank werden und viel leiden könnten. Es gibt wohl keinen Menschen, der nicht Angst vor dem Sterben hat.

5. Freilich können wir gegen Ängste manches unternehmen. Oft hilft es schon, wenn wir uns aussprechen können. Ein kleines Kind, das sich vor einem Hund fürchtet, läuft zu Mutter oder Vater und weint dort seine Augen aus. Wer Angst vor einer schweren Aufgabe hat, vor einem Diktat, lernt vielleicht, er liest etwas. Vor einer Operation, die nötig ist, fragt er andere, wie sie ähnliches gemeistert haben.

Wer Angst besiegen will, muß aber immer etwas wagen. Er muß trotz seiner Angst etwas tun, Angst überwinden heißt auch immer: Angst aushalten, mit der Angst handeln.

6. Das fällt keinem Menschen leicht. Wir alle sind froh, wenn es uns nicht so geht. Wir alle schauen nach Hilfen dafür aus, mit den Ängsten unseres Lebens fertig zu werden. Deshalb sind wir sicher dankbar für das Evangelium dieses Sonntags. Es erzählt uns ja die Geschichte eines Vaters, der Angst hat: Sein Kind liegt im Sterben. Dann stirbt seine Tochter gar. Der Vater kann nicht helfen. Die Ärzte sind mit ihrer Weisheit am Ende. Aber dieser besorgte Vater hat von einem Menschen gehört, zu dem schon viele gegangen sind, die Angst hatten. Er hat sie verstanden und ihnen geholfen. Er hat ihnen Mut gemacht und ihre Ängste verjagt. Zu diesem Menschen geht der Vater Jairus, von dem unser Evangelium erzählt. Und Jesus hilft auch ihm. Er tröstet ihn. Er gibt ihm sein Kind wieder. Der Vater, die Familie, das kleine Mädchen brauchen nicht einmal mehr vor dem Tod Angst zu haben.

7. Was uns diese Geschichte sagen will, verstehen wir gut. Sie lädt uns ein: Geht zu Jesus Christus, wenn ihr Angst habt. Klagt ihm eure Angst. Vertraut darauf, daß er euch helfen wird. Er will es. Er kann es.

Das klingt zwar gut. Aber so ohne weiteres glauben wir

das nicht. Wir fragen: Stimmt denn das? Kann Jesus Christus uns auch heute helfen? Hat er Interesse daran und Macht dazu?

Hinter solchen Fragen können auch schlechte Erfahrungen stehen. Manche Menschen haben sich an Jesus Christus gewandt und ihn um Hilfe gebeten. Sie haben nichts davon gemerkt. Viele Leute sagen: Jesus Christus hat mich enttäuscht. Er hat mich im Stich gelassen.

8. Aber es gibt auch andere. Sie bekennen: Wir können ohne Jesus Christus nicht leben. Er hat schon oft geholfen, mir und andern. Er weiß, daß wir Menschen schwach sind. Er hat selbst oft Angst gehabt, vor allem am Ölberg. Er liebt uns alle. Wer sich in Angst und Not an Jesus Christus wendet, erhält Hilfe. Sie sieht vielleicht anders aus, als er sie sich vorgestellt hat. Aber sie wird ihm zuteil. Jesus Christus verdient Vertrauen.

9. Menschen, die das glauben und bekennen, sagen gern: Jesus Christus hat ein Herz für uns. Darum feiern sie dieses liebende Herz Jesu Christi. Heute tun wir das alle und denken besonders daran, was uns das Johannesevangelium verkündet: Jesus gibt am Kreuz auch den letzten Blutstropfen für uns her. So zeigt er uns, wie sehr er uns liebt. Und weil sein Vater ihm nach dem Tod neues Leben schenkt, dürfen wir darauf vertrauen: Jesus Christus liebt uns noch jetzt. Wir dürfen ihm alles anvertrauen, gerade auch unsere Ängste.

Starke Schwache
Zum 14. Sonntag im Jahreskreis

Bezugstext: Mk 6, 1—6a (Tagesevangelium)
in Verbindung mit 2 Kor 12, 7—10 (2. Tageslesung)

Predigtziele:
1. Erkennen, daß wir manchen Menschen nichts Rechtes zutrauen;
2. feststellen, daß wir manchmal durch Äußerungen oder Leistungen von Menschen überrascht werden, denen wir nichts Besonderes zugetraut haben;
3. damit rechnen, daß Gott gerade durch unbeachtete und verachtete Menschen wirkt.

1. Impulsszene

Sprecher: Hoffentlich habt ihr gestern abend den kleinen Filmbericht über den Braunkohlenbergbau im Fernsehen gesehen. Seinen Inhalt könnten wir nämlich gut für unsere heutige Erdkundestunde gebrauchen.
Erzähler: Das hat Hauptlehrer Mohrmann gestern morgen in der zweiten Stunde zu seiner 6b gesagt. Aber alle in der Klasse haben den Kopf geschüttelt. Alle? Nein. Gerda hat sich gemeldet.
Gerda: Ich hab' den Film gesehen.
Erzähler: Richtig stolz hat das geklungen. Aber Herr Mohrmann hat das anscheinend nicht gemerkt; denn er hat Gerda nicht gleich aufgefordert, über den Film zu berichten. Vielmehr hat er sich noch einmal an alle andern in der Klasse gewandt:
Sprecher: Außer Gerda hat niemand von euch diesen Film gesehen?
Erzähler: Auch jetzt hat sich niemand gemeldet. Da hat Lehrer Mohrmann ein bißchen geseufzt und zu Gerda gesagt:
Sprecher: Ja, Gerda, dann bleibt nichts andres übrig, als

daß wir dich bitten: Erzähl' uns, was du dir aus diesem Film gemerkt hast. Oder kannst du nichts dazu sagen?
Gerda: Doch.
Erzähler: Gerda wollte schon anfangen zu berichten. Aber zunächst konnte sie gar nicht zu Wort kommen.
Sprecher: Das ist ja ein ganz neues Gerda-Gefühl!
Erzähler: Das hat der Klassenwitzbold Wastl zu seinem Nachbarn gesagt, aber so laut, daß es alle hören konnten. Und Elfi, die zu ihrem Leidwesen neben Gerda sitzen muß, hat gar gerufen:
Sprecher: Die blöde Kuh soll was aus einem Film erzählen? Na, da bin ich aber gespannt!
Erzähler: Auch der Lehrer hat darüber ein bißchen lachen müssen. Als aber Ruhe eingetreten war, hat Gerda angefangen. Sie hat berichtet, was sie alles aus dem Film über Braunkohle erfahren hatte: wie sie beschaffen ist, wie man sie abbaut und verwendet. Sieben volle Minuten hat Gerda gesprochen, ohne langes Nachdenken. Allmählich mußten alle in der 6b staunen. Weshalb, hat Marion schließlich so ausgedrückt:
Sprecher: Das hätt' ich der nie zugetraut! Sonst kriegt die doch ihren Mund nicht auf.

2. Impulsfragen

In euren Klassen gibt es sicher auch Schüler, denen die meisten andern nicht viel zutrauen. Was denkt und sagt man denn in euren Klassen über solche Mitschüler?... Wie kommen wir denn dazu, von jemand anderem zu behaupten: Der kann aber auch rein gar nichts! Das ist ja eine glatte Niete! Die hat doch nie etwas zu sagen!?... Jetzt aber noch die Frage: Was empfinden wohl die, über die wir so denken und sprechen? Freuen sie sich? Werden sie wütend?... Richtig, das geschieht auch manchmal: daß uns jemand überrascht – ähnlich wie Gerda ihre Mitschüler in unserer Geschichte eben. Ein Mensch, dem wir nicht viel zugetraut haben, kann plötzlich etwas gut – besser als sonst jedenfalls, besser als wir womöglich.

3. Nicht nur in der Schule gibt es das. Auch sonst kommt das immer wieder vor: Jemand gilt nicht viel bei den Menschen, die ihn kennen. »Die geht ja in die Deppenschule«, lachen Kinder und Erwachsene aus ihrer Bekanntschaft über Gerlinde, die mongoloid ist und eine Sonderschule besucht. – Ach der, der fährt ja bloß ein kleines Auto, den schneid' ich jetzt, denkt der eingebildete Fahrer eines Sechs-Zylinder-Wagens auf der Autobahn und tut, was er sich vorgenommen hat. – »Was, die will das Sportabzeichen machen, so eine Fettbombe! Die kommt doch nie aus dem Startloch«, lachen sicher manche in den Ferienwochen über Mitbewerberinnen, die sie noch nicht kennen. Wir könnten die Liste von Menschen leicht verlängern, denen wir nichts Gescheites zutrauen: weil sie sich schon vor uns blamiert haben, weil sie anders sind als wir, weil sie wirklich manches bisher nicht gut gemacht haben.

Aber auch das gibt es nicht bloß in Schulen, ähnlich wie in Gerdas Klasse: Eine »Niete«, eine Außenseiterin leistet plötzlich etwas. Sie kann eben doch besser laufen oder fahren oder reden, als wir gedacht haben. Sie macht etwas viel besser als sonst. Sie sagt etwas, was wir nicht herausgebracht hätten. Wie kommt das denn? Wo hat die denn das her?, fragen wir dann ganz erstaunt.

4. Als Jesus am Anfang seines öffentlichen Wirkens einmal in seine Heimatstadt kommt, geht es ihm ähnlich. So hören wir im heutigen Evangelium. Die Menschen dort denken: Wir kennen Jesus. Er stammt ja aus unserer Stadt. Wir wissen, wer seine Verwandten sind: lauter kleine, unbedeutende Leute. Sie mögen ganz nett sein. Sie können auch einiges. Aber viel zu erwarten haben wir von ihnen nicht. Dieser Jesus wäre also auch besser bei uns geblieben und Arbeiter geworden wie sein Vater Josef. Aber er will ja anscheinend hoch hinaus. Er tut so, als sei er etwas Besseres. Er muß als Wanderlehrer herumziehen. Nun, hören wir uns einmal an, was er zu sagen hat, wenn er beim Gottesdienst am Sabbat in der Synagoge predigen darf.

So abschätzig, so unfreundlich denken die Menschen aus seiner Heimatstadt Nazaret also über Jesus. Aber Jesus überrascht sie. Als er zu ihnen spricht, können die Menschen nur staunen über das, was er sagt und wie er es sagt. »Woher hat er denn das? Das ist doch nicht möglich! In seiner Familie ist doch sonst niemand so«, raunen die Leute aus Nazaret einander zu. Ihr schlechtes Vorurteil über Jesus wird also künftig erschüttert. Sie müssen zugeben: Das hätten wir Jesus nicht zugetraut. Gewinnen lassen sie sich aber trotzdem nicht von ihm. Die Leute meinen: »Der hat uns doch nichts zu sagen! Der kann einfach nichts sein!« So machen die Menschen aus Nazaret ein Sprichwort wahr, das wir auch noch kennen: »Der Prophet gilt nichts in seinem Vaterland.«

5. Aber nicht nur Jesus Christus überrascht durch Worte und Taten, die Menschen ihm nicht zutrauen. An ihm wird nur besonders deutlich, wie es Gottes Boten oft geht, wenn sie sich an andere Menschen wenden: Man traut ihnen nichts zu. Sie finden kein Gehör. Man nimmt sie nicht ernst. Die Leute finden sie komisch und lächerlich. Ja noch mehr: Boten Gottes sind oft wirklich kleine, unbedeutende Menschen. Sie können nicht besonders gut reden, sie haben keine berühmten Verwandten, sie üben keinen Beruf aus, der ihnen die Herzen der Menschen öffnet. Selbst bei Jesus trifft auch das in mancher Beziehung zu. Bei andern war und ist es erst recht so. Ein Lied davon singen kann besonders Paulus. Er schreibt oft in seinen Briefen, wie schwer es ihm gefallen ist, vor den Menschen aufzutreten und im Namen Gottes zu ihnen zu sprechen. Heute, in der Lesung, hören wir eine besonders wichtige Stelle dieser Art. »Ich bin erbärmlich schwach«, gibt Paulus darin zu. »Ich komme nicht gut an. Aber,« fährt Paulus fort, »ich vertraue darauf, daß das gut ist. Gott will es anscheinend so. Gott wählt die Schwachen aus und macht sie stark.«

6. Weshalb ist das so? Warum imponieren uns die Menschen nicht von vornherein, die im Namen Gottes zu uns kommen? Weshalb beruft Gott nicht nur gute Redner, nicht nur großartige, heilige Menschen? Auch dazu nimmt Paulus in der heutigen Lesung Stellung. Er schreibt: Gottes Gnade »erweist ihre Kraft in den Schwachen«. Das heißt

wohl: Wenn ein Schwacher etwas leistet oder erreicht, fällt das viel mehr auf, als wenn's ein Starker zuwege bringt. Ein Schwacher, der etwas kann, verweist besser auf den, dem er verdankt, was er tun konnte. Wer schwach ist, wird nicht so leicht eingebildet, wenn ihm etwas gelingt.

7. Was bedeutet das für uns? Mir scheint: Zweierlei. Einmal sollten wir damit rechnen: Kleine, verachtete Leute können uns etwas zu sagen haben. Die alte Frau, die wir als Betschwester auslachen, kennt Gott vielleicht viel besser als wir. Der Prediger, der immer langweilig ist, hat uns womöglich mehr zu sagen, als wir ihm zutrauen. Die Religionslehrerin, die wir so gern ärgern und die sich so oft aufregt, verdient es vielleicht gerade, daß wir gut mit ihr zusammenarbeiten; denn wir könnten von ihr viel »über Gott und die Welt« lernen.

Aber auch wir dürfen damit rechnen, daß unser Glaube für andere Menschen etwas bedeutet, so arm wir uns oft vorkommen. Vielleicht staunt jemand über euch, daß ihr sonntags zur Kirche geht. Womöglich bewundert ein Klassenkamerad euch, weil ihr im Religionsunterricht oder bei der Predigt so gut fragen oder antworten könnt. Ihr ahnt das nicht. Ihr meint: Ich bin ein ziemlich schlechter Christ. Aber für jemand andern seid ihr wichtig. Ein anderer Mensch glaubt an Gott und alles andere Gute, weil es euch gibt.

Das kann jeden Tag geschehen. Wir können jederzeit erleben, an uns oder an andern: Gott macht Schwache stark. Einem Menschen, dem wir nichts Rechtes zutrauen, vertraut Gott sich an. Durch einen Menschen, den wir verachten, kann Gott uns gewinnen.

Zu zweit

Zum 15. Sonntag im Jahreskreis

Bezugstext: Mk 6, 7–13 (Tagesevangelium)

Predigtziele:
1. An Beispielen erkennen, daß wir Menschen oft auf Nähe und Hilfe eines anderen angewiesen sind;
2. mögliche Gründe dafür nennen, daß Jesus nach einem Bericht des Evangeliums seine Apostel »zu zweit« aussendet;
3. an Beispielen feststellen, daß freundschaftliche Nähe und Hilfe für ein Leben als Christ wichtig sein können.

1. Impulsszene

Gert: Du, morgen müssen wir unbedingt die Plätze tauschen.
Sprecher: Gestern hat das Gert zu seinem Zwillingsbruder Bert gesagt, als sie beide Hausaufgaben gemacht haben.
Bert: Wieso denn das?
Sprecher: Bert war neugierig.
Gert: Na, wetten, daß unsre liebe kleine Frau Doktor morgen in der Geschichtsstunde so ein bißchen in der Gegend herumprüft? Sie braucht schließlich Zeugnisnoten. Und ich hab' in diesem dämlichen Fach bisher nicht viel geleistet. Du kommst doch von den Geschichtsbüchern nicht los. Du weißt genau, wann Kunibert der Dicke Bruno den Heizbaren besiegt hat und wer daran schuld ist, daß der schiefe Turm von Pisa nicht gerade steht wie alle andern Türme auf der Welt. Also los, sag' schon ja zu unserem Tausch! Und wenn ich morgen aufgerufen werde und erzählen soll, wie lange der Dreißigjährige Krieg gedauert hat, dann sag's halt du, damit ich einen Einser krieg'.
Bert: Und du meinst, das fällt nicht auf?
Gert: Keine Spur, wir sehen uns doch so ähnlich wie zwei Regenwürmer. Manchmal weiß doch nicht mal Mutter, wen

von uns sie gerade ausschimpft. Neulich hat sie uns doch sogar in der Badewanne verwechselt.

Bert (lachend): Ich weiß auch, daß wir uns so ähnlich sehen, daß uns niemand auseinanderhalten kann. Aber unsre Geschichtspaukerin weiß, daß du für ihr Fach nichts übrighast und daß ich mich dafür interessiere. Wenn ich dann morgen unter deinem Namen drankomme und fast alles weiß, spannt sie das unter Garantie. Und dann nimmt sie dich erst recht vor und du fällst doppelt rein.

Gert: Mist! Aber du hast recht – es geht nicht so, wie ich's mir gedacht habe. Was mach' ich denn jetzt bloß? Bis morgen kann ich mir doch nicht alles einbläuen, was die mich fragen kann.

Bert: Aber vielleicht manches? Wenn wir jetzt gleich zusammen anfangen zu lernen?

Gert: Goldstück!

Sprecher: Gerd hat brummend noch dazugesetzt:

Gert: Ist doch gut, wenn man sich auf irgendwen verlassen kann, wenn mal Feuer auf dem Dach ist!

2. Impulsfragen

In ähnliche Versuchungen wie Gert kommen wir gar nicht erst. Die meisten von uns jedenfalls nicht. Wir haben eben keinen Zwillingsbruder oder keine Zwillingsschwester. Aber ein paar Zwillinge, die sich zum Verwechseln ähnlich sehen, gibt es schon unter euch. Fragen wir also die einmal: Macht es Spaß, wenn man immer sein Ebenbild neben sich hat? ... Weshalb?

Jetzt aber eine Frage an euch alle: Glaubt ihr, daß Zwillinge sich besonders gut helfen können? ... Warum? ... Ja, so denk' ich mir das auch: Zwillinge wissen ungewöhnlich viel voneinander. Sie verstehen sich besonders gut. Daher weiß der eine gleich, was dem andern fehlt. Und wenn er's ihm geben kann, tut er es sicher, weil Zwillinge ja meist zusammenhalten wie die Kletten.

3. Auf Verständnis und Hilfe sind wir alle angewiesen. Wann merken wir denn das besonders: Ich schaff' das nicht

allein. Jemand muß mir helfen. ... Ja, gut, das sind treffende Beispiele: Wir können eine Schulaufgabe nicht lösen. Da gehen wir zu einem Klassenkameraden, der in dem betreffenden Fach besonders gut ist und uns erklären kann, was wir nicht recht verstanden haben. – Wir schleppen eine schwere Tasche oder ein großes Paket und schauen sehnsüchtig danach aus, daß uns jemand tragen hilft. Wir müssen uns oft helfen lassen, von verschiedenen Menschen. Aber über eines sind wir besonders froh: Wenn wir jemand haben, zu dem wir immer kommen können. Wer einen Freund oder eine Freundin hat, auf die er sich verlassen kann, der ist gut dran. Einem richtigen Freund, einer guten Freundin kann man sein Herz ausschütten. Ein Freund, eine Freundin helfen einem. Sie borgen etwas, was man selbst nicht hat. Sie lernen mit einem. Sie besuchen einen. Sie denken an einen.

So etwas gibt es aber nicht nur in Freundschaften. Auch Kameraden, die nicht gerade Freunde sind, tun manchmal ungeheuer viel füreinander und brauchen sich auch unbedingt. Bei Bergsteigern und Astronauten, Fernfahrern und Flugzeugpiloten z. B. ist das oft so, wie wir alle wissen.

4. Nachdem wir uns das ins Gedächtnis gerufen haben, verstehen wir sicher auch gut, was uns das heutige Evangelium überliefert: Einmal schickt Jesus seine Apostel aus. Er veranstaltet eine Art Generalprobe mit ihnen. Die Apostel sollen erfahren, wie es ihnen geht, wenn sie als Boten Jesu zu den Menschen kommen. Jesus rät und befiehlt den Aposteln manches, was sie dabei beachten sollen. Vor allem sagt er ihnen voraus, daß sie es nicht immer leicht haben werden. Gerade deshalb macht Jesus den Aposteln aber auch Mut. Sie sollen nicht lange bei Menschen bleiben, die nicht recht auf sie hören wollen. Wer ihre Botschaft nicht annimmt, den sollen sie seinem Schicksal überlassen. Lieber sollen sie zu Menschen gehen, die sich über ihr Wort freuen. Aber auch nachdem Jesus seine Apostel so auf ihre ersten Versuche als Glaubensboten, als Missionare vorbereitet hat, schickt er sie nicht allein aus, sondern »zu je zweien«.

5. Das ist kein Zufall. Vielmehr kommt darin noch stärker zum Ausdruck, was Jesus seinen Aposteln nach den Worten unseres Evangeliums mit auf den Weg gibt: Die Apostel Jesu Christi haben es nicht leicht. Die Menschen aufsuchen, passende Worte für sie finden: das kostet Mühe. Selbst wenn die Menschen bereit sind, Apostel zu Wort kommen zu lassen, ist es nicht leicht, mit ihnen und zu ihnen zu sprechen. Menschen haben viele Fragen und Bedenken zu der Botschaft, die Apostel ausrichten. Viele Leute wollen überhaupt nichts davon wissen. Sie lassen Apostel Jesu Christi gar nicht erst zu reden anfangen, geschweige denn ausreden. Andere lachen über solche Prediger oder machen sie schlecht. All das belastet den, der Apostel ist. Solche Schwierigkeiten und Enttäuschungen machen leicht schwach und mutlos.

Zweifellos spielt der Evangelist Markus auf solche Probleme an, wenn er uns eigens aufschreibt: Jesus sendet seine Apostel »zu je zweien« aus. Dadurch will er uns daran erinnern: Es ist gut, wenn ein Apostel nicht alleinsteht. Vier Augen sehen mehr als zwei. Zweien gemeinsam fällt mehr und meist auch Gutes ein, wenn sie überlegen: Wie sprechen wir denn andere Menschen am besten an? Vor allem aber: Wer einsam und enttäuscht ist, hat es schwer. Er kann manchmal nicht weiterarbeiten oder geht gar kaputt an seinem Elend. Zu zweit läßt sich auch die Not von Aposteln besser tragen. Wenn zwei miteinander arbeiten, ergänzt einer den andern. Einer stützt den andern. Der eine kann den andern trösten, wenn er müde oder mutlos geworden ist. Zwei Gefährten, Kameraden, Freunde, die miteinander gehen und arbeiten, sind stärker und erreichen mehr, als wenn jeder von ihnen alleinsteht.

6. Sicher, wir müssen zugeben: Es ist kein Einzelfall, den uns das Evangelium heute überliefert. Es spricht von einer Probe, von einem Anfang. Später, nach Ostern, sind auch die Apostel Jesu Christi manchmal allein unterwegs gewesen. Oft haben sie erfahren müssen, was das bedeutet.

Trotzdem finde ich: Dieses Evangelium sagt uns auch etwas über unser Leben als Christ. Es erinnert uns daran, daß es auch für uns meist besser ist, »zu zweit« zu sein. Nur drei Gründe dafür möchte ich nennen: Wir alle haben nur unsere Augen, Erfahrungen und Gedanken. Die sind aber begrenzt. Ein anderer sieht die Dinge anders. Auch »über Gott und die Welt« können wir also voneinander lernen. Ferner: Jeder hat seine Gründe dafür, ein Christ zu sein. Der eine glaubt mehr aus Liebe zu seinen Eltern, denen er auch seinen Glauben verdankt. Ein anderer hat lange Jahre nicht glauben können und ist erst später zum Glauben gekommen. Oft reichen aber die Motive nicht länger aus, derentwegen ein Mensch bisher geglaubt hat. Er erlebt etwas Schlimmes und fragt neu: Kann man denn etwas von Gott und dem christlichen Glauben halten? Dann ist es gut, neue, andere Gründe für ein Leben als Christ kennenzulernen, als sie einem bisher vertraut waren. Gut, wenn man einen Bekannten, eine Freundin hat, mit denen man sich austauschen kann, die einem wieder glauben helfen.

Und schließlich: Jeder Christ zeigt auf seine Weise, daß er das ist. Der eine betet lieber, ein anderer arbeitet mehr. Der eine ist ein Zeuge für den Glauben durch seine Güte, ein anderer eher durch seine Worte. Auch unter diesem Gesichtspunkt ist es gut, wenn Christen nicht alleinstehen, sondern zu zweit sind: Dann merken sie eher, daß ihre besondere Art oder Gabe nicht die einzig mögliche ist. Und wer nicht recht weiß, wie er »auf seine Weise« weiterkommen kann, dem hilft es vielleicht, auf einen zu schauen, der es lieber anders hält.

7. Aus manchen Gründen ist es also gut, »zu zweit« zu sein, auch im Leben als Christ. Und doch gibt es das so selten, daß zwei Menschen sich dabei helfen. Dabei hat jeder von uns manches, was er andern schenken kann, dabei können wir alle Menschen brauchen, die uns etwas geben können, damit unser Glaube, unsere Liebe, unsere Hoffnung wachsen. Darum dürfen wir diesen Sonntag und sein Evangelium auch als Einladung ansehen: Geht möglichst nicht allein durchs Leben als Christ! Geht zu zweit! Seid andern Freund und Helfer im Glauben und freut euch über jeden, der euch begleitet!

Ruhe haben
Zum 16. Sonntag im Jahreskreis

Bezugstext: Mk 6, 30–34 (Tagesevangelium)

Predigtziele:
1. Feststellen, daß wir öfter »Ruhe haben« möchten und beispielhaft Ursachen dafür nennen;
2. aus dem Evangelium erkennen, daß sich auch Jesus mit seinen Jüngern nach Ruhe gesehnt hat, als sie sie nötig hatten;
3. damit rechnen, daß Christen nie recht »zur Ruhe kommen«.

1. Impulsszene

Frau Winter: Jetzt reicht es aber! Ich kann einfach nicht mehr.
Sprecher: Das hat Frau Winter neulich zu sich selber gesagt, als sie sich müde aufs Sofa gesetzt hat und ein bißchen ausruhen wollte. Aber in ihren Gedanken war noch alles lebendig, was an diesem Vormittag geschehen war. Frau Winter mußte es sich einfach noch einmal selbst aufzählen:
Frau Winter: Erst ist der Wagen nicht angesprungen, als mein Mann ins Geschäft fahren wollte. Ich hab' ihn anschieben müssen. In der Zeit ist die Milch angebrannt, die ich für Evi aufgestellt hatte. Evi war ganz enttäuscht darüber, daß sie keine warme Honigmilch zum Frühstück bekommen konnte wie sonst immer. Vor Wut hat sie den kleinen Heinz so geboxt, daß er fast eine halbe Stunde geheult hat. Das war genau die Zeit, die ich gebraucht habe, um den Herd einigermaßen von der übergekochten Milch sauberzubekommen. Und dann kam das mit Heinz: Er hat die Augen noch immer voller Tränen und sieht nicht richtig, als er die Treppe in den Garten heruntergeht. Er stol-

pert und fällt ausgerechnet mit dem Kopf auf den Fußabstreifer mit den scharfen Blechkanten. Hab' ich einen Schrecken gekriegt, als er blutend dalag! Dann mit ihm zum Arzt! »Die Wunde muß sofort geklammert werden«, sagt der auch noch. Gott sei Dank, daß er's gleich machen konnte! Eine Beruhigungsspritze hat er dem Kind auch noch gegeben. Jetzt schläft Heinz ja hoffentlich. Und ich muß auch ein paar Minuten verschnaufen, sonst mach' ich noch schlapp, wo mir heute sowieso nicht gut ist!
Sprecher: Eben hat Frau Winter sich hingelegt, da ruft Heinz ganz kläglich aus dem Kinderzimmer: »Mutti, Mutti!« Da springt Frau Winter sofort hoch, wenn sie auch ein wenig stöhnen muß. Sie ruft:
Frau Winter: Ich komm' schon, mein Kind!

2. Impulsfragen

Frau Winter in unserer Anfangsszene glaubt: Ich habe Ruhe verdient. Stimmt das, oder ist sie faul? ... Weshalb? ... Frau Winter hat also allen Grund, ein bißchen zu verschnaufen. Sie will gerade damit beginnen. Aber dann tut sie es doch nicht. Weshalb? ... Ist Frau Winter nicht dumm, daß sie sich um ihre wohlverdiente Ruhe bringen läßt? ...
3. Meist geht es im Leben nicht ganz so bewegt zu wie bei Frau Winter in unserer Predigteinleitung, Gott sei Dank. Immerhin – ab und zu glauben wir alle wie sie: Jetzt hab' ich aber Ruhe verdient. Nun muß ich einfach ein wenig ausspannen. Wann denken oder sagen wir denn das etwa? ... Richtig, an einem heißen Tag, nach einer anstrengenden Arbeit in der Schule oder im Garten. Aber auch am Ende einer langen Arbeitswoche und erst recht nach einem Jahr, wenn wir uns auf die Ferien freuen. Dann malen wir uns aus: Jetzt faulenze ich einmal gründlich. Jetzt tu' ich nur Dinge, die mir Spaß machen. Jetzt vergesse ich alles, womit ich mich sonst immer herumschlagen muß.
4. Nicht wahr, darüber sind wir uns auch alle einig: Ausruhen, Ferien machen, entspannen – das ist nötig. Weshalb ist denn das so? ... Gut, das sind einige Gründe dafür:

Wer sich niemals Ruhe gönnt, wird nervös oder sogar krank. Er verliert die Freude am Leben. Er kann dann eines Tages nicht mehr arbeiten. Er wird seinen Angehörigen fremd. Er wird unleidlich.

5. Aber auch das wissen wir, weil wir es schon erlebt haben, an uns oder an andern: Manchmal wird nichts aus der Ruhe, die jemand sich gönnt. Auch wer sie wirklich nötig hat, muß plötzlich darauf verzichten. Er springt vom Sofa auf wie Frau Winter. Oder er fährt schnell aus dem Urlaub wieder heim, den er gerade begonnen hat. Weshalb sind wir denn manchmal so »dumm«, daß wir uns die Ruhe nehmen lassen? ... Gut: Meist tun wir das wegen anderer Menschen. Jemand braucht uns. Wir müssen helfen. Ein anderer kommt nicht ohne uns aus. Er ist schlimmer dran als wir. Er verlangt nach uns. Oder wir spüren: Jetzt muß ich zu ihm. Ich darf jetzt nicht so sehr an mich denken. Erst recht verzichten wir aber auf unsere wohlverdiente Ruhe, wenn es um mehrere oder viele Menschen geht: Wenn ein Zug oder ein Flugzeug verunglückt, packen viele zu. Und sie tun das ganz selbstverständlich, auch wenn sie das Schlaf kostet oder gar den wohlverdienten Urlaub.

6. Wir denken manchmal: Es geht uns Menschen erst heutzutage so, daß wir nicht zur Ruhe kommen. Heute hören wir im Evangelium von einigen Menschen, die das schon vor 2000 Jahren erlebt haben: Auch sie hatten keine Ruhe. Und als sie sich endlich einmal ein bißchen erholen wollen, werden sie gestört. Andere Menschen brauchen sie. Und da gönnen sich diese ruhelosen Menschen wieder keine Entspannung. Sie haben Mitleid mit den andern und helfen ihnen. So war Jesus, so haben es seine Apostel gehalten, versichert uns der Evangelist Markus.

7. Indem er das niederschreibt, will er gewiß erreichen, daß wir Jesus und seine Apostel (besser) kennenlernen. Das heutige Evangelium bringt uns Jesus und die Zwölf wirklich besonders nahe. Es macht sie uns sympathisch. Wir sehen ja: Jesus und seine Apostel haben sich abgeplagt für die Menschen. Manchmal haben sie nicht einmal Zeit zum Essen gehabt. Also sind sie wohl erst recht oft nicht dazu

gekommen, miteinander zu sprechen. Genügend schlafen haben sie anscheinend öfter nicht können, weil sie so viel Arbeit hatten.

Menschen, von denen wir das hören, bewundern wir. Wir verehren sie sogar oft. Es ist eine große Leistung, wenn jemand immer nur an andre denkt und sich für sie verzehrt.

8. Aber, so glaube ich, der Evangelist will uns im heutigen Evangelium nicht nur berichten und zur Bewunderung bringen. Mir scheint, er will uns auch etwas für unser eigenes Leben als Christ sagen. Das heutige Evangelium gibt uns recht: Ja, wir alle brauchen Ruhe. Christen, auch Priester, können nicht immer beten, an Gott denken, zur Kirche gehen, in der Bibel lesen. Schlafen und spielen, wandern und schwimmen, nachdenken und zuhören, sich aussprechen und austauschen gehört zu unserem Leben. Sonst wird es arm.

Aber – und das ist noch wichtiger: Das heutige Evangelium macht uns klar: Wir müssen damit rechnen, daß wir uns die wohlverdiente Ruhe nicht immer gönnen dürfen. Es kann leicht geschehen, daß anderes noch wichtiger ist. Vor allem Menschen in Not können uns aufschrecken; auch aus unserer Ruhe müssen wir uns manchmal reißen lassen, wenn »Not am Mann« ist. Not, das ist für den Evangelisten und für uns Christen aber nicht bloß ein Verkehrsunfall oder ein krankes Kind. In Not sind in unseren Augen auch viele Menschen, ohne es recht zu wissen: Wer Gott nicht kennt oder liebt, wer schlimme Fehler hat, der müßte uns Christen vorkommen wie ein hilfloses, verlaufenes Schaf. Wir müßten ihm zeigen, daß wir den guten Hirten kennen und versuchen, es zu ihm zu führen.

9. Wenn wir's so nehmen, müssen wir uns oft in unserer Ruhe stören lassen. Nein, wir haben dann eigentlich niemals wirklich Ruhe. So lange nicht, bis Gott uns »ewige Ruhe« schenkt.

Teilen und gewinnen
Zum 17. Sonntag im Jahreskreis

Bezugstext: Joh 6, 1–15 (Tagesevangelium)

Predigtziele:
1. sehen, daß auch in der Überflußgesellschaft Menschen leben, denen es am Notwendigen fehlt;
2. bedenken, daß die Überflußgesellschaft mitten in einer Welt der Not und Angst liegt;
3. im Geist des Tagesevangeliums zum Teilen mit Notleidenden und deshalb auch zum persönlichen Konsumverzicht bereit sein.

1. Impulsszene

Mutter: Na, heute scheint es dir ja besonders gut zu schmecken.
Sprecher: So hat sich die Mutter gefreut, als Helmut seinen Teller zum drittenmal mit Pichelsteiner gefüllt hat. Zuerst hat Helmut als Antwort darauf nur gebrummt:
Helmut: Schmeckt auch lecker.
Sprecher: Aber dann mußte er doch mit der Sprache herausrücken:
Helmut: Schließlich hab' ich heute kein Frühstücksbrot gegessen.
Mutter: Ich hab' dir doch was zum Essen mitgegeben – drei Doppelschnitten wie jeden Tag, zwei mit Leberwurst, eine mit Schinken.
Sprecher: Helmut hat darauf genickt:
Helmut: Eben, das war ja der Grund, weshalb ich nichts davon zu fassen gekriegt hab.
Mutter: Du sprichst wieder mal in Rätseln. Wie soll ich denn das verstehen?
Helmut: Als ich in der großen Pause meine Brote ausgepackt habe, stand plötzlich Bodo neben mir. Erst hat er bloß auf meine Brote geschaut. Aber auf einmal hat er mich rich-

tiggehend angebettelt: »Gibst du mir was ab?« hat er geflüstert. »Klar«, hab' ich da geantwortet und ihm eine Schnitte hingehalten, die mit dem Schinken. »Hast du dein Frühstücksbrot heute vergessen?« hab' ich wissen wollen. Da hat Bodo den Kopf geschüttelt. »Nein, ich krieg' jetzt keins mehr mit. Wir können uns das nicht mehr leisten – mehr als dreimal am Tag essen.« Da ist mir wieder eingefallen: Bodos Vater ist ja jetzt arbeitslos. Da hab' ich ihm gleich alle meine Brote gegeben.
Mutter: Ist Bodos Vater nicht Architekt bei einer großen Baufirma gewesen?
Sprecher: Helmut hat genickt:
Helmut: Stinkreich sind sie gewesen, Mercedes 220, eigener Swimmingpool und so. Und jetzt haben sie nicht einmal mehr satt zu essen. Daß es so etwas gibt, hier bei uns, in der eigenen Klasse!
Mutter: Ja, wer hätte das vor ein paar Jahren gedacht! Gott sei Dank, daß wir nicht auch schon hungern müssen. Und für den Bodo geb' ich dir jetzt immer was zu essen mit.
Helmut: Prima – aber sonst hätt' ich einfach immer so mit ihm geteilt.

2. Impulsfragen

Arbeitslos – das ist ein Wort, das viele von euch Jungen und Mädchen vor ein paar Monaten noch nicht gekannt haben. Heute weiß mancher aus seiner eigenen Familie, was es bedeutet. Wer berichtet, was er darüber gehört oder erlebt hat? ...
Aber Arbeitslose und ihre Familien sind nicht die einzigen, denen es auch hier bei uns in der »Überflußgesellschaft« recht schlecht gehen kann. Noch mancher andere leidet Not ... Ihr habt vieles genannt – und doch noch nicht alle Arten von Menschen erwähnt, denen es auch bei uns manchmal am Notwendigsten fehlt. Denkt nur mal an manche Frauen und Kinder, deren Mann und Vater in einer Strafanstalt einsitzt! Was glaubt ihr, wie es denen manchmal geht? ...
3. Und dabei dürfen wir wirklich behaupten: Im ganzen

geht es uns hier in Deutschland noch gut. Selbst die Ärmsten unter uns, von denen wir eben gesprochen haben, sind meist noch viel besser dran als Millionen anderer Menschen auf der Welt. Manche Menschen, ja auch Stämme und Völker können sich beim besten Willen nicht selbst helfen. Sie müssen elend hungern und siechen buchstäblich dahin. Wen meine ich? ... Und weshalb geht es diesen Menschen so furchtbar schlecht? ...
Bei andern ist der Boden gut, sie könnten säen oder Fische im nahen Meer fangen, sich satt essen und auch noch etwas ausführen. Aber sie kommen nicht dazu. Kriege verwüsten ihr Land schon lange. Die Menschen kommen nicht zur Ruhe. Wen meine ich? ...
Dann gibt es Länder, die leben schon lange Jahre im Frieden. Sie sind reich an Bodenschätzen und hätten Arbeit und Brot für ihre Bürger. Aber viele von ihnen sind in Lagern und Gefängnissen eingekerkert. Dort müssen sie zwar schuften, satt werden sie aber nie. Wen habe ich vor Augen, wenn ich das erwähne? ...
Und manchen scheint gar, das alles ist erst ein Anfang. Sie malen Schreckgespenster an die Wand. Sie reden von einer übervölkerten Welt, in der keiner mehr satt wird und in der jeder der Feind aller andern ist, bloß weil niemand mehr das Notwendige bekommt. Wer weiß, wen ich jetzt meine? ...
4. Was ist da zu tun? Wie läßt sich helfen? Zuerst sind das nicht Fragen an uns »kleine Leute«. In erster Linie sind Politiker und Wissenschaftler dazu aufgerufen, diese Probleme zu lösen. Aber sie brauchen dazu unsere Unterstützung. Vor allem ist unser Verständnis wichtig. Darüber hinaus können auch wir selbst manches tun, als einzelne und in kleinen Gruppen. Weshalb und wie, dazu läßt sich auch dem Evangelium dieses Sonntag einiges entnehmen.
Gerade das Evangelium, aus dem dieser Abschnitt stammt, »berichtet« nämlich nicht einfach aus dem Leben Jesu von dort und damals. Es versucht, seinen Lesern und Hörern zu sagen, was ihnen Jesus Christus selbst jetzt und hier mitteilen möchte. Darum ist diese Perikope von der »wunder-

baren Brotvermehrung« durch Jesus auch und gerade Hinweis für uns, unter denen und neben denen Menschen furchtbare Not leiden.

5. Zumindest aus drei Gründen ist das so:
— Das Evangelium zeigt, daß Jesus, dem Heiland, dem Sohn Gottes, dem Erlöser von der »Sünde der Welt«, nicht nur die »Seelen« der Menschen wichtig sind. Jesus läßt auch der Hunger der Menschen im buchstäblichen Sinn des Wortes keine Ruhe. Wir handeln also in seinem Geist, wenn wir uns vom Hunger und von der Krankheit, von der Angst und Einsamkeit erschüttern lassen, auf die wir in unserer Welt stoßen. Ja, ich glaube: Heute hat keiner das Recht, sich Christ zu nennen, den dieses Leid der Menschen nicht bedrückt.
— Ein zweiter Anstoß für uns liegt im heutigen Evangelium, weil es verkündet: Jesus führt Menschen zusammen. Er läßt sie Tischgemeinschaften bilden. Haben wir auch nur eine Ahnung, wieviel das für uns bedeutet? Mindestens das, was Helmut für Bodo tut: Mit dem Hungernden teilen, dem wir unmittelbar begegnen. Aber genügt das heute? Schauen uns nicht Millionen hungriger Augen an, wenn wir uns zu Tisch setzen? Müßten wir nicht oft und oft für sie beten, wenn wir satt werden — aber auch verzichten, damit wenigstens einige hungrige Menschen etwas mehr bekommen und sich selbst allmählich helfen lernen?
— Damit bin ich schon bei einem dritten Fingerzeig angelangt, den die Frohe Botschaft dieses Sonntags gerade uns Menschen von heute gibt, wenn ich sie recht verstehe: Jesus läßt ein Kind geben, was es hat. Und diese wenigen Brote und Fische werden in seinen Händen unendlich viel. Mancher von uns hat sicher schon ähnliches zu hören bekommen — über ein eigenes oder fremdes Geschenk oder einen anderen guten Einfall: »Du hast uns weitergeholfen. Jetzt haben wir wieder Mut gefaßt. Alle freuen sich darüber, daß jemand an uns denkt« — oder ähnliches. Das sind Zeichen dafür, daß auch ein paar Mark oder ein Fischnetz, ein Pflug oder einige wenige Medikamente für Menschen ungeheuer viel bedeuten können — also genau das, was

die meisten von uns aufbringen können, ohne sich viel versagen zu müssen.

6. Aber ich möchte damit nicht etwa gesagt haben, daß es im heutigen Evangelium nur um Krümel geht, die von unserem Tisch fallen, wenn wir satt werden. Ich kann und tue es zwar selbst auch nicht, aber ich glaube fest daran: Wer für andere hungert, wer herschenkt, was er selbst brauchen könnte, der erst hat ganz verstanden, was heute Evangelium ist: Menschen werden satt und zuversichtlich, wenn sie um Jesu Christi willen zusammenrücken.

Brot für das Leben

Zum 18. Sonntag im Jahreskreis

Bezugstext: Joh 6, 24–35 (Tagesevangelium)

Predigtziele:
1. kritische Fragen zur »Sonntagsmesse« stellen;
2. Wege zur anziehenden Gestaltung der sonntäglichen Eucharistiefeier kennenlernen und gehen wollen;
3. im Anschluß an das Tagesevangelium in der Heilsbedeutung der Eucharistie ein zentrales Motiv für ihre regelmäßige, besonders ihre sonntägliche Feier erblicken.

1. Impulsszene

Ansgar: Ich gehe nicht in die Kirche mit. Was der Pfarrer sagt, verstehe ich nicht. Die Lieder gefallen mir nicht. Und immer still sein will ich auch nicht.
Sprecher: Das hat Ansgar, sechs Jahre alt, vor einem Monat ganz entschieden gesagt. Bisher war er immer wortlos mitgegangen, wenn seine Eltern ihn zur Meßfeier mitgenommen hatten. Markus, seinem siebenjährigen Bruder, kam dieser Protest des Jüngeren offenbar sehr gelegen. Er hat nämlich Ansgars Worten die Meinung hinzugefügt:
Markus: Auf mich müßt ihr von jetzt an auch verzichten. Mir macht's auch keinen Spaß mehr, jeden Sonntag mit euch in die Kirche zu laufen. Ist ja doch immer das gleiche langweilige Zeugs dort[1].

2. Impulsfragen

Ansgar und Markus sagen einfach, was sie denken. Sie erklären es aber auch. Ihr Gespräch verrät uns Gründe dafür,

---

[1] Nach: M.-C. Schäufele, Sonntägliche Wortgottesdienste für jüngere Kinder, in: W. Nastainczyk (Hsrg.), Neue Wege für Religionsunterricht und Katechese, Würzburg 1975, 29.

warum manche Kinder nicht gerne in die Sonntagsmesse gehen. Es gibt auch noch andere Ursachen dafür, bei jungen Leuten und Erwachsenen. Wer zählt noch dies oder das auf, was dazu oft zu hören ist? ...

Gut, das ist auch meiner Ansicht nach das Wichtigste: Anderswo ist es lustiger oder schöner als hier. In der Kirche gibt es nur wenig Abwechslung. Für Kinder gibt es in mancher Meßfeier nur ganz wenig zu tun, wenn sie nicht gerade Ministranten sind. Und das, was sie tun können, machen sie oft nicht gern – singen vor allem. Erwachsene sagen auch: Was soll's eigentlich? Ich hab' Besseres zu tun, meist jedenfalls. Die Messe ist was für alte Leute, die billig zu einer bescheidenen Sonntagsabwechslung kommen wollen.

3. Nicht wahr, es ist gar nicht so leicht, auf diese Fragen und Klagen zu antworten. Versuchen wir es nur einmal! Dann merken wir rasch: Leider ist an diesen Vorwürfen vieles »gar nicht ohne«. Es stimmt: »Schön«, fröhlich, anregend geht es in den Meßfeiern bei uns Katholiken oft nicht gerade zu. Besonders junge, lebendige, kreative, d. h. schöpferische Menschen bleiben deshalb oft weg. Sie gehen lieber dahin, wo sie mit ihren Kräften mehr anfangen können, wo ihnen »mehr geboten« wird.

4. Dabei ließe sich vieles tun. Jeder, der mag und kann, hat reichlich Gelegenheit, unsere Meßfeiern anziehender gestalten zu helfen, besonders die am Sonntag. Denken wir ein wenig darüber nach und tragen wir dann zusammen.

– Da sind zunächst viele Dinge zu erwähnen, die jeder tun kann, der am Gottesdienst teilnimmt, unaufgefordert, ohne Hilfe anderer, ohne »amtliche« Verantwortung dafür zu haben; alle diese Dinge lassen sich auf einen gemeinsamen Nenner bringen. Ich möchte ihn als »aktive Beteiligung« bezeichnen.

Was meine ich damit? Kurz gesagt: die Art, wie wir das Gotteshaus betreten, uns mit Weihwasser bezeichnen, hinknien, Platz suchen und nehmen, uns sammeln, mit den anderen gemeinsam hören, beten, singen und schweigen. Ich denke, jeder, der seine Augen auftut und ehrlich ist,

entdeckt sofort: Hier warten lohnende und wichtige Aufgaben. Vielleicht sprechen manche von uns heute am Mittagstisch oder nachmittags beim Wandern oder in der kommenden Woche in Gruppen und Unterrichtsstunden einmal darüber, wieder einmal oder zum erstenmal?
– Natürlich ist es besonders Sache der Verantwortlichen, daß wir uns beim Gottesdienst wohlfühlen, ihn anziehend finden und »etwas daraus mitnehmen«. Und es gibt viele solche Verantwortliche: Frauen putzen und schmücken die Kirche. Der Mesner steckt Kerzen auf und zündet sie an, er heizt, macht Licht und vieles andere mehr. Organisten und Kirchenchormitglieder haben sich besonders den Gesängen und ihrer Begleitung mit Orgel und Orchester verschrieben. Ministranten helfen den Priestern und schlagen gleichsam eine Brücke zwischen dem Altarraum und dem Kirchenschiff, zwischen Gott, den Priestern und allen andern, die mitfeiern. Vorleser und Kommunionhelfer spenden uns Wort und Sakrament. Wir Priester schließlich »halten« und gestalten die Gottesdienste in ganz besonderer Weise. Alle diese Aufgaben lassen sich aber immer noch besser wahrnehmen. Alle genannten Menschen geben bestimmt gerne zu: Mein Eifer, meine Phantasie, mein Glaube können noch wachsen. Und dadurch würde auch der Gottesdienst für andere Menschen gewinnender.
– Schließlich: In den meisten Gemeinden, auch hier bei uns, setzen sich manche aus freien Stücken besonders für den Gottesdienst ein. Sie entwerfen Gebete und tragen sie vor. Sie stellen Lieder zusammen oder machen auf gute Musik aufmerksam, die sie kennengelernt haben. Jugendliche und Erwachsene bilden Arbeitsgruppen für Liturgie. Besonders kümmern sie sich um Gottesdienste für Kinder und alte Menschen. Aber es sind eigentlich überall noch viel zu wenige, die so denken und planen und proben. Viele andere mit Erfahrungen und Ideen sind willkommen und nötig, wenn die Gottesdienste in unseren Kirchen nicht lahm und langweilig, sondern eine Freude werden sollen.
5. Freilich, alles, was ich genannt habe, sind nur »äußere Maßnahmen«. Sie werden erst für den sinnvoll, der noch

etwas tiefer bohrt als Ansgar und Markus im Gesprächsspiel am Anfang dieser Predigt. Zuletzt geht es ja um die Frage: Wozu denn überhaupt hierherkommen? Was bedeutet es? Was habe ich davon?

Die wohl wichtigste Antwort auf diese Frage heißt: Zunächst geht es im Gottesdienst – um Gott. Ihm danken und ihn loben wir. Ihn erkennen wir als Gott, als Vater, als Retter an, wenn wir hier zusammenkommen.

6. Aber wir dürfen und müssen auch für uns etwas haben und entdecken wollen, wenn wir uns »hierher bemühen«. Kein Geringerer als der Evangelist Johannes spricht uns das Recht darauf zu – und durch ihn Jesus Christus selbst. Unter anderm im Evangelium dieses Sonntags, wenn wir nur den Mut haben, es gleich mitten in unser Leben zu stellen. Tun wir das, sagt uns dieser schwierige Abschnitt: Wir alle wollen leben. Wir möchten dazu aber nicht nur Brot für den Magen. Gut soll jemand zu uns sein, uns vertrauen und bejahen. Mit uns freuen soll sich jemand, wenn wir gut gelaunt sind. Wir suchen einen Tröster in unseren Ängsten und Sorgen. Wir wollen wissen, wozu wir leben und wie wir sterben können. Besinnen müssen wir uns manchmal, einfach still werden können, lauschen und alles abwägen können, was uns umgibt und bewegt. All das macht uns gerade diese Feier unserer Gottesdienste möglich, besonders die Eucharistie. Hier darf jeder von uns so herkommen, wie er ist. Hier wird jedem einzelnen von uns gezeigt und gesagt: Du giltst viel. Du sollst leben und ewig leben. Du bist reich und sollst unendlich glücklich werden. Gott liebt und sucht dich.

7. Johannes erinnert uns in dem schönen Evangelium, das wir heute hören, aber auch daran: Es geht buchstäblich um die ganze Welt, wenn wir hier zusammenkommen. Die Angst und Sorge aller Menschen steht uns hier vor Augen. Sie nimmt uns aber nicht den Blick dafür, wie herrlich diese Welt schon jetzt ist. Vor allem denken wir daran, daß Gott sie einmal in sein ewiges Reich verwandeln will, an dem wir mit ihm unendlich viel Freude haben sollen: Wie eine goldene Stadt soll unsere Welt nach Gottes Verheißung

ja werden, wie ein Land, in dem die Bäume immer blühen und Frucht tragen, in dem keiner weint und einsam ist, weil alle wie Freunde auf einem Fest zusammenleben.

8. Es »lohnt« sich also auch für uns, hierher zu kommen, selbst dann, wenn wir nicht mit allem zufrieden sind, was wir hier erleben. Es ist sogar unentbehrlich und unersetzlich für uns selbst und für alle anderen Menschen und Dinge auf der Welt. Wer's so sieht, versteht, daß wir jeden Sonntag hierher eingeladen werden und daß es schlimm ist, wenn ein Christ sagen muß: Ich weiß mit dem Gottesdienst nichts anzufangen. Aber weil es hier buchstäblich um »Brot vom Himmel« für jeden von uns und um »das Leben der Welt« geht, liegt es an uns, daß jeder Gottesdienst auch ein Fest für uns Menschen wird.

Schüler Gottes

Zum 19. Sonntag im Jahreskreis

Bezugstext: Joh 6, 41–51 (Tagesevangelium)

Predigtziele:
1. feststellen, daß jeder Mensch lebenslang lernen muß. Gründe dafür nennen und einsehen;
2. den christlichen Glauben als Lernprozeß einschätzen;
3. »Schüler Gottes« sein und bleiben wollen.

1. Impulsszene

Dieter: Also, Herr Müller, was kann ich tun?
Sprecher: Das will Dieter wissen, als er zum ersten Mal als Lehrling pünktlich um 7 Uhr in die Werkstatt kommt, die ihn zum Kraftfahrzeugmechaniker ausbilden soll. Sein neuer Chef, den Dieter so fragt, kann als Antwort auf diese Frage nur lachen:
Herr Müller: Ja, denkst du im Ernst, daß du heute schon was zu tun bekommst? Jetzt zieh' dich um, dann zeig' ich dir erst einmal alles richtig. Vor allem werd' ich dich den andern Mitarbeitern vorstellen. Bei denen kannst du dann heute ein bißchen zuschauen. Wenn dir was auffällt, frag's mich morgen. Inzwischen kannst du dir ja schon mal den Kopf darüber zerbrechen. Ich finde, das ist ein guter Anfang für einen Lehrling.
Sprecher: Am liebsten hätte Dieter den Kopf über diese komische Ansicht seines neuen Chefs geschüttelt. Selbst tüfteln – zuschauen und nachdenken – das nennt der Lehre? Der sollte ihm doch lieber sagen, wie man es macht und ihn dann an die Arbeit heranlassen! Aber Dieter beherrscht sich doch, solange der Chef ihn sehen und hören kann. Erst in der Umkleidekabine brummt er:
Dieter: Schöne Lehre scheint das ja zu werden! Selbst entdecken – sich was einfallen lassen! Anstatt einem klipp und klar Bescheid zu geben!

2. Impulsfragen

Dieter und sein neuer Chef stellen sich unter »Lernen« offensichtlich jeder etwas anderes vor. Wie denkt Dieter? ... Was meint der Chef? ... Jetzt haben wir schon zwei Wege beschrieben, auf denen wir Menschen lernen. Wer kennt noch andere? ... Aha, die Frage war ein bißchen zu schwer. Also stelle ich eine andere: Was müssen wir denn alles lernen? ... Und wie machen wir das – lernen? ...
So, jetzt haben wir aber eine ziemlich lange Liste zusammenbekommen. Ich meine fast, es fehlt nichts Wichtiges darauf. Ich kann unser Gespräch so zusammenfassen: Jeder Mensch muß sein Leben lang lernen: Das kleine Kind, das eben zur Welt kommt, lernt atmen und schauen und saugen und schreien. Aber auch der alte Mensch, der sterbenskrank daliegt, lernt noch etwas sehr Wichtiges – eben: sterben. Viele Menschen und Dinge helfen uns lernen: Lehrer und Erzieher, Bücher und Reisen zum Beispiel.

3. Jetzt aber das interessante Problem: Weshalb lernen wir Menschen eigentlich unentwegt? Warum können wir nicht eines Tages sagen: »So, jetzt weiß ich alles, was ich wissen muß. Jetzt kann mir nichts mehr passieren. Jetzt bleib' ich, wie ich bin«? .. Gelt ja, das ist gar nicht so einfach zu beantworten. Aber ihr habt gut mitgemacht und lauter richtige Antworten gegeben: »Wer rastet, der rostet«, könnte man mit einem alten Sprichwort zusammenfassen. Das heißt: Wer nichts mehr dazulernt, verdient nicht viel und kommt überhaupt nicht voran. Das Leben wird für ihn fad. Eines Tages muß er praktisch »Einspänner« werden, ein einsamer Narr, der sich nicht unterhalten und freuen kann, weil ihn niemand ernst nimmt. Und selbst wer das in Kauf nimmt oder gar will, muß erfahren: Jeder Mensch lernt immerfort im Leben. Und wenn er als Tippelbruder neue Straßen begehen und immer andern Menschen begegnen und eines Tages sehen muß, wo er sich hinlegt, um zu sterben. Die meisten Menschen wissen deshalb: »Lebenslang lernen«, das muß sein, das macht im Grunde Freude, wenn es auch nicht immer angenehm ist.

4. Und doch kenn' ich einen Bereich im Leben, von dem behaupten manche: Da gibt es nichts weiter zu lernen. Da kann ich mitreden. Da weiß ich mehr als genug.

Ihr ahnt sicher schon, woran ich denke: Ich spreche von unserem Glauben, von Gott und dem Gottesdienst, von Jesus Christus und der Kirche, von Caritas und politischem Einsatz aus christlicher Verantwortung heraus. Dazu sagen viele Menschen heute: »Das kenn' ich alles. Da kann man mir nichts mehr bieten. Ich hab' als Kind zu Hause beten und in die Kirche gehen müssen. In der Schule hatten wir Religionsunterricht. Viele, viele Predigten habe ich im Lauf meines Lebens gehört. Mir hat das alles nichts gegeben. Jetzt bedeutet es jedenfalls nichts mehr für mich und mein Leben. Dazulernen kann ich in dieser Hinsicht nichts mehr. Auf diesem Gebiet weiß ich ein für allemal Bescheid. Ich bin restlos bedient.«

5. Johannes läßt im Evangelium dieses Sonntags Jesus mit Menschen reden, die so eingestellt sind. Sie finden, Gott muß so sein, wie sie ihn sich denken. Sie glauben, niemand darf so sprechen wie Jesus. Sie meinen, sie kennen den Glauben in- und auswendig. Und deswegen wollen sie nichts von Jesus wissen, der unerhörte Dinge sagt und tut. Da fordert Jesus sie heraus. Er behauptet: Alle Menschen sind und bleiben Gottes Schüler. Gott hat allen Menschen etwas zu sagen, zeit ihres Lebens.

6. Wir sind alle Gottes Schüler, unser Leben lang – dieses Wort hat es mir angetan. Ich glaube, es hat uns allen viel zu sagen:

Zunächst einmal dies: Jeder Augenblick unseres Lebens zeigt uns Gott und Welt, vor allem unser eigenes Leben, in einem neuen Licht. Besonders können wir das an den Höhepunkten und in den Krisen unseres Lebens feststellen: Wenn wir noch kleine Kinder sind und uns bei fast allem helfen lassen müssen, sieht die Welt ganz anders aus, als wenn wir junge, gesunde Erwachsene sind. Aber schon wenn wir dreißig oder vierzig Jahre werden, wenn unsere Zähne endgültig ausfallen und die Haare dazu, denken wir wieder anders über alles in der Welt. Und wer als alter

Mensch einsam auf seinen Tod wartet, schaut noch einmal ganz anders auf Leben und Tod, Erde und Himmel. Ob wir spielen oder arbeiten, glücklich oder traurig sind, immer sieht alles anders aus. Das heißt aber auch: Wir haben immer neuen Anlaß, an Gott zu denken und mit ihm zu sprechen. Bald steht er klar und groß vor unseren Augen, bald ist er uns ein Rätsel. Einmal denken wir dankbar: Gott ist gut. Ein andermal müssen wir uns Sorge machen: Wie denkt Gott wohl über mich, weil ich so bin und handle?

7. Es wäre noch viel darüber zu sagen, wie unser Leben als Christ sich wandelt, wie unser Glaube an Gott und unser Verhalten zu unseren Mitmenschen sich immer wieder anders zeigen und auswirken können.

Schauen wir aber heute lieber noch auf Menschen, die daraus Konsequenzen gezogen haben!

– Ich denke etwa an Manuela. Sie ist elf geworden und geht in die fünfte Klasse der Realschule. Neue Kameradinnen, Lehrer, Fächer – das alles und noch mehr bedeutet das für sie. Deshalb und auch noch aus anderen Gründen hat Manuela jetzt viele neue Fragen, z. B.: Wie soll ich meine Haare tragen? Soll ich mich von einem Jungen aus meiner Klasse küssen lassen? Muß ich meinen Eltern immer folgen? Wieso sollen die Pfarrer im Beichtstuhl eigentlich erfahren dürfen, was ich alles angestellt habe? Deshalb ist Manuela in eine katholische Mädchengruppe eingetreten. In der wird gewandert und gesungen, gespielt und gebastelt. Aber vor allem reden sich die Mädchen dort die Köpfe heiß. Denn Christiane, ihre Leiterin, kennt sich aus. Ihr kann Manuela sagen, was sie denkt. Und wenn Christiane etwas sagt, glaubt ihr Manuela. Schließlich ist Christiane siebzehn Jahre ...

– Bei Werner und Sabine Röckel sieht das wieder anders aus. Sie sind jetzt beide fünfundzwanzig Jahre alt und jung verheiratet. Vor ein paar Monaten haben sie ihr erstes Kind bekommen. Dadurch stehen sie vor vielen neuen Fragen: Was tun, wenn das Baby um Mitternacht schreit? Und sonntags? Schließlich kann man doch mit so einem Krachmacher nicht in die Kirche gehen. Röckels haben auch nur eine kleine Wohnung und möchten deshalb einstweilen kein Kind mehr. Müssen sie deshalb darauf verzichten, als Mann und Frau miteinander zu verkehren? Weil sie sich das alles fragen, sind Röckels einem Familienkreis ihrer Pfarrgemeinde beigetreten. Da lernen sie viele kennen, denen es wie ihnen geht. Gemeinsam mit andern jungen Elternpaaren überlegen und entscheiden sie. Manchmal beten sie auch miteinander, damit Gott ihnen zeigt, was jetzt wichtig und gut ist.

– Bei den Worten »Schüler Gottes – lebenslang« ist mir aber auch Frau Heyder eingefallen, die ganz in meiner Nähe im Altersheim wohnt. Sie kann mit ihren 84 Jahren kaum mehr laufen. Ihre Beine sind steif geworden, ziemlich dick und kurzatmig ist sie auch. Aber Frau Heyder läßt es sich nicht nehmen, alle vierzehn Tage in den Altenclub zu gehen, den es seit ein paar Monaten auch bei uns in der Gemeinde gibt: Dort machen sich die alten Herrschaften Kaffee und Kuchen, dort singen und spielen sie. An Fasching haben sie sogar in Kostümen getanzt. Vor allem sprechen die alten Leute sich dort aus, untereinander, mit dem Pfarrer, mit einem Arzt oder einem Rechtssachverständigen. Alle Fragen, die für sie wichtig sind, kommen dabei nach und nach zur Sprache: Wie sieht ein Testament aus? Wie kann ich mich jetzt richtig ernähren? Was kann ich für Gott und andere tun? Wie sterbe ich einmal?

8. Ich denke, ich konnte durch diese Beispiele zeigen: Wir sind und bleiben Schüler Gottes, alle zusammen. Gott kann uns auf manche Art lehren und tut es auch. Aber es ist auch unsere Sache, daß wir immer neu nach ihm und unserem Leben fragen. Wir haben hier und heute viele Möglichkeiten dazu, Gott sei Dank! Schade, daß so viele nichts davon wissen oder halten!

Tod gibt Leben
Zum 20. Sonntag im Jahreskreis

Bezugstext: Joh 6, 51–58 (Tagesevangelium)

Predigtziele:
1. über Vorstellungen vom Leben nach dem Tod nachdenken;
2. Einwände gegen den christlichen Auferweckungsglauben nennen und würdigen;
3. auf die Auferweckung der Toten hoffen.

1. Impulsszene

Susanne: Graulst du dich auch so schrecklich?
Sprecher: Das will Susanne von ihrem Bruder Rainer wissen, als sie beide die erste Nacht in ihrem Ferienquartier zubringen, endlich einmal wie »große Leute« – in einem Zweibettzimmer.
Rainer: Nein, um Himmelswillen, wieso denn?
Sprecher: Rainer ist erstaunt und gähnt müde.
Rainer: Ich war gerade dabei, in dieser himmlischen Ruhe einzuschlafen. Nach 700 Kilometern Autofahrt an einem Tag hat man das ja schließlich verdient. Und da kommst du mit deiner blöden Frage. Was hast du denn? Sind Wanzen in deinem Bett? Oder hast du Bauchweh von den Oliven gekriegt, die es zum Abendbrot gegeben hat?
Sprecher: Weil Rainer seine Schwester so aufzieht, will Susanne nicht richtig mit der Sprache heraus, warum sie nicht einschlafen kann. Nur gut, daß Rainer im Dunkeln nicht sehen kann, wie rot sie wird, als sie flüstert:
Susanne: Daß unser Fenster ausgerechnet auf den Friedhof hinausgehen muß!
Sprecher: Rainer versteht überhaupt nicht:
Rainer: Deswegen kannst du nicht schlafen und fürchtest dich? Ja aber, um Himmelswillen, wieso denn nur?

Susanne: Na, wenn's *doch* Geister gibt! Stell' dir nur vor, wenn wir zufällig mal um Mitternacht aufwachen und eine grüne Hand fährt gerade aus einem Grab! Oder es hängt gar einer im Leichenhemd mit seinem Schädel unterm Arm vor unserem Fenster!
Rainer: Du spinnst ja!
Sprecher: Rainer dreht sich zur Wand. Damit will er zeigen, daß das Gespräch für ihn beendet ist. Susanne spürt: Mit Rainer ist heute nichts mehr anzufangen. Sie weiß aber auch: Sie wird noch lange wach liegen und an die Toten auf dem Friedhof denken. Deshalb kriecht sie unter die Bettdecke und flüstert:
Susanne: Du hast gut reden!

2. *Impulsfragen*

Wenn ich euch Buben und Mädchen oder gar die Erwachsenen fragen würde: »Wer fürchtet sich vor Gespenstern?«, bekäme ich bestimmt nur Lachen als Antwort. Dabei bin ich ziemlich sicher: Den meisten von uns ist es manchmal »nicht ganz geheuer«. Sagt, wie kommt das eigentlich: Wir wissen alle genau: Es gibt keine Gespenster; und doch fürchten sich viele Menschen davor? ... Gut habt ihr das heute wieder einmal gemacht! Ich fasse zusammen: Menschen wehren sich manchmal dagegen, daß Tote wirklich tot sein sollen. Wenigstens von manchen Toten nehmen viele an: Sie leben irgendwie weiter. Sie können sich mit uns, den Lebenden, in Verbindung setzen. Besonders von auffallend guten und bösen, glücklichen und unglücklichen Toten denken Menschen das oft. Wer kann sich denken, wie das kommt? ... Sicher könnte man auf meine Frage auch noch anderes antworten, als ihr, Karin und Tom, es getan habt. Aber lassen wir es damit genug sein!
3. Viel interessanter und wichtiger ist nämlich etwas anderes: Wie stellen Menschen sich denn überhaupt das Leben nach dem Tod vor? Sprechen wir zunächst von nichtchristlichen Völkern und Zeiten.
– Wer kann uns beispielsweise sagen, wie sich unsere

Vorfahren, die Germanen, das Leben der Menschen nach dem Tod ausgemalt haben? ...
— Und wer erzählt uns etwas über die Vorstellungen von der Unterwelt, vom Totenreich, die es bei Griechen und Römern in der Antike gab? ...
— Sicher weiß auch mancher von euch etwas über die »ewigen Jagdgründe« zu sagen. Was ist denn das? ...
— Und »Seelenwanderung«? Wer hat dieses Wort schon einmal gehört und berichtet kurz darüber, was es bedeutet? ...
Gut, jetzt steht sozusagen ein großes, buntes Bild vor unseren Augen. »So denken Menschen vom Leben nach dem Tod«, könnten wir unter dieses Bild schreiben.

4. Etwas fehlt darauf freilich noch. Tragen wir es nach! Was sagen denn Jesus Christus, seine Apostel und andere Christen über das Leben nach dem Tod? ...

5. Wieder sind alle eure Antworten brauchbar; ich fasse sie deshalb nur kurz zusammen: Jesus predigt von einem neuen Leben nach dem Tod für alle Menschen. Wie ein herrliches Hochzeitsmahl soll dieses Leben für die Menschen sein, die er selbst zu Gott ruft: für alle, die Gott und andere Menschen nach Kräften geliebt haben. Für andere freilich, die nur sich gesucht haben, soll dieses Leben nach dem Tod eine einzige Qual werden, wie in einem Feuerofen. Die Apostel Jesu erfahren nach seinem Tod: Jesus lebt wieder. Gott hat ihn auferweckt und verwandelt. Aber er ist es — unser herrlicher Herr. Das verkündigen sie als Kern und Grund ihrer frohen Botschaft. Darum verheißen sie auch uns, daß unser Tod uns Leben schenken wird. Und seither hoffen die Christen in aller Welt: Der Tod ist etwas ähnliches wie ein Tor. Danach beginnt neues Leben — herrlich schön für die, denen Gott es aus Gnade und als Lohn schenkt, todtraurig und qualvoll für die, die sich in ihrem Leben unweigerlich gegen Gott entschieden hatten. Das sind, in wenigen Worten gesagt, die großen Freuden und die schlimmen Möglichkeiten, mit denen gläubige Christen für das Leben nach dem Tod rechnen. Heute denken wir besonders daran und müssen unbedingt davon sprechen. Denn Christus spricht heute durch das Evangelium nach

Johannes über das Leben, das er uns auch nach dem Tod geben will.

6. Gläubige Christen erwarten dieses Leben – das mußte ich eben sagen. Denn es gibt heute manche, die nicht glauben wollen und können, daß dem Tod wieder Leben folgt. Auch solche, die sich für Christen halten, sind darunter. Ich denke mir, daß wir alle diesen »Nichtglauben« gut verstehen. Denn die Fragen und Zweifel, die gegen ein Leben nach dem Tod in Menschen aufsteigen können, sind uns wohl allen gut bekannt, ich denke besonders an die folgenden:

– Wir erleben doch, wie grausam und endgültig der Tod bei Menschen ist. Schon bei denen, die friedlich nach langer Krankheit oder plötzlich bei einem Unfall sterben. Erst recht aber bei den Opfern einer Flugzeugkatastrophe oder eines Krieges: Sie werden zerrissen, verbrennen, verkohlen. Und für solche Menschenfetzen und Aschenreste soll es neues Leben geben?

– Oder: Menschen sind doch aus Fleisch und Blut. Sie brauchen Luft und Lebensraum. Menschen sind und werden eben keine Geister. Wo sollen denn die Millionen oder Milliarden Menschen nach ihrem Tod leben, die bereits gelebt haben, jetzt leben und noch leben werden? Himmel und Hölle, wo gibt es denn einen Platz für sie?

7. Ich muß zugeben, was die meisten von uns wohl ohnehin aus Erfahrung wissen: Diese Fragen und Zweifel wiegen schwer. Es gibt keinen Menschen, der sie überzeugend beantworten kann. Es bleibt uns nur, darauf zu vertrauen, daß Jesus Christus uns die Wahrheit über das Leben nach dem Tod sagt, weil er es kennt und in ihm lebt. Wir können nur in Bildern davon reden, wie dieses Leben aussieht. Aber wir können und dürfen das. Aus manchen Gründen. Vor allem, weil Jesus sich als glaubwürdig erweist im Leben und Sterben, weil seine Apostel davon überrascht werden, daß er nicht im Tod bleibt. Wir dürfen aber auch auf ein Leben nach dem Tod hoffen, weil fast alle Menschen, die je auf der Erde gelebt haben, diese Hoffnung hatten. Sie legt sich uns nahe, weil keiner von uns zufrie-

den ist mit *diesem* Leben, weil so viele Menschen ihres Lebens nie froh werden können. Gibt es kein Leben nach dem Tod, das ausgleicht und vergilt, wären ja so viele betrogen, die früher gelebt haben und jetzt leben.

8. Zeigen wir also weiter, daß wir an ein Leben nach dem Tod glauben, haben wir den Mut, auf dieses Leben zu hoffen und uns darauf vorzubereiten, mit Ernst und in Freude!

— Ein Zeichen dafür geben wir auf unseren Friedhöfen: Schon wenn sie schön angelegt sind. Vor allem aber, wenn Grabsteine durch ihre Inschrift zeigen: Die Angehörigen des Toten glauben an sein ewiges Leben.

— Hoffnung auf das Leben nach dem Tod zeigen wir aber auch hier in der Meßfeier, besonders, wenn wir das Brot »für das Leben der Welt« empfangen: Jesus Christus selbst, der verheißen hat, uns nicht im Tod zu lassen.

— Ja, unser ganzes Leben kann ein Zeichen der Hoffnung auf ein neues Leben nach dem Tod sein: wenn wir jetzt schon neu leben, wenn durch uns Frieden und Freude zu den Menschen kommen.

Hart, aber das einzig Mögliche

Zum 21. Sonntag im Jahreskreis

Bezugstext: Joh 6, 60–69 (Tagesevangelium)

Predigtziele:
1. sich an Erfahrungen und Überlegungen erinnern, die christliches Leben und Glauben als Last erscheinen lassen;
2. Beispiele und Gründe dafür bedenken, daß christliches Leben und Glauben entlastet und befreit;
3. sich am christlichen Leben und Glauben freuen.

1. Impulsszene

Telefonseelsorger: Hier Telefonseelsorge. Grüß Gott!
Sprecher: Das hat Herr Guntram gesagt – wie schon so oft, seit er bei der Telefonseelsorge mitarbeitet.
Anrufer (Kind): Sind Sie – haben Sie – ich meine, kann man Ihnen wirklich alles sagen?
Telefonseelsorger: Ja, natürlich, dazu sind wir ja da. Jedenfalls hören wir gerne zu, wenn uns jemand anruft. Und wenn wir können, helfen wir auch mit Rat und Tat.
Anrufer: Ja, also, ich – ich bin ganz durcheinander. Und ich hab' niemand, den ich sonst fragen kann, mein Papa ist auch völlig fertig. Und ich, ich halte es nicht mehr aus: Meine Mutti ist nämlich gestorben. Fünfunddreißig Jahre war sie erst alt. Ganz plötzlich ist alles gekommen. Als ich vorgestern aus der Schule nach Hause kam, lag sie in der Küche auf dem Boden. Ich hab' Papa angerufen und wir haben sie ins Krankenhaus gebracht. Es ist eine Gehirnblutung, haben die Ärzte gesagt. Und heute morgen ist sie gestorben. Keinem hat sie was zum Abschied gesagt. Und alles ist jetzt so schrecklich traurig. Ich hab' noch einen kleinen Bruder, der fragt mich jetzt: »Wo ist die Mutti? Wann kommt sie denn wieder?« Was soll ich denn dem sagen?

Sprecher: Ganz langsam und leise hat Herr Guntram da gefragt:
Telefonseelsorge: Du bist also ein Mädchen, ja? Magst du mir sagen, wie alt du bist?
Anrufer: Ich bin elf Jahre, elfeinhalb Jahre. Aber wozu fragen Sie mich denn das? Können Sie mir nicht etwas sagen? Wieso müssen wir das denn gerade erleben, mein Papa und mein Brüderchen und ich? Wir haben unsere Mutti so lieb gehabt. Wir haben doch gar nichts getan. Ist Gott uns denn böse?
Telefonseelsorger: Nein, das glaub' ich ganz sicher nicht. Vielleicht ist es sogar umgekehrt und Gott will euch besonders viel sagen und schenken.
Anrufer: Und da macht er so was mit uns – uns die Mutti wegnehmen?
Sprecher: So hat die kleine Anruferin empört gefragt und einfach eingehängt.

2. Impulsfragen

Sagen kann Herr Guntram jetzt nichts mehr. Höchstens, wenn das Mädchen noch einmal anruft und er gerade wieder Dienst bei der Telefonseelsorge hat, bekommt er noch einmal Kontakt mit ihr. Aber das ist unwahrscheinlich. Denken wird Herr Guntram aber sicher manches, nachdem er *das* erlebt hat. Was meint ihr, was er sich überlegt? ...
Und wenn später wieder einmal jemand aus einer ähnlichen Situation heraus anrufen sollte wie dieses Mädchen, ob Herr Guntram dann etwas anderes macht als diesmal? ...
Viele von euch meinen also: Herr Guntram war nicht sehr geschickt. Er hätte sich besser anders verhalten, etwas anderes hätte er sagen sollen. Aber: Keiner von euch hat über Herrn Guntram gelacht oder geschimpft. Er hat es ja bestimmt schwer gehabt: In einem Augenblick herausfinden, was dem jungen Mädchen in solch einer furchtbaren Lage helfen konnte – wer kann das schon? Wer würde hier nicht fragen wie dieses Mädchen, eine verzweifelter als dieses Mädchen: Wieso das alles? Warum muß gerade

ich das erleben? Jetzt kann ich an keinen guten Gott mehr glauben.

3. Telefonseelsorger wie Herr Guntram müssen immer damit rechnen, daß sie so etwas zu hören bekommen, wenn sie ihren Dienst aufnehmen. Aber ich meine, auch jeder von uns, der nicht bei der Telefonseelsorge mithilft, kann plötzlich vor den gleichen Problemen stehen: »An Gott, an Jesus Christus glauben, als Christ in der Kirche leben, das kann und will ich jetzt nicht mehr.« Das kann uns ein anderer Mensch wütend oder traurig entgegenschleudern, das können wir selbst empfinden. Wann denn etwa? ... Jetzt hab' ich wohl wieder einmal zu schnell und zu schwer gefragt. Ihr habt ja nur wenig antworten können. Also ergänze ich selbst das Richtige, das ihr dazu bemerkt habt:
— Schon in unserem eigenen Wohnhaus überfällt uns manchmal der Gedanke: Was bin ich doch als Christ schlecht dran! Andere faulenzen und schlafen sonntags bis Mittag — ich soll aufstehen und in die Kirche gehen! Wenn wir uns dann aber trotzdem dazu aufgerafft haben, liegen die lieben Nachbarn vielleicht wieder in der Morgensonne im Garten. Kaum haben wir ihnen den Rücken zugekehrt, lachen sie über uns, weil wir schon wieder »in den Gebetsschuppen« unterwegs sind.
— Peter Schneider kriegt in seiner Klasse oft zu spüren, wie komisch es die meisten von seinen Schulkameraden finden, daß er Ministrant ist. »Willst du etwa Pfarrer werden?«, hat Bernadette ihn neulich zum Beispiel gefragt. Ausgerechnet die, die er so gern mag! Und tatsächlich, Peter könnte sich schon vorstellen, daß er einmal Priester wird. Aber heiraten möchte er auch gerne — so ein tolles Mädchen wie Bernadette zum Beispiel, mit jemand wie ihr müßt' man doch eine großartige Ehe führen können. Warum geht nicht beides zugleich? Warum macht Gott, weshalb macht einem die Kirche denn das so schwer: Christ sein?
— Evelyn Schneider wieder, Peters große Schwester, lacht in ihrer Klasse niemand aus, weil sie katholisch ist. Aber sie quält sich selbst unendlich mit der Frage herum, ob sie es bleiben kann: Sie möchte nach ihrem Abitur im näch-

sten Jahr eigentlich Ärztin werden, denn sie hilft gern. Überhaupt ist sie engagiert und interessiert. Eben deswegen ärgert sie sich so, daß nicht alle Christen so denken und eingestellt sind wie sie. Die meisten kümmern sich überhaupt nicht darum, daß Millionen verhungern und daß es Kriege und Folter gibt, Haß und Morde. Aber noch mehr: Evelyn fragt sich: Wenn Gott gut ist, wie kann er dann das alles geschehen lassen? Warum greift er nicht ein? Weshalb zwingt er die Menschen nicht dazu, daß sie im Frieden miteinander leben? Warum reißen das Beispiel und der Auftrag Jesu nicht viel mehr Menschen mit? Stimmt womöglich alles gar nicht, was Christen über Gott und Jesus Christus und seine Kirche glauben sollen? Müßte die Welt nicht anders aussehen, wenn es wahr wäre?
Nicht wahr, das genügt? Ich kann schon zusammenfassen, wozu ich noch viele Beispiele anführen könnte: Äußere Gründe, Erfahrungen, Druck, Spott, Verfolgung lassen uns das Leben als Christ oft hart erscheinen. Aber auch innere Ursachen machen es manchmal richtiggehend zur Qual: Fragen und Zweifel etwa, mit denen wir uns herumschlagen, die keiner klären kann, die wir manchmal noch nicht einmal auszusprechen vermögen.
4. Deshalb haben wir wohl alle heute aufgehorcht, als uns das Johannesevangelium versichert hat: Die Jünger Jesu beklagen sich. Sie finden unerhört hart, was Jesus ihnen sagt und bei ihnen sehen möchte. Sogar noch mehr: Das Evangelium behauptet nicht etwa: Jesus tadelt seine Jünger, weil sie solche Schwierigkeiten haben. Jesus tut nicht so, als ob es leicht ist, zu ihm zu stehen. Im Gegenteil, im heutigen Evangelium betont Jesus selbst: Zu ihm gehören, das ist nicht einfach. Es kostet allerhand. Viele Menschen schaffen das nicht. Mancher, der es gewollt hat, wird weglaufen. Gott muß einen Menschen besonders anrufen und stärken, damit er als Christ leben kann.
5. Noch mehr als diese klaren, nüchternen Gedanken hilft uns aber sicher der Schluß des heutigen Evangeliums: »Herr, zu wem sollen wir gehen? Du hast Worte des ewigen Lebens«, bekennt Petrus darin. Er, der erste Apostel,

der Sprecher aller Christen also, stellt auf diese Weise fest: Es ist bei Gott nicht immer leicht und einfach, Christ zu sein. In seinem Herzen glauben und durch sein Leben zeigen, daß man zu Jesus Christus gehört, kann weh tun. Aber – welcher Weg bietet sich uns Menschen denn außerdem an? Wer sonst verdient, daß wir für ihn leben?
Fragen wir in unserer Sprache ähnlich wie Petrus im Evangelium: Wer sagt uns, wozu wir leben? Wer hilft uns, wenn uns alle im Stich lassen? Wer gibt uns Mut und Eifer, wenn wir müde und traurig sind? Wer lädt uns ein, zuzupacken und auszuhalten, zu verzeihen und zu versöhnen? Wer lehrt uns leben und sterben? Wer hilft uns, arm und reich, glücklich und unglücklich *sein* zu können?
Sicher, viele behaupten, daß sie solche Helfer sind. Jeder Mensch auf der Welt klammert sich an etwas als sein höchstes Gut und seinen letzten Sinn. Aber wenn wir prüfen und ausprobieren, auf wen und was wir uns verlassen und einlassen können, bleibt zuletzt nur Jesus Christus als einer, der nicht enttäuscht.
6. Wagen wir es also neu, mit ihm zu gehen, uns Christen zu nennen und als Christen zu leben! Wir werden es nicht zu bereuen haben, gerade dann nicht, wenn es uns manchmal furchtbar schwerfällt.

Heuchler

Zum 22. Sonntag im Jahreskreis

Bezugstext: Mk 7, 1–8 (Auszug aus dem Tagesevangelium)

Predigtziele:
1. Erkennen, daß Menschen zum Aufschneiden neigen;
2. Angabe als mehr oder weniger harmlose Form von Heuchelei identifizieren;
3. anhand des Bezugstextes gewahr werden, daß es auch »fromme Spielarten« von Heuchelei gibt;
4. den Bußakt am Beginn der Eucharistiefeier als ehrliche Prüfung und Bitte vor dem Herrn nutzen wollen.

1. Impulsszene

Gerlinde: Du spinnst ja!
Sprecher: Das hat Gerlinde aus Garmisch-Partenkirchen ganz energisch gesagt. Natürlich hat sie dabei nicht vergessen, ein Vögelchen zu zeigen. Es galt ihrer neuen Ferienbekanntschaft, Karsten aus Wanne-Eickel im Strandkorb nebenan. Der hatte nämlich behauptet:
Karsten: Sechsmal so groß ist unser Freibad zu Hause. Das hier, dieses sogenannte Meerwasser-Wellenbad, das ist doch bloß eine schäbige Pfütze! Die ist ja so winzig, daß es sich gar nicht lohnt, daß du anfängst, darin zu schwimmen.
Sprecher: Weil Gerlinde keine Antwort von Karsten bekommen hat, wollte sie ihm noch einmal auf andere Art zeigen, daß es ihr an ihrem Ferienort recht gut gefiel. Und Karsten sollte auch merken, daß sie es nicht schön fand, daß er ihn schlecht machte. Darum hat Gerlinde ihn gefragt:
Gerlinde: Aber das Sprungbrett hier ist doch in Ordnung, nicht?
Karsten: Erstens ist das kein Sprungbrett, sondern ein Sprungturm. Zweitens ist der Sprungturm hier klitzeklein. Erbärmlich geradezu! Unserer zu Hause jedenfalls, der

kann sich sehen lassen gegen das mickerige Ding hier. Der hier hat ja bloß ein Drei- und ein Fünfmeterbrett. In unserm Bad zu Hause gibt es ein Zwanzigmeterbrett!
Sprecher: Jetzt hat Gerlinde sich schon richtig über Karsten geärgert. Deshalb hat sie ihn ziemlich spitz gefragt:
Gerlinde: Und von dem Zwanzigmeterbrett, da springst du wohl auch? Mitten in euer Riesenbecken?
Karsten: Na klar, zigmal hintereinander, auch mit Doppelsalto, wenn du weißt, was das ist.
Sprecher: Gerlinde mochte dem Großsprecher nicht recht glauben. Aber wer weiß? Vielleicht war Karsten ein großer Schwimmsportler? Wenn es bei ihm zu Hause in Wanne-Eickel wirklich ein so großartiges Bad gab? Darum hat Gerlinde gebeten:
Gerlinde: Dann spring' doch mal hier wenigstens vom Fünfmeterbrett und mach' einen Salto dabei!
Karsten: Hab' jetzt keine Lust; außerdem hab' ich mir meine Fußsohle an einer Glasscherbe verletzt. Da geht das nicht!
Sprecher: Karsten hat sich daraufhin brummend auf die andere Seite gedreht, von Gerlinde weg. Nun konnte Gerlinde die Fußsohlen von Karsten sehen. Beide waren schmutzig, aber heil. Da konnte Gerlinde nur zu sich sagen:
Gerlinde: Angeber, elender!

2. Impulsfragen

»Angeber« nennt Gerlinde den Karsten, als sie ihn kennengelernt hat. Wie hätte sie noch sagen können? ... Ja, denn aufschneiden, großsprechen, angeben, heucheln – diese Worte bedeuten alle ungefähr das gleiche. Was denn? ... Richtig: Jemand tut so, als ob. Es stimmt aber nicht. Er »flunkert« etwas vor, andern, womöglich sogar sich selbst. Er übertreibt oder schwindelt, damit andere ihn bewundern oder seine Heimat oder sonst irgend etwas. (Daß die genannten Worte nicht alle genau das gleiche bedeuten, wird uns klarer werden, wenn wir sie in dieser Predigt ge-

brauchen. Einstweilen dürfen wir sie ruhig wechselweise verwenden.) Ich frage also:
3. Wer hat denn jetzt in den großen Ferien ähnliches erlebt wie Gerlinde: daß einer mächtig angibt, aufschneidet, flunkert?... Also viele. Erzählt einmal kurz, wie das war – mit diesem Angeber?...
Und die andern? Ich denke sicher, sie haben auch schon einmal erlebt, wie das ist, wenn einer angibt: Wie ist denn das z. B., wenn wir uns nach Weihnachten oder auch nach der Erstkommunion oder der Firmung erzählen, was wir geschenkt bekommen haben?... Und was kann man in einem Ferienlager zu hören bekommen, wenn einer dem andern vorrechnet, wieviel größer, schneller und bequemer der Wagen ist, den seine Eltern fahren?... Aber nicht nur Kinder geben gerne an. Auch Erwachsene trumpfen ganz schön auf, wenn sich's ergibt und es ihnen liegt. Beispielsweise zwinkern wir uns manchmal zu und sagen: Jägerlatein! Damit meinen wir ungefähr dies: Hier übertreibt einer maßlos. Hinter dem, was er sagt, ist nicht viel – oder auch gar nichts.
4. Meist ist es nicht sonderlich schlimm, wenn jemand aufschneidet. Oft will er sogar nur seine Zuhörer ein wenig auf den Arm nehmen, und denen macht das womöglich sogar Spaß. Wenn ein Jäger oder ein Angler oder ein alter Seebär etwas aus ihrem Leben erzählen, erwarten wir sogar irgendwie, daß sie uns mit ihren angeblichen Abenteuern »veräppeln«. Im schlimmsten Fall zucken wir über einen Angeber ähnlich mit den Achseln wie Gerlinde in unserer Anfangsszene. Der muß ja wissen, was er tut. Wenn er haben will, daß ihm niemand mehr glaubt – bitte schön, das ist seine Sache. Ich jedenfalls nehme ihn nicht mehr ernst, wenn es derart aufschneidet. So etwa denken wir über einen Angeber.
5. Aufschneiden oder Angeben kann aber auch dumm und gefährlich werden. Besonders ist das der Fall, wenn es sich zum Heucheln auswächst. Der Heuchler tut nach außen hin etwas, wovon er innerlich nicht überzeugt ist. Er spielt den andern aber nicht bewußt Theater vor. Er möchte errei-

chen, daß man ernst nimmt, was er tut. Manchmal machen Heuchler sich sogar selbst etwas vor. Sie denken am Ende selber: Ich bin so, wie es aussieht. Dabei stimmt das nicht. Von Menschen, die so sind, spricht Jesus im heutigen Evangelium. Er greift darin solche Menschen an, die besonders fromm aussehen möchten, ohne es wirklich zu sein. Vor allem wirft Jesus diesen Leuten vor: Ihr denkt euch alles mögliche aus, wovon ihr glaubt: Das gefällt Gott. Das tut ihr dann streng. Und wehe, wenn das nicht anerkannt wird, wehe dem, der das nicht so hält! Dabei fragt ihr gar nicht mehr, was Gott wirklich von euch erwartet. Kurz gesagt: Jesus wirft diesen Menschen vor, daß sie fromme Heuchler sind, Menschen, die Gott mißbrauchen und mißverstehen.

Damit haben wir auch gesagt, weshalb so gefährlich ist, was fromme Heuchler tun: Sie wollen haben, daß man sie besonders achtet. Sie halten sich für besonders gut. Sie schauen auf andere herab. Sie denken: So wie wir leben, will Gott es haben. Womöglich lachen sich solche Leute sogar ins Fäustchen, so ähnlich, wie man es von den römischen Auguren behauptet: Wir tun ja bloß so fromm. Wir wissen, daß wir schwindeln. Aber die Leute sollen viel von uns halten. Und den besten Eindruck macht es immer noch, wenn wir fromm tun. Wer so denkt und handelt, benutzt Gott zur Lüge.

6. Jesus behauptet das von bestimmten Menschen seiner Zeit. Besonders den Pharisäern wirft er diese fromme Heuchelei vor.

Aber es gab nicht nur damals Menschen, die mehr scheinen als sein wollten. Wenn etwas in den Evangelien steht, dürfen wir immer davon ausgehen: Der Verfasser hat das so niedergeschrieben, weil er gedacht hat: Das ist für alle Leser dieses Buches wichtig. Und wir glauben: Durch das Wort der Evangelien spricht Jesus Christus zu allen Menschen. Er meint damit auch uns, die seine Worte heute hören oder lesen.

7. Am heutigen Evangelium läßt sich geradezu beweisen, daß das so ist. Wer ehrlich ist, muß zugeben: Was Jesus darin anprangert, gibt es auch heute noch. Es sieht zum

Beispiel so aus: Ellinor sitzt in der Sonntagsmesse vor Uwe, ihrem »Todfeind« in der Klasse. Um ihm zu zeigen, wie reich und wie gut sie ist, gibt sie ein Zweimarkstück in die Opferschale, die herumgeht. Sie macht das so geschickt, daß Uwe ihr Silberstück klingeln hören muß. Ellinor denkt kein bißchen daran, daß ihr Geld für den Bau eines Aussätzigenkrankenhauses in Tansania bestimmt ist. Sie hört das zwar mit halbem Ohr. Aber sie gibt's eigentlich nur her, um Uwe eins auszuwischen.

Vielleicht heucheln heutzutage nicht viele Menschen mehr so wie Ellinor. Aber eins tun sicher viele, die in die Kirche gehen und meinen, daß sie fromm sind: Sie schauen argwöhnisch auf solche, die anders aussehen als sie selber: Wer kurzgeschnittene, sauber gewaschene Haare hat, ärgert sich gern über wilde Struwwelköpfe – und umgekehrt. Wer bunte Hemden oder einen schicken Hosenanzug trägt, findet die Leute auch in der Kirche spießig, die noch weiße Nylonhemden oder ein Kostüm anhaben. Und mancher, der hierher in die Kirche kommt, zieht sich ganz bewußt altmodisch an, weil er glaubt: Das gehört sich so. Gott will es so. Alles andere schickt sich nicht.

Bei all dem vergessen wir aber leicht, worauf es wirklich ankommt: darauf, daß wir »um Gottes willen« hierherkommen; darauf, daß wir Gott und unsere Mitmenschen lieben; darauf, wie wir sind – nicht darauf, wie wir aussehen; nicht auf das, was andere von uns halten.

8. Es ist also auch heute noch leicht möglich, ein frommer Heuchler zu sein. Was tun, wenn man das merkt, wenn man das beachten will? Ich behaupte: Vieles ist möglich. Nur ein Beispiel dafür: Zu Beginn der Meßfeier besinnen wir uns (meist) auf unser Leben. Wir bekennen, daß darin manches falsch, manches Sünde war und ist. Wir bitten den Herrn, daß er uns verzeiht und hilft. Das bedeutet aber doch wenigstens: Wir rufen zum Herrn: Laß uns erkennen, wie wir sind! Laß uns nichts vorheucheln, dir nicht, andern nicht, uns selbst nicht!

Im Abseits

Zum 23. Sonntag im Jahreskreis

Bezugstext: Mk 7, 31–37 (Tagesevangelium)

Predigtziele:
1. An Menschen denken, die wir gern »ins Abseits« drängen;
2. darüber nachdenken, was Leben »im Abseits« bedeuten kann;
3. aus dem Evangelium erkennen, daß Jesus sich der Menschen »im Abseits« annimmt;
4. gegen »Abseitsstellungen« eintreten wollen.

1. Impulsszene

Gisela: Jetzt reicht's aber wirklich!
Erzähler: Das hat Gisela neulich beim Umziehen nach der Turnstunde ganz entschieden festgestellt. Und Jutta hat ihr zugestimmt:
Jutta: Nein, alles was recht ist, jetzt ist es genug! Die soll sich auf was gefaßt machen, die blöde Ziege! Die wird jetzt fertiggemacht! Sie allein ist schuld, daß die Gruppe immer verliert, bei der sie spielt. Egal, ob das beim Durchlaufen oder beim Völkerball ist!
Erzähler: Da hat sich Traudl auch noch eingemischt:
Traudl: Und das ist nicht bloß beim Turnen so! Marita hat überhaupt zwei linke Hände. Alles geht schief, was die anpackt.
Erzähler: Bald wußten es alle in der Klasse: Marita kann was erleben! Und Marita erlebt etwas: Keine außer ihrer Freundin Suse spricht mehr mit ihr. Die andern Mädchen in der Klasse schneiden ihr Fratzen. Oder sie drehen sich einfach um, wenn Marita auf sie zugeht. Jutta kneift sie manchmal in der Stunde, so daß Marita kaum das Schreien verbeißen kann. Ein paar Tage geht das so. Aber dann läuft das Faß über. Marita erwischt ein Blatt, das in der

Klasse weitergereicht wird. Darauf ist mit rotem Filzstift ein Würstchen gemalt, mit gelbem und schwarzem ein Misthaufen. »Zwei Ansichten von Marita« steht darunter. Bis zum Ende der Stunde hält Marita gerade noch durch. Aber dann läuft sie schluchzend aus der Klasse, ihrer Lehrerin nach.
Marita: Ich halte es nicht mehr aus, Frau Schindler, niemand kann mich leiden, alle lehnen mich ab!
Erzähler: Das kann Marita gerade noch stammeln. Dann versagt ihr auch die Sprache.
Lehrerin: Um Himmelswillen, was ist denn los, Marita?
Erzähler: Die Lehrerin ist ganz erschrocken. Denn sie erinnert sich sofort: Marita ist krank. Sie hat schon oft im Krankenhaus liegen und operiert werden müssen. Marita gibt sich viele Mühe und möchte gern viel leisten. Aber sie kann es wirklich nicht.

2. Impulsfragen

Wenn ihr die Lehrerin von Marita wärt, was tätet ihr in dieser Situation? ... Ja, das würde ich auch machen: Zuerst einmal mit Marita sprechen. Was könnte ihr die Lehrerin sagen – jetzt »auf die Schnelle« im Korridor der Schule und später einmal, vielleicht beim Nachhausegehen? ... Und sonst braucht Frau Schindler eurer Ansicht nach nichts mehr zu tun? ... Das will ich aber auch meinen! Sie muß unbedingt mit ihrer Klasse sprechen. Was könnte sie unternehmen, damit ihre Mädchen merken, was sie Marita angetan haben? ... Was wird geschehen, wenn die Lehrerin mit Marita und der Klasse gesprochen hat? ... Wer könnte helfen, daß Marita in der Klasse nicht mehr so alleinsteht? ...
3. Es fällt uns nicht schwer, auf diese Fragen zu antworten. Wir kennen Außenstehende. Marita, ihre Klasse und ihre Lehrerin sind erfunden. Aber sie sind kein Schwindel. Wie zwischen Marita und ihrer Klasse geht es oft in unserem Leben zu. Weshalb ist das wohl so?
Warum lehnen wir manche Menschen ab? ... Ja, die einen

benehmen sich anders, als wir es erwarten. Manche können mehr oder weniger, als wir es uns wünschen. Manchmal sieht jemand einfach unsympathisch aus. Ein andermal gefällt es uns nicht, wie er spricht oder sich benimmt. Kurz: Wir lehnen Menschen ab, die uns irgendwie herausfordern.

4. Daß uns jemand stört oder nicht paßt, das genügt uns oft schon; dann schieben wir den andern ins Abseits. Dabei fragen wir meist nicht: Wie kommt es eigentlich, daß uns dieser Mensch so »gegen den Strich geht«? Liegt es an ihm? Oder an mir? Und wenn der andere mich schon stört und aufregt: Muß das so bleiben? Darf ich ihn deshalb beiseite schieben oder verachten?

5. Vor allem aber: Wir machen uns praktisch keine Gedanken darüber, was das für einen Menschen bedeutet: »im Abseits« leben zu müssen. Unsere Impulsszene hat uns das wohl vor Augen geführt: Es kann einen Menschen zur Verzweiflung treiben, wenn er überall abgelehnt wird. Besonders schlimm ist es, wenn er ehrlich sagen darf: Ich bin nicht schuld daran. Ich kann nur nicht so wie andere. Ich bin nicht so wie andere, so gern ich es auch wäre. Weil ich anders bin, werde ich abgelehnt. Psychologen und Nervenärzte, Mitarbeiter in Beratungsstellen und Priester könnten uns mehr zu dieser Frage sagen. Zum Beispiel, daß Menschen furchtbar ängstlich werden können, wenn sie »im Abseits« leben. Andere versuchen gar, sich das Leben zu nehmen. Aber für hier und heute genügen diese Hinweise. Wir können sie zusammenfassen: Ein Mensch, der »im Abseits« leben muß, kann dauernden Schaden davontragen. Er kann an seinem Leben zerbrechen. Und die, die daran schuld sind, merken das womöglich nicht einmal. Sie bilden sich unter Umständen sogar ein: Ich habe einen Sonderling erzogen.

6. Wenigstens ein Mensch reagiert anders, wenn er auf einen Ausgestoßenen trifft. Wenigstens einer heult nicht mit den Wölfen. Wenigstens einer hat den Mut, auf einen Menschen zuzugehen, den andere »ins Abseits« gedrängt haben: Jesus, selbst ein Mensch »im Abseits«, ist gerade für solche Menschen da. Unser heutiges Evangelium ver-

kündet uns ein Beispiel dafür: Ein Taubstummer leidet offenbar furchtbar daran, daß er nicht wie die meisten andern Menschen leben kann. Er ist einsam, beiseite geschoben. Ja, wie die Menschen damals eingestellt waren: Dieser Taubstumme wird auch noch verachtet. Man denkt: Gott hat ihn strafen müssen. Er muß etwas Schlimmes getan haben. Oder er wird für eine Sünde seiner Eltern bestraft. So wendet sich dieser Mann voll Vertrauen an Jesus. Er traut Jesus zu, daß der ihn nicht verachtet wie die meisten anderen Menschen. Der Mann glaubt: Jesus kann und wird mir helfen. Er macht mich zu einem normalen Menschen. Jesus versteht diesen Menschen »im Abseits«. Für ihn gibt es keinen, der es verdient, beiseite geschoben zu werden. Jesus lebt aus der Überzeugung: Mein Vater liebt alle Menschen. Er sendet mich zu allen, besonders zu denen, die am Rand stehen. Deshalb heilt Jesus diesen Menschen. Nun kann er reden und hören. Jetzt gilt er als normal. Nun werden ihn auch die andern in ihre Gemeinschaft aufnehmen. Das verkündet uns das Evangelium dieses Sonntags. So zeichnen alle Evangelien das Verhalten Jesu zu den Menschen, denen er begegnet.

7. In erster Linie halten die Jünger Jesu, die uns die Evangelien aufgeschrieben haben, damit eine Predigt an die Menschen, die »im Abseits« leben müssen. Sie rufen ihnen zu: Verzweifelt nicht! Ihr seid nicht vergessen und verstoßen! Gerade weil ihr jetzt so elend daran seid, dürft ihr hoffen. Jesus Christus weiß, wie es euch zumute ist. Er hat euch im Auge. Er wird euch nicht verlassen!
Diese Gedanken haben schon Millionen Menschen stark gemacht. Im Vertrauen auf Jesus Christus haben es viele Menschen in den letzten 2000 Jahren fertiggebracht, »im Abseits« zu stehen, ohne daran zu zerbrechen. Nicht wenige sind sogar »ins Abseits« geraten, verfolgt und umgebracht worden, weil sie sich an Jesus Christus gehalten haben.

8. Aber das heutige Evangelium erlaubt uns nicht zu denken: Wunderbar! Jesus macht ja alles gut, was wir verderben. Er kümmert sich schon um die Menschen, denen wir das Leben sauer machen.

Vielmehr stellt uns dieses Evangelium das Schicksal der Menschen eindringlich vor Augen, die wir abschieben oder übergehen. Dieses Evangelium lädt uns ein, ähnlich wie Jesus Christus auf die Seite der Menschen zu treten, die am Rand stehen müssen. Wie das aussieht? Jedem von uns fallen ohne langes Nachdenken Antworten auf diese Frage ein. Es ist schon gut, daß wir uns daran erinnern: Wer lebt eigentlich in meiner Umwelt »im Abseits«? Warum ist das so? Besser und wichtiger ist es, daß wir einzelnen Menschen helfen, aus »dem Abseits« herauszukommen, ähnlich wie Maritas Freundin in unserer Impulsszene. Wer nicht über den Stotterer in der Klasse mitlacht, wer mit dem Türkenkind spielt, das fremd in die Klasse kommt, baut Brücken, die aus »dem Abseits« herausführen. Vor allem ist es wichtig, daß wir dafür sorgen, daß Menschen gar nicht erst »ins Abseits« geraten. Wir Christen haben besonderen Anlaß dazu. Wir bekennen ja: Gott ist Vater aller Menschen. Er liebt alle. Wenn Menschen es uns schwermachen, sie zu lieben – der Gedanke an Gottes Liebe kann uns dazu helfen. Gott kennt kein »Abseits« bei Menschen, die auf der Erde leben. Jesus geht zu den Menschen »im Abseits«: Damit ist auch uns ein Weg gewiesen – kein leichter, aber ein schöner.

Was Menschen wollen

Zum 24. Sonntag im Jahreskreis

Bezugstext: Mk 8, 31—35 (Auszug aus dem Tagesevangelium)

Predigtziele:
1. aus Beispielen erkennen, daß wir Menschen gern den bequemeren Weg wählen;
2. feststellen, daß der bequemere Weg nicht immer der beste ist;
3. den Kreuzweg Jesu als vorbildlich anerkennen und nachgehen wollen.

1. Impulsszene

Babs: Kaufst du dir den Atlas?
Sprecher: Das fragt Babs ihre Freundin Gerlinde nach der ersten Erdkundestunde im neuen Schuljahr.
Gerlinde: Ich weiß noch nicht recht. 24,80 Mark kostet er halt. Ich finde, das ist sehr teuer. Ob mir meine Eltern noch so viel Geld geben werden? Wenn wir auch die meisten Lehrbücher von der Schule geborgt bekommen, jetzt am Schuljahrsanfang braucht man doch manches. Und bei den heutigen Preise sind das für mich und meine Geschwister schnell hundert Mark und mehr.
Babs: Ich frag' meine Eltern erst gar nicht, ob ich mir den Atlas kaufen darf. Wozu denn? Ich brauch' ihn nicht. Mir genügen die Landkarten, die in der Erdkundestunde aufgehängt werden. Und einen Autoatlas haben wir schließlich auch noch zu Hause!
Gerlinde: Ich möcht' mir den Atlas schon kaufen. Daraus kann man doch viel lernen: Wie groß die Länder sind, wo die Anbaugebiete von Weizen und Reis liegen und in welchen Gegenden die großen Religionen die meisten Anhänger haben.

Sprecher: Aber auch durch dieses Argument läßt Babs sich nicht überzeugen. Sie lacht sogar darüber:
Babs: Und was hab' ich davon, wenn ich das alles weiß? Wenn mich das wirklich einmal interessiert, kann ich ja den Lehrer fragen oder in einem Lexikon nachsehen.
Gerlinde: Vielleicht kannst du aber auch einmal andern Leuten nützlich sein, wenn du einen Atlas hast. Ich wäre neulich jedenfalls sehr froh gewesen, wenn ich der Frau Kalweit in unserm Haus in einem Atlas hätte zeigen können, wie sie jetzt am besten in ihre Heimat, nach Ostpreußen, fährt, die polnisch geworden ist. Sie wußte ja nicht einmal, wie der Ort jetzt heißt, wo sie früher gelebt hat.
Sprecher: Von solchen Hilfsmaßnahmen hält Babs aber offensichtlich nicht viel. Sie sagt nämlich:
Babs: Wenn ich schon etwas kauf', dann doch nicht für fremde Leute, sondern für mich. Und den dämlichen Atlas brauch' ich wirklich nicht. Für das Geld, das der kostet, kauf ich mir lieber schicke Jeans oder einen neuen Pulli für den Herbst!

2. Impulsfragen

»Der ist aber kurzsichtig.« Wenn wir das sagen, können wir zwei recht verschiedene Dinge meinen. Welche? ... Wir gebrauchen das Wort »kurzsichtig« also auch in übertragenem Sinn; wenn wir ausdrücken wollen: Jemand überlegt und denkt nicht genug. Er sieht nicht soviel, wie er könnte und sollte. Ich behaupte nun: Babs in unserer Einleitungsgeschichte handelt kurzsichtig. Kurzsichtig in diesem übertragenen Sinn des Wortes. Wer kann sagen, was ich damit meine? ... Gut, das habe ich damit sagen wollen: Babs hat sich zu schnell gegen den Atlas entschieden. Sie hätte merken können: Es bringt Vorteile mit sich, wenn ich ihn kaufe und benutze. Sie selber könnte etwas davon haben, aber andere auch.

3. Freilich, wenn wir eben ziemlich hart über Babs geurteilt haben, müssen wir auch ehrlich zugeben: Klüger als sie handeln wir auch nicht gerade oft. Was Babs sagt und tut,

ist vielmehr typisch. Wir gehen doch alle gern den bequemeren Weg.
Oder wie ist es bei uns, wenn wir zum Beispiel beim Abspülen oder Abtrocknen helfen? Machen wir das immer sorgfältig genug? Oder muß uns die Mutter mahnen: »Laß dir doch mehr Zeit! Du machst es ja gar nicht sauber oder trocken. Das ist ja liederlich, was du machst.« Und wenn Lehrerinnen oder Lehrer in ihren Klassen Hausarbeiten nachsehen, was sagen sie dann dazu? Lautet ihr Urteil immer: »Hervorragend! Du hast alles richtig gemacht. Schön hast du geschrieben«? Ja, und ich kann auch nichts anderes als zugeben: So gerne ich diese Predigten vorbereite, ich geb' mir oft nicht so viele Mühe damit, wie es eigentlich der Fall sein sollte. Ich überlege sie manchmal nicht gut genug. Ich bin froh, wenn ich sie fertig habe.
Wer ehrlich ist, muß gestehen: Wir sind gerne kurzsichtig und bequem. Wir denken oft: Ach was, das geht auch so! Wenig Mühe tut es auch! Wozu soll ich mich derart anstrengen!
4. Wenn wir den bequemeren Weg einschlagen, übersehen wir aber etwas; was, das zeigt sich oft hinterher. Bleiben wir bei unseren Beispielen von vorhin: Wir haben die Weingläser oder die Teller vom Festgeschirr schlampig abgetrocknet. Niemand hat es gemerkt. Zunächst nicht. Aber dann kommt Besuch. Wir setzen ihm ein Glas oder einen Teller vor. Und mitten darauf prangt ein glänzender Daumenabdruck. Niemand sagt etwas. Aber wir sind ganz schön blamiert, jedenfalls, wenn unser Besuch es mit der Sauberkeit genau nimmt. Oder: Wir haben uns gedacht: Ach, der Lehrer kontrolliert morgen bestimmt nicht, wie meine Hausaufgabe ausschaut. Aber er tut es doch. Er sammelt die Hefte sogar ein und nimmt sie mit nach Hause. Dort schreibt er Noten in sein Büchlein. Und mir kann es sehr wohl passieren, daß ein Vater oder eine Mutter nach einer Predigt einmal zu mir sagt: »Das hätten Sie sich aber besser überlegen müssen! Sie bringen unsere Kinder ja ganz durcheinander – mit dem, was sie da gepredigt haben.«
Kurzum: Wir können Schaden anrichten, wenn wir es uns

zu bequem machen, bei uns, aber auch bei andern. Was uns schwerfällt, kann besser sein als das Leichte – wiederum: für uns oder für andere besser.

5. An Jesus Christus bewundern wir besonders das: Er hat nichts für die bequemen Wege übriggehabt. Er hat es sich schwergemacht. Er war auch in diesem Punkt anders, als wir es meist sind. Unser heutiges Evangelium verkündet uns das besonders eindringlich. Es sagt uns: Jesus ahnt, daß er leiden und sterben muß, als die Leute immer weniger von ihm wissen wollten. Jesus spricht von diesem Schicksal zu seinen Jüngern. Das regt vor allem den Petrus auf. Er will nichts davon wissen. Er möchte Jesus davon abhalten, daß er gefährliche Dinge sagt und tut. Petrus meint es gut. Er will es Jesus und sich selbst und seinen Freunden bequem machen. Er möchte seinen Meister nicht so schnell verlieren. Jesu soll nicht viel aushalten und elend sterben müssen. Aber Jesus fährt Petrus hart an: Er nennt ihn »Satan«. Dieses harte Wort besagt hier etwa Durcheinanderwerfer. Jesus bedeutet Petrus also: Du weißt nicht, was du sagst. Es ist dumm und falsch, was du möchtest. Du schaust nicht weit und tief genug. Daß ich leide und sterbe, ist wichtiger, als daß ich weiterlebe. Gott will es anders, weil mein Leiden und mein Tod allen Menschen zeigen sollen: Gott liebt euch als seine Kinder.

6. An dieses Wort über Jesus und sein Leben schließt der Evangelist Markus ein anderes an, das uns gilt. Wahrscheinlich denkt er dabei an die Art, wie Jesus sterben mußte: am Kreuz aufgehängt. »Wenn einer mir nachfolgen will, verleugne er sich selbst und nehme sein Kreuz auf sich«, läßt er Jesus zu uns allen sagen.

Diese Predigt aus dem Mund Jesu Christi erschreckt uns alle. Wir verstehen sie sofort. Und sie verlangt viel von uns. Der Evangelist sagt damit: Wer es sich bequem macht, geht nicht den Weg, den Jesus gegangen ist. Wer wie Jesus leben und sterben will, darf nicht fragen: Wie kriege ich es möglichst einfach? Seine Frage sollte lauten: Was ist jetzt am besten – für andere, für mich? Das wird oft das schwerere sein. Das wird meist weh tun. Trotzdem sollten wir gerne solche unbequemen Wege gehen: uns anstrengen und herschenken und verzichten können, wenn es so besser ist.

7. Keinem von uns gefällt das. Niemand von uns wird das immer fertigbringen. Kinder besonders, aber auch wir Erwachsenen müssen manchmal sogar wirklich zuerst an uns denken, um nicht vor Angst und Zweifel krank zu werden. Trotzdem, im heutigen Evangelium predigt uns Jesus: »Wer sein Leben retten will, wird es verlieren; wer aber sein Leben ... um meinetwillen verliert, wird es retten.« Ich darf dieses Wort nicht verschweigen und nichts anderes sagen, so schwer es mir fällt. Nur einen Trost kann ich anfügen: Unser Leben, unsere Welt wären schöner als jetzt, wenn wir uns selbstlos einsetzen würden füreinander – auf das Beispiel und das Wort Jesu hin.

Kinder aufnehmen

Zum 25. Sonntag im Jahreskreis

Bezugstext: Mk 9, 33–37 (Auszug aus dem Tagesevangelium)

Predigtziele:
1. Auf Menschen aufmerksam werden, die sich heute besonders um benachteiligte Kinder kümmern;
2. an Verdienste und Versagen der Christen gegenüber Kindern denken;
3. aus dem Evangelium erkennen, daß Jesus Christus besonders die Sorge für Kinder empfiehlt.

1. Impulsszene

Beatrix: Du bist ja noch gar nicht dran, du blöde Kuh!
Sprecher: Mit diesen Worten hat Beatrix neulich ein Mädchen zur Seite gedrängt, das vor ihr in der Schlange stand, vor dem Kiosk im Bad. Das stimmte zwar nicht. Das Mädchen hatte vor ihr gestanden. Trotzdem hat ihr Bruder Dirk Beatrix recht gegeben. Er hat dem fremden Mädchen sogar fest auf den Fuß getreten und sie angefaucht:
Dirk: Du hast hier überhaupt nichts zu suchen! Hau doch ab in die Hilfsschule! Da gehörst du hin!
Sprecher: Ob dem Mädchen nur der Fuß weh getan hat, ob es Angst vor Beatrix und Dirk bekommen hat, das ist schwer zu sagen. Jedenfalls ist es weinend weggelaufen. Mit einer merkwürdigen Stimme hat es etwas gerufen, was wohl »Mama, Mama« heißen sollte.
Dirk: So, die wären wir los.
Sprecher: Dirk hat seiner Schwester zugenickt und sich mit ihr an den Schalter geschoben. Als sie ihre Limonade und ihr Eis erstanden hatten, kam Beatrix aber noch einmal auf den Vorfall zurück:
Beatrix: Die war doch eben wirklich bescheuert, nicht wahr?

Wie heißen die doch gleich, die so aussehen wie die? Mango –, nein, ich hab's: mongoloid! Also, wenn ich so wär' wie die, ging' ich doch in kein Freibad, wo mich alle sehen. Da tät' ich mich doch lieber in ein Mauseloch verkriechen. Die beleidigt ja jeden Menschen, so wie sie aussieht.
Dirk: Vielleicht hat sie unvernünftige Eltern, die sie ins Bad schicken oder gar mitnehmen. Wahrhaftig, da haben wir's ja schon – sieh mal!
Sprecher: Dirk hat seine Schwester angestoßen. Mit dem andern Arm hat er auf das Mädchen gezeigt, das sich weinend an eine Frau geschmiegt hat.
Beatrix: Ob das die Mutter ist? Die sieht aber doch ganz normal aus! Sogar hübsch find' ich sie.
Dirk: Schau mal, neben der Frau, da spielen ja noch zwei andere komische Kinder – eins ohne Arme und ein kleiner Schwarzer. Die hat bestimmt mit ihrem Mann die Kinder da angenommen.
Beatrix: Die muß ja schön blöd sein, wenn du recht hast!

2. Impulsfragen

Alltäglich ist das bestimmt nicht, was Beatrix und Dirk beobachten: daß eine Familie mehrere Kinder annimmt. Selten sind Adoptionen – so nennt man solche Annahmen an Kindes Statt mit einem Fremdwort – aber auch nicht. Aus welchen Gründen werden denn Kinder adoptiert? ... Damit haben wir zugleich manches zu einer weiteren Frage gesagt: Sie heißt: Wann nennen wir denn ein Kind behindert oder verhaltensgestört? ... Wenn stark behinderte oder verhaltensgestörte Kinder nicht bei ihren Eltern leben können und auch nicht adoptiert werden, was geschieht dann mit ihnen? Wer sorgt für sie? Wo leben sie? ...
Bei uns tun also viele Menschen etwas für Kinder, die behindert oder verhaltensgestört sind. Ist das überall auf der Welt so, auch in Indien, in Afrika z. B.? ... Es gibt also auch noch dies: daß Kinder ausgesetzt werden, weil sie verkrüppelt sind, weil die Eltern sie nicht ernähren können. Und viele andere verhungern oder sterben an Krankheiten,

die man heilen könnte. Aber niemand kümmert sich um sie. Was meint ihr: Ist es selbstverständlich oder nicht, daß für Kranke oder in anderer Weise geschädigte Kinder gesorgt wird? Gehört sich das oder ist es eine Ausnahme? ...
Ihr sagt also: Es ist selbstverständlich, daß Kinder nicht im Stich gelassen werden, die Hilfe brauchen und zunächst keine rechte Hilfe haben. Gut, ich verstehe das und bin natürlich genau der gleichen Ansicht wie ihr. Grundsätzlich denken sicher alle von uns so: Wenn jemand schon benachteiligt ist, weil er krank ist, weil seine Eltern nicht genug für ihn tun, verdient er besondere Hilfe von andern. Dann müssen sich eben andere doppelt und dreifach um ihn kümmern: Ärzte und Schwestern, Erzieher und Pflegerinnen, Gymnastinnen und Sprachlehrer, Heimleiter oder Pflegeeltern.

4. Und doch, glaube ich, können wir ebenso Gründe dafür aufzählen, warum das alles nicht leicht ist. Ich nenne nur einige Beispiele: Behinderte sehen oft nicht »normal« und gefällig aus. Sie benehmen sich manchmal ungewöhnlich. Menschen, die sie sehen, starren sie an oder stellen dumme Fragen. Wer Behinderte begleitet, wird oft selbst für »blöd« gehalten – so wie von Dirk und Beatrix. Weiter: Behinderte und verhaltensgestörte Kinder belasten ihre Eltern, Pfleger und Erzieher oft sehr. Wer mit ihnen lebt, muß besonders viel Geduld haben. Er muß auf manches verzichten. Vielleicht lächelt das Kind ihm niemals zu. Unter Umständen muß es gefüttert und auf die Toilette gebracht werden, solange es lebt, auch wenn es längst erwachsen ist. Damit hängt noch etwas zusammen, was den Umgang mit vielen Behinderten und Verhaltensgestörten erschwert: Es kostet meist sehr viel, sie großzuziehen und auszubilden. Sie brauchen oft besondere Kleider und Geräte, vielleicht einen Rollstuhl oder eine Blindenschreibmaschine. Und viele müssen in Schulen oder Spezialkliniken gebracht werden, die teuer sind.

5. Einfach, angenehm haben es die Menschen also nicht, die sich um behinderte und verhaltensgestörte Kinder kümmern. Sie brauchen schon besonderen Mut und große Kraft

dazu. Viele jedenfalls müssen sich dazu aufraffen; sie brauchen besondere Motive dazu.

Im heutigen Evangelium gibt Jesus solch ein Motiv. Er sagt ja nicht einfach: »Wer ein Kind aufnimmt, nimmt mich auf.« Vielmehr heißt es im Evangelium: »Wer ein Kind in meinem Namen aufnimmt, nimmt mich auf.« Damit ist angedeutet: Es kann einem den Dienst an Kinder erleichtern, wenn man an Jesus Christus glaubt und ihn liebt. Wir Christen sind ja davon überzeugt: Jesus Christus liebt alle Menschen. Er stirbt und lebt für die ganze Welt. Er will alle glücklich machen und zu seinem Vater führen. Jesus Christus war und ist den Menschen besonders nahe, denen es schlecht geht. Wer Christ sein will, wird also versuchen, ähnlich zu denken und zu handeln. Wenn ihm das schwerfällt, darf er auf Jesus Christus schauen. Er kann Jesus Christus um Hilfe bitten. Gut, wenn jemand das nicht braucht; schön, wenn einer sagen und nachweisen kann: »Für mich ist es selbstverständlich, benachteiligten Kindern zu helfen. Mir genügt, daß sie Hilfe brauchen.« Aber viele werden sicher ehrlich zugeben: Ich bin nicht so einsatzbereit. Mir fällt es schwer, mich um auffällige Kinder zu kümmern. Er kann und darf versuchen, »im Namen« Jesu Christi so zu handeln, wie es das Evangelium heute nahelegt.

6. Viele Christen haben das versucht und tun es bis zur Stunde. Das ist eines der großen Ruhmesblätter in der Geschichte des Christentums: besondere Hilfe und Liebe für verlassene, verstoßene, kranke und »verwahrloste« Kinder. Die ersten Findelhäuser und Fürsorgeheime sind von Christen errichtet worden, Christen waren die ersten Heilerzieher und Sonderschullehrer. In manchen Ländern der Welt kümmert sich noch heute kaum jemand anderer um Kinder im Abseits als Christen und Einrichtungen, die die Kirchen unterhalten. Viele von uns werden das Bild von Mutter Teresa aus Kalkutta kennen: eine alte Ordensschwester, die schon Tausende von Kindern gerettet, gekleidet und verbunden hat. Aber sie ist nur eine von vielen auf der Welt, die ähnliches tun. Wer das alles nicht weiß, ist

schlecht informiert oder dumm. Wer das alles nicht wissen will, ist gemein. Und es sieht so aus, als müßten wir solche Dinge allmählich auch bei uns laut und deutlich sagen. Manche behaupten ja: Die Christen bringen nichts Vernünftiges zuwege. Sie schaden nur. Sie sollen nichts mehr zu sagen haben. Vor allem dürfen sie keine Kinder mehr erziehen und pflegen.

7. Freilich, das müssen wir selbst solchen Scharfmachern und Schwätzern zugeben: Ganz unrecht haben sie nicht. Auch wir Christen haben an Kindern vieles versäumt; anderes haben wir falsch gemacht. Manchmal und besonders früher sind kranke Kinder zu schnell »für den Himmel« erzogen worden – und nicht für das Leben in dieser Welt. Bisweilen mag es Eltern, Staaten und Gesellschaften ermuntert haben, Kinder zu vernachlässigen, weil Christen sich um sie gekümmert haben. Besonders heute, wo alle Wissenschaften stürmisch fortschreiten, ist rasch überholt, was gestern noch gut und richtig war. Viele Erzieher und Pfleger wissen nicht genug, um den Kindern, für die sie zu sorgen haben, so gut wie möglich helfen zu können. Manche Heime und Häuser sind veraltet, als Bau, in ihrer Ausstattung, nicht zuletzt in ihrer Lebensordnung, in ihrer religiösen Erziehung. Soll das geändert werden, braucht es viel Geld – Geld, das wir spenden müssen. Ein anderes Kapitel ist die Personalfrage: Schon heute gibt es viel zu wenig Schwestern und Erzieher, Pflegeeltern und Gruppenhelferinnen für behinderte Kinder. Vor allem aber: Auch wir Christen sind oft gedankenlos und lieblos gegenüber »solchen« Kindern. Beatrix und Dirk leben unter uns, nein: wir alle haben etwas von ihnen an uns. Jesus Christus aber stellt ein Kind in die Mitte seiner Jünger, und heute sind wir alle seine Jünger.

Dazugehören, ohne es zu wissen
Zum 26. Sonntag im Jahreskreis

Bezugstext: Mk 9, 34–40 (Auszug aus dem Tagesevangelium)

Predigtziele:
1. Darüber nachdenken, daß wir Menschen uns gern abkapseln, auch in unseren Bezugsgruppen;
2. aus dem Evangelium erkennen, daß Jesus Christus eine Jüngerschaft »mit offenen Rändern« will und daß er die Zugehörigkeit dazu nach dem Verhalten allein bemißt;
3. zur Solidarität mit anders eingestellten Christen und gutgesinnten Menschen bereit sein.

1. Impulsszene

Freddy: Meine Zeit, habt ihr auch so ein blödes Ding am Auto? Na, das müßt ihr ja jetzt bald verschwinden lassen.
Sprecher: Das hat Freddy neulich zu seinem Freund Siggi gesagt. Der schaut ganz erstaunt, weil er wirklich nicht weiß, was Freddy meint.
Freddy: Das Schild da an der Rückscheibe von eurem Wagen: »Heit auf d'Nacht wern die Preißn umgebracht.« Bald muß man solche Aufkleber und allen Zubehör entfernen, der nicht zur Originalausstattung eines Autos gehört. Hast du's nicht in der Zeitung gelesen?
Siggi: Nein, ich hab' nichts davon gehört. Aber wenn das stimmt, was du sagst, find' ich das schade. Über unseren Aufkleber da hab' ich oft lachen müssen. Der ist doch lustig!
Freddy: Ich find' ihn nicht lustig. Stell' dir doch mal vor, du wärst einer, der jetzt hier bei uns lebt und arbeitet, aber nicht hier geboren ist. Würde dir das dann Spaß machen, zu lesen, daß du eigentlich abgeschlachtet gehörst?
Sprecher: Eine Zeitlang wiegt Siggi daraufhin unschlüssig den Kopf hin und her; er ist sich nämlich auf einmal gar

nicht mehr so sicher. Aber dann lacht er seinen Freund wieder an:
Siggi: Na ja, wenn jemand leicht was krummnimmt, ärgert er sich vielleicht ein bißchen über so einen Aufkleber. Aber eigentlich muß doch jeder merken, daß das ein Witz mit einem wahren Kern ist.
Freddy: Und was ist dieser wahre Kern?
Siggi: Ach Gott, was soll das schon sein? Man bleibt halt gerne unter seinesgleichen und hat Störenfriede nicht gern.
Freddy: Und ein Störenfried, das ist jeder, der ein bißchen anders ist als man selber?
Siggi: Na klar, so ist das doch überall auf der Welt.

2. Impulsfragen

Damit war das Gespräch zwischen Siggi und Freddy natürlich noch nicht zu Ende. Ich hab' aber absichtlich nicht mehr davon wiedergeben lassen, weil ich euch gern fragen wollte: Wenn ihr an Freddys Stelle gewesen wärt, was hättet ihr ihm geantwortet? ... Also hätten die meisten von euch dem Siggi widersprochen. Sie hätten gesagt: »Nein, du siehst das falsch. Wir mögen doch Leute gern, die anders sind als wir. Wir wollen doch mit allen Freund sein!«
Ich behaupte aber: Siggi hat recht, wenn er meint: »Man bleibt gerne unter seinesgleichen und hat Störenfriede nicht gern.« Ihr schüttelt immer noch den Kopf? Gut, dann schauen wir uns einmal unter diesem Gesichtspunkt ein wenig im Menschenleben um. Erstes Beispiel: Zu Schuljahrsanfang findet sich die ganze alte Klasse im neuen Jahrgang wieder. Nur einer ist dazugekommen. Er ist älter. Niemand kennt ihn. Er kommt von auswärts. »Bestimmt ein Sitzenbleiber«, flüstert einer, als er den neuen Schüler sieht. Was denken die andern wahrscheinlich, was tun sie?
Noch ein anderes Beispiel: In einem Mietshaus geht es sehr ordentlich zu: Die Treppen sind immer sauber geputzt, sonntags riecht es pünktlich ab elf Uhr aus vielen offenen Küchenfenstern nach Hähnchen und Pommes frites. Da ziehen neue Mieter ein, junge Leute mit vier Kindern. Die

schleppen unbekümmert Dreck in den sauberen Hausflur. Die Mutter lacht dazu. Und gekocht wird bei den neuen Mietern nur selten einmal. »Wir haben einen großen Eisschrank. Da holen wir uns, was gerade drin ist, immer wenn wir Hunger haben«, erzählen die Kinder. Ihnen scheint das Spaß zu machen. Aber die übrigen Mieter im Haus sind anderer Meinung. Wer kann sich denken, was sie sich zuflüstern? ... Nicht wahr, es reicht schon? Wir dürfen feststellen: Wir Menschen haben es am liebsten nur mit Leuten zu tun, die ähnlich sind wie wir. Wer anders ist, macht uns mißtrauisch. Vielleicht werden wir sogar unsicher und bekommen Angst, wenn wir einmal wieder handgreiflich erfahren: Man kann auch anders leben, als ich es gewohnt bin. So ist es im Leben, in der Schule, im Beruf, zwischen Ländern und Völkern und nicht zuletzt unter Leuten mit verschiedenen Weltanschauungen.

3. Sagt jetzt bitte nicht zu schnell: »Natürlich, das ist falsch! So darf es nicht bleiben!« Denn – seien wir ehrlich – es ist nicht immer leicht, gut mit Menschen auszukommen, die anders sind als man selber. Manchmal muß man sich kräftig auseinandersetzen und vielleicht sogar auseinandergehen. Menschen, die anders sind als wir, können uns Angst einjagen. Unter Umständen sind sie wirklich gefährlich. Denkt euch nur einmal folgendes: Eines Tages zieht ein Mann als Untermieter in eine Wohnung in eurem Haus. Er sieht immer liederlich aus. Er spricht mit niemand. Er arbeitet nicht. Man sieht ihn nur immer einkaufen gehen. Bier- und Schnapsflaschen schauen aus seinem Plastikbeutel, wenn er heimkommt. Eines Tages ist der Mann schrecklich betrunken. Er muß brechen und macht auch die Truppe schmutzig, die eure Mutter eben geputzt hat. Nach einiger Zeit erfahren die Leute im Haus: Der Mann ist erst vor kurzem aus dem Gefängnis entlassen worden. Jetzt sitzt er oft auf einer Parkbank oder in einer finsteren Kneipe mit andern Männern zusammen, die ähnlich aussehen wie er. Sie flüstern immer nur miteinander.

Nicht wahr, in so einem Fall werden wir mißtrauisch. Ist das ein Wunder? Können wir uns das einfach abgewöhnen? Ich glaube nicht. Aber tun wir nicht unrecht, wenn wir jemandem nicht trauen, der anders ist als wir? Womöglich wartet so ein zwielichtiger Geselle, wie ich ihn eben geschildert habe, darauf, daß wir ihn annehmen? Vielleicht wäre er sogar ganz gern so wie wir und weiß nur nicht, wie er das anstellen soll? Was fangen wir also an, wenn jemand ganz anders ist als wir und wir ihn nicht recht leiden können?

4. Einiges Wichtige zu dieser Frage steht im heutigen Evangelium. Zumindest für einen Bereich unseres Lebens können wir viel daraus entnehmen.

Die Jünger beklagen sich einmal bei Jesus: Ein Mann zieht durchs Land. Er macht Kranke gesund. Die Leute staunen über ihn. Er sagt ihnen aber: »Ich tue das nicht aus eigener Kraft. Ich bete zu Gott und erinnere ihn an Jesus. Dann gibt Gott mir die Kraft, daß ich Wunder tun kann.« »Das geht doch nicht«, wehren sich die Jünger. »Der gehört doch nicht zu uns. Du mußt es ihm verbieten!« Aber Jesus weist sie zurück. Er erklärt auch, weshalb er das tut: »Wer nicht gegen uns ist, der ist für uns.«

5. Das steht nicht zufällig im Evangelium. Der es aufgeschrieben hat, wollte damit sicher seinen ersten Lesern helfen, als Christen zu leben. Damals ging es ja in den einzelnen Christengemeinden noch recht unterschiedlich zu. Dort stand ein Bischof an der Spitze einer Gemeinde, da waren es mehrere Priester, die eine Gemeinde als Kollegium geleitet haben. In der einen Gemeinde, die Paulus gegründet hatte, wurden im Gottesdienst seine Briefe vorgelesen. In anderen hat man gepredigt, was ein anderer Apostel oder Jünger früher bezeugt hatte. Da wurde die Eucharistie anders gefeiert als dort. Da gab es ganz sicher Fragen und Spannungen unter den Christen: Bei denen ist es so anders als bei uns. Wer hat denn nun recht? Darf man das auch?

6. Ganz ähnlich geht es in unserer Kirche heute wieder zu. Die einen schwören auf sogenannte rhythmische Gesänge in der Meßfeier, andere behaupten: »Die gehören nicht in einen Gottesdienst! Da dürfen nur wertvolle alte Lieder

gesungen werden.« Oder: Die einen sagen: »Unsere Priester sollen immer so angezogen sein, daß man gleich erkennt, was sie sind.« »Nein«, fordern andere, »dann kommen sie ja gar nicht richtig unter die Leute. Man soll nicht gleich an der Kleidung sehen, daß einer Pfarrer ist. Wenn's nötig ist, kann er's ja zeigen oder sagen.« Über solche und andere, zum Teil viel wichtigere Fragen setzen Christen sich heute heftig auseinander. Und dabei denken sie leicht: Ich hab' recht, wir allein, wir Freunde hier, halten uns noch an die Wahrheit. Die anders denken als wir, machen es schlecht. Sie müssen schleunigst damit aufhören – oder sie sollen gefälligst aus der Kirche austreten!

7. Darum kann es uns Katholiken von heute helfen, wenn wir auf das heutige Evangelium hören. Darin sagt uns nämlich Jesus Christus selbst, woran wir einen Christen erkennen können: daran, daß er im Namen Jesu Christi lebt und Gutes tut. Wenn einer glaubt und betet, hilft und kämpft, können wir ziemlich sicher sein, daß er ein Christ ist; auch wenn er sonst manches anders macht, als wir es halten oder gern hätten.

Freilich steht im Evangelium kein Wort davon, daß Jesus zu seinen Jüngern gesagt hätte: Macht es genauso wie dieser Mann! Nein, die Jünger sollen bei Jesus bleiben und leben wie bisher.

Daraus folgt: Es gibt verschiedene Wege mit Jesus Christus zu Gott. Wer den einen geht, darf ruhig sehen: Andere nebendran halten es anders. Trotzdem, sie wollen das gleiche wie ich. Sie leben im Namen Jesu. Es kann sogar sein, daß ein Mensch gar nicht weiß, daß er tut, was Jesus Christus will (vgl. Mt 25, 31–40). Deshalb kann unsere Geduld mit Menschen, die anders sind als wir, nicht groß genug sein. Das ist für uns alle nicht leicht. Es lohnt sich, daß wir darüber nachdenken und sprechen – untereinander und mit Gott.

Was Gott verbunden hat, darf der Mensch nicht trennen

Zum 27. Sonntag im Jahreskreis

Bezugstext: Mk 10, 2–12 (Kurzfassung des Tagesevangeliums)

Predigtziele:
1. An Ehescheidungen, ihre Ursachen und Folgen denken;
2. anhand des Evangeliums erkennen, daß und weshalb Jesus Christus die Ehescheidung verwirft;
3. geschiedenen Ehepartnern und von Scheidungen betroffenen Kindern mit Verständnis begegnen wollen.

1. Impulsszene

Dagmar: Was willst du denn? Warum heulst du denn auf einmal?
Erzähler: Das will Dagmar von Claudia wissen, die neben ihr in der Bank sitzt. Aber Claudia gibt keine Antwort, sondern schluchzt nur noch mehr vor sich hin. Da fragt Dagmar weiter:
Dagmar: Ist dir schlecht? Willst du mal rausgehen? Oder hast du etwa gar eine Blinddarmentzündung?
Erzähler: Claudia schüttelt nur den Kopf. Jetzt wird es Dagmar wirklich ungemütlich. Claudia ist doch sonst keine Heulsuse! Also meldet sich Dagmar. Als sie aufgerufen wird, sagt sie zu ihrem Religionslehrer:
Dagmar: Die Claudia weint jetzt schon die ganze Zeit, Herr Kaplan. Ich weiß nicht, was mit ihr los ist.
Erzähler: Der Kaplan nickt und sagt:
Kaplan: Ich hab' schon gemerkt, daß Claudia weint und daß du dich um sie kümmerst. Da hab' ich gedacht, ihr kommt ohne meine Hilfe klar. Aber jetzt muß ich wohl eingreifen. Also, Claudia, wo drückt denn der Schuh?
Erzähler: Aber auch dem Kaplan gibt Claudia keine Antwort. Als er auf sie zugeht, schreit sie ihn nur an:

Claudia: Laßt mich doch in Ruhe!
Erzähler: Da läutet es. Die Stunde ist zu Ende. Aber auch in der Pause bekommen weder Dagmar noch der Kaplan etwas aus Claudia heraus, so sehr sie sich auch Mühe geben. In der nächsten Religionsstunde aber hat Claudia einen Brief von ihrer Mutter dabei. Den gibt sie ihrem Religionslehrer nach der Stunde. Und da liest der Kaplan: »Claudia hat mir erzählt, daß Sie mit ihrer Klasse in der letzten Stunde über die Ehescheidung gesprochen haben. Deshalb hat sie so weinen müssen. Ich bin ja von meinem Mann geschieden, weil er mich wegen einer andern Frau verlassen hat. Aber Claudia hängt noch immer sehr an ihrem Vater. Dabei kümmert er sich praktisch nicht um sie.«
Erzähler: Jetzt versteht der Kaplan. Und er nimmt sich einiges vor.

2. Impulsfragen

Im Brief von Claudias Mutter steht ein Grund dafür, daß es Kinder von geschiedenen Eltern schwer haben. Wißt ihr ihn noch? ... Wer kennt noch andere Ursachen dafür, daß es solche »Scheidungswaisen« oder »Scheidungshalbwaisen« nicht leicht haben? ... Und noch eine Frage: Claudias Mutter schreibt auch, weshalb sie von ihrem Mann geschieden worden ist. Wer kennt noch andere Gründe, daß Eheleute sich scheiden lassen oder auseinandergehen? ...
3. Es gibt also manche Ursachen dafür, daß Ehen auseinanderbrechen. Unter uns leben deshalb manche Menschen, die geschieden sind. Wir alle kennen Kinder, deren Eltern geschieden worden sind. Viele von ihnen leiden darunter, weil sie ihre beiden Elternteile mögen und keinen gerne entbehren.
Und wir? Wie verhalten wir uns gegenüber Geschiedenen? Wie sind wir zu Kindern aus einer Ehe, die geschieden wurde?
Meist ist uns so ein Schicksal wohl ziemlich gleichgültig. »Das müssen die selber wissen«, sagen wir vermutlich, wenn wir hören: Ein Ehepaar will sich scheiden lassen. Da

kann man nichts machen, glauben wir, wenn wir erfahren: Dieser Junge, dieses Mädchen bekommt seinen Vater oder seine Mutter nur noch selten zu Gesicht, denn seine Eltern sind geschieden.
Manchmal aber regen wir uns auf, wenn wir von Ehescheidung hören oder ihre Folgen miterleben. »So ein gemeiner Kerl – läßt Frau und Kinder einfach sitzen«, schimpfen wir. Oder wir werden ein bißchen stolz und schadenfroh: »Ich hab' mir's doch gedacht, daß das mit denen nicht gutgeht!« Ab und zu denken wir wohl auch: So ist's recht. Das mußte ja kommen – warum war der Mann, warum war die Frau auch so liederlich?
4. Wir machen uns also manches Mal unsere Gedanken, wenn wir erfahren: Jemand ist geschieden. Oder: Ein Kind hat geschiedene Eltern. Sehr menschenfreundlich sind diese Gedanken aber meist nicht – wenn wir in solchen Fällen überhaupt Gedanken »verschwenden«.
5. Jesus Christus nimmt Ehescheidungen nicht leicht. Er lehnt sie ganz entschieden ab. Das heutige Evangelium berichtet uns das – so deutlich, wie wir's nur wünschen können. Aber versteht denn Jesus nicht, daß es manchmal keinen anderen Ausweg gibt? Die Ehe, das Leben in einer Familie kann doch manchmal eine Hölle sein.
Mir scheint, unser Evangelium läßt erkennen: Jesus berücksichtigt das sehr wohl. Er behauptet ja gegenüber den Pharisäern nicht etwa: Ihr erlaubt, daß Menschen sich scheiden lassen, ohne Gründe zu haben. Jedenfalls bestreitet Jesus im heutigen Evangelium nicht, daß Eheleute sich auseinanderleben können. Weshalb lehnt Jesus Christus dann aber die Scheidung ab? Die Antwort ist nicht schwer.
Auch in dieser Angelegenheit fragt Jesus vor allem: Was will Gott? Welchen Auftrag hat Gott jetzt an die Menschen? Im Fall der Ehe ist das nach den Worten Jesu leicht zu sagen: Gott will, daß zwei Menschen zusammenbleiben, die einander geliebt und geheiratet haben. »Solche Liebe stammt von Gott«, lehrt uns Jesus sehen. »Gott führt Mann und Frau zusammen.« Aber nicht genug damit. Jesus nennt noch einen Grund dafür, daß Eheleute nicht geschieden wer-

den sollen: Wenn Frau und Mann einander lieben, verkehren sie auch miteinander, wie wir in unserer Sprache sagen: Sie zeigen sich ihre Liebe auch, indem sie sich küssen und umarmen und ihre Leiber vereinen. »Die zwei werden ein Fleisch«, nennt Jesus das sehr anschaulich.
Unsere Kirche faßt zusammen, was Jesus Christus über die Ehe denkt, indem sie bekennt: Die Ehe ist Sakrament. Das heißt: Die Ehe ist nicht allein Sache der Menschen. Im Gegenteil: Gott ist von Anfang an dabei und begleitet sie immerfort. Gott ist der Drtte im Ehebund. Gott wird also mitbetroffen, wenn Eheleute auseinandergehen.
Viel wäre darüber noch zu sagen, vor allem zu folgenden Fragen: Was ist mit der Ehe von Menschen, die sich gar nicht recht lieben? Gilt das, was Jesus über die Ehe denkt, auch für Menschen, die nicht an Gott glauben? Was sollen Eheleute tun, die gar nicht mehr miteinander auskommen können und sich unbedingt scheiden lassen wollen?
6. Aber diese Probleme gehören weniger in eine Predigt, die in erster Linie für Kinder bestimmt ist. Wir wenden uns besser anderen Fragen zu, die mit der Ehescheidung zusammenhängen und die auch Kinder unmittelbar angehen. Wir sind in unserer Impulsszene und am Anfang dieser Predigt schon auf diese Fragen gestoßen: Was tun wir, wenn wir Geschiedenen begegnen? Wie sind wir zu Kindern, deren Eltern geschieden sind?
Von Jesus Christus hören wir nichts über diese Probleme, weder im Evangelium, das wir heute besprechen, noch anderswo. Die Kirche kennt keine Scheidung von Ehen, weil sie Jesus Christus und den Willen Gottes respektieren will. Die Kirche will und kann aber nicht verhindern, daß Menschen »bürgerlich« geschieden werden. Also leben wir mit Geschiedenen und Kindern zusammen, die geschiedene Eltern haben.
7. Früher hat man geglaubt: Geschiedene lassen wir Christen am besten links liegen. Sie sollen merken, daß sie unrecht getan haben. Und wenn Geschiedene standesamtlich wieder heiraten, dürfen sie bis heute nicht zur Beichte und Kommunion gehen und sollen nicht einmal kirchlich be-

erdigt werden. Über Kinder von Geschiedenen gibt es keine offizielle Aussagen unserer Kirche. Aber es kommt nicht selten vor, daß sie schief angeschaut werden, gerade von Christen, die »anständig« leben.

Das alles ändert sich allmählich, Gott sei Dank: Unsere Synode denkt ernsthaft daran, daß auch Geschiedene, die wieder geheiratet haben, wie alle andern Christen am Leben der Gemeinde teilnehmen können und nach ihrem Tod kirchlich beerdigt werden. Noch wichtiger aber ist, daß wir alle anfangen, uns wie Christen zu verhalten, wenn wir Geschiedenen begegnen. Wir können nicht wissen, ob sie schuldig geworden sind. Und selbst wenn ein Geschiedener in seiner Ehe Schuld auf sich geladen hat: Gott vergibt jede Sünde gern, wenn der Mensch bereut. Und wer von uns hat keine Schuld?

Vor allem aber: Es ist schon schlimm genug, wenn ein Kind geschiedene Eltern hat. Auch wenn es jetzt ordentlich versorgt ist und sein Vater oder seine Mutter einen guten neuen Partner geheiratet haben, es bleibt hart. Jeder von uns kann sich das denken. Wir alle sollten das erkennen lassen, wenn wir Kameraden oder Freunde haben, denen es so geht.

8. Jesus lehnt im heutigen Evangelium zwar die Scheidung ab und sagt: Wiederheirat ist Ehebruch. An einer anderen Stelle in den Evangelien hören wir aber: Jesus vergibt einer jungen Frau, die die Ehe gebrochen hat. Und denen, die sie bei ihm schlechtmachen, sagt er: »Wer von euch ohne Sünde ist, werfe als erster einen Stein auf sie!« (Joh 8, 3–11) Wir Christen haben also guten Grund, Menschen zu achten, die geschieden sind. Und Kinder geschiedener Eltern verdienen, daß wir zu ihnen besonders gut sind.

Kamele im Nadelöhr

Zum 28. Sonntag im Jahreskreis

Bezugstext: Mk 10, 17–27 (Kurzfassung des Tagesevangeliums)

Predigtziele:
1. Erkennen, daß und weshalb wir reiche Menschen oft beneiden;
2. dem Evangelium entnehmen, daß Jesus Christus den Reichtum für gefährlich hält;
3. erkennen, was Reichtum und Armut hier und heute bedeuten;
4. nicht am Besitz hängen und sich deshalb im Hergeben üben wollen.

1. Impulsszene

Christina: Na, wie war's denn gestern?
Sprecher: So hat sich Christina bei ihrer Freundin Sonja erkundigt. Die wußte sofort, was Christina mit dieser Frage gemeint hatte: die Geburtstagsfeier bei Brigitte gestern Nachmittag, bei der Christina nicht dabei war.
Sonja: Oh, Mensch, so gut wie die möcht' ich's auch haben.
Sprecher: So hat Sonja da geschwärmt. Dabei hat sie richtig die Augen verdreht.
Christina: Weshalb denn?
Sprecher: Das wollte Christina jetzt natürlich wissen. Die Antwort fiel Sonja nicht schwer:
Sonja: Na, einmal schon die Wohnung! Ein Riesenhaus haben die Eltern von Brigitte, mit einem riesigen Garten drumherum. Herrliche alte Bäume stehen darin. Drei ganz goldige Dackel haben sie auch – und natürlich einen Swimmingpool, fast so groß wie unser städtisches Hallenbad. Und dann die Geschenke, die Brigitte gekriegt hat: ein todschickes Kostüm aus Jersey, hellblau, dann süße zitronengelbe Jeans, eine passende Ölhaut dazu, wie für einen See-

mann, ein echtgoldnes Armband mit Bernsteinen drin und noch einen ganzen Haufen Bücher – von den Torten ganz zu schweigen, die wir verspachtelt haben. Ja, Brigitte müßt' man heißen – oder auch einen Vater haben, der ein Riesentextilkaufhaus besitzt wie der von Brigitte.
Sprecher: Dabei stößt Sonja einen Seufzer aus.
Christina: Bist du neidisch auf sie?
Sprecher: Sonja hat ein wenig nachgedacht und dann genickt:
Sonja: Ehrlich gesagt – schon. Ich muß immer die Klamotten von meiner Mutter oder meinen großen Schwestern auftragen. Ich hab' bloß so ein blödes Armband aus Plastikringen. Und wenn ich mal baden gehen will, jammert meine Mutter schon wegen der paar Zehnerl, die das kostet. Ja, ich hätt's gern so wie Brigitte!
Christina: Das versteh' ich schon. Aber ich gönn' Brigitte auch, daß es ihr und ihren Eltern gutgeht. Ich bin zwar nicht Brigittes Freundin wie du, aber ich finde sie nett. Jedenfalls gibt sie nicht an, weil sie reich ist. Und sie benimmt sich überhaupt ganz normal.
Sonja: Da hast du schon recht. Sie hilft einem auch immer aus, wenn man mal was braucht.
Sprecher: Das mußte auch Sonja zugeben.

2. Impulsfragen

Sonja glaubt: Brigitte und ihre Eltern sind reich. Wie kommt sie auf diese Idee? ... Ihr meint also: Die »haben viel« – also sind sie reich? Dann frag' ich einmal weiter: Was muß man denn alles besitzen, um reich zu sein? ... Euch fällt keine Antwort ein? Dann helf' ich euch ein bißchen: Glaubt ihr, daß viele von uns hier denken: Ich bin reich? ... Ich meine das genausowenig wie ihr. Ich könnte mir aber denken, daß ein Inder, der mal nach Europa kommt, von uns glaubt: Den Christen in Europa geht es aber gut. Die sind reich! Weshalb kann er das meinen? ... Aha, Reichtum ist also relativ, wie wir mit einem Fremdwort sagen. D. h.: Ob einer als reich gilt oder nicht, das hängt auch von dem ab, der darüber urteilt. Für jemand, der selbst nicht viel besitzt, ist ein anderer leicht reich. Und wem es ganz gutgeht, der kommt einem andern wie ein armer Schlucker vor, weil der viel mehr sein eigen nennt. Aber noch eine Frage: Christina in unserer Impulsszene staunt ein bißchen darüber, daß Brigitte reich und doch vernünftig ist. Wie meint sie denn das? ... Ja, das gibt es also beides: eingebildete Reiche, Leute, die ihre Nase hochtragen, weil sie ein schönes Haus oder einen Wagen mit vielen PS besitzen. Wir kennen sicher alle auch Reiche anderer Art: Menschen, die kein Aufhebens von ihrem Besitz machen, Menschen, die andern gern mit dem unter die Arme greifen, was sie besitzen.

Ich fasse zusammen, was wir erkannt haben: Wir dürfen eigentlich nicht über »die Reichen« sprechen, nicht über »den Reichtum«. Wir müssen unterscheiden, wir müssen genau sein. Denn reiche Leute sind einander nicht gleich, weder im Hinblick auf ihren Besitz noch auf ihr Benehmen.

3. Darum wundern wir uns sicher über das heutige Evangelium. Es sagt ja nicht mehr und nicht weniger als: Jesus denkt von reichen Leuten nicht gut. Er glaubt, daß sie in großer Gefahr stehen. Die Reichen tun ihm leid. Wie kommt das nur? Was soll das heißen? Denken wir nach!

Sicher ist: Jesus hat reiche Leute nicht gehaßt. Er war nicht neidisch oder wütend auf sie, obwohl er selber arm war. Jesus hat die Reichen auch nicht beschimpft oder bekämpft. Das hätten manche damals bestimmt gerne gesehen. Und heute behaupten nicht wenige: Jesus war ein Feind der Reichen, weil er ein Freund der Armen war. So einfach liegen die Dinge aber nicht. Wer sich in den Evangelien auskennt, kann nicht übersehen: Jesus hat auch mit wohlhabenden Leuten verkehrt. Er war sogar von ihnen abhängig, gemeinsam mit seinen Aposteln. Bald läßt Jesus sich von einem Reichen einladen, bald nimmt er Geld von Frauen, die ihn bewundern und mit ihm ziehen. Jesus hat sogar richtige Freunde, denen es alles andere als schlecht geht. Und schließlich verachtet Jesus auch den reichen Mann nicht, von dem das heutige Evangelium erzählt.

Trotzdem, das ist wahr: Jesus hält Reichtum für gefährlich. Einen Grund dafür kennen wir alle: Wem es gut geht, der möchte es gern noch besser haben. Jedenfalls will ein Reicher meist nichts von dem verlieren, was er besitzt. Also werden gutgestellte Menschen leicht rücksichtslos. Sie raffen zusammen, was sie bekommen können. Sie halten geizig fest, was sie haben. Am Ende gehen sie womöglich gar über Leichen. Es wird ihnen gleichgültig, wie es andern geht. Hauptsache, ihr Bankkonto und ihr Besitz an Land und Häusern, Schmuck und anderen kostbaren Dingen wächst.
Aber Jesus sieht nicht nur diese Gefahren. Er bedauert reiche Menschen vor allem, weil ihnen der Reichtum auch den Weg zu Gott versperren kann. Wer nur schafft und rafft, vergißt leicht, daß Gott unser »höchstes Gut« ist. Wer zuviel mit Bankauszügen und seinem Tresor beschäftigt ist, übersieht leicht, daß er Gott Rechenschaft über alles schuldet, was er ist, tut und besitzt.
4. Darum ist Jesus so radikal. Deshalb liebt er Menschen, die alles verlassen und ihm nachfolgen. Darum lädt er den Mann ein, von dem unser Evangelium heute spricht: »Geh, verkauf alles, was du hast, gib das Geld den Armen ... und folge mir nach!«
Ich weiß nicht, wie es euch mit diesem Satz geht. Mich erschreckt er. Denn ich fürchte, dieser Satz bedeutet: Wir alle haben kein Recht, uns Christen zu nennen. Denn wir hängen an vielem, was uns gehört. Wir möchten gern noch mehr haben. Wir denken nicht daran, uns bettelarm zu machen.
Oder dürfen wir Menschen von heute diese Forderung Jesu anders verstehen? Etwa so: Jeder darf und muß heutzutage für sich und seine Angehörigen sorgen. Es ist gut und sinnvoll, wenn wir sparen und anlegen. Wichtig ist nur, daß wir helfen, so gut wir können: Menschen in Not, nahen und fernen. Für diese Auffassung spricht manches: Hat sich Jesus nicht selber unterstützen lassen? Wo kämen wir hin, wenn alle arm wären? Wer würde für die Caritas und das Rote Kreuz, für Erdbebenopfer und Kriegswaisen etwas geben können, wenn alle kaum das Notwendigste für sich selbst hätten? Muß es nicht Reiche geben, die reichlich spen-

den, Menschen, die andere glücklich machen können, weil sie überreich beschenken? Jedenfalls aber: Wir können doch nicht alle alles verkaufen und Bettler werden. Wehe uns, wenn wir das versuchen wollten! Es würde wohl nur ein paar Monate dauern, bis wir alle verhungert wären oder anfangen würden, uns vor Neid und Wut umzubringen.
Spricht also Jesus vielleicht im heutigen Evangelium gar nicht alle an? Wendet er sich nur an einige wenige, an besonders Auserwählte? Oder bedeutet heute gar nichts mehr, was er damals über den Reichtum und zu Reichen gesagt hat?
5. Offen gestanden: Ich weiß auch nicht, wie es damit steht. Ich kann nur noch einmal zugeben: Ich fürchte mich, weil Jesus einmal so entschieden sagt: »Geh' und verkauf' alles!« Ich kann mir vorstellen, daß wir in den Augen Jesu Christi alle versagen, weil wir zuviel haben und haben möchten.
Ich hoffe aber auch, daß wir uns Christen nennen dürfen, obwohl wir nicht arm sind. Jeder von uns gibt ja etwas her, wir alle teilen und schenken. Wir Menschen von heute wissen besser als unsere Vorfahren, wie groß das Elend in der Welt ist. Darum werden wir nicht recht froh, wenn wir am Besitz kleben. Wir haben vielmehr oft ein schlechtes Gewissen; wenn wir unser Leben mit dem Dasein vergleichen, das andere haben, schämen wir uns und geben wenigstens etwas her. Das mag selten sein. Wir könnten das sicher häufiger tun. Aber immerhin: Das alles gibt es bei uns. Und es geschieht auch, weil wir Christen sein wollen. Da dürfen wir doch wohl hoffen, daß Gott mit uns »Reichen« Erbarmen hat; denn für Gott ist alles möglich«.

Wer groß sein will, soll Diener sein

Zum 29. Sonntag im Jahreskreis

Bezugstext: Mk 10, 35–45 (Tagesevangelium)

Predigtziele:
1. An Beispielen erkennen, daß wir dienen müssen, wenn wir »groß sein« wollen;
2. dem Evangelium entnehmen, daß Jesus dient und das Dienen fordert;
3. dienen lernen wollen.

1. Impulsszene

Isabel: Nicht mehr auszuhalten ist es in dieser Familie! Immer nur wie gehabt! Nichts Neues! Ich laufe noch davon.
Sprecher: So hat Isabel losgepoltert, mit zornrotem Kopf und geballten Fäusten. Dabei hatte ihre Mutter bloß gesagt:
Mutter: Nein, Kind, das geht einfach nicht. Wir können keinen Hund brauchen. Unsere Wohnung ist viel zu klein, und wir haben auch sonst keinen Auslauf für ihn. Außerdem, ein Hund macht viel Arbeit. Man muß ihn baden und füttern und ausführen.
Martin: Und er stinkt und hat Flöhe. Und eines Tages kriegt er Junge.
Sprecher: Damit hatte sich zu allem Unglück auch noch Martin, Isabels Bruder, eingeschaltet. Da war Isabel eben explodiert. Rrrums, fiel die Zimmertür hinter ihr zu, und an diesem Abend bekam sie keiner mehr zu Gesicht. Ein paar Tage später aber kam Isabel doch zu dem Hund, den sie sich so sehnlich gewünscht hatte. Freilich – alles kam auch ein bißchen anders, als sie es sich gedacht hatte. Die Mutter kommt nämlich eines Tages heim, mit einem Rauhhaardackel an der Leine. Treuherzig watschelt er hinter der

Mutter her. Und als sie die Tür aufschließt, setzt er sich daneben und wedelt mit dem Schwanz.
Mutter: Isabel, guck mal, was ich da habe!
Sprecher: Das ruft die Mutter in Isabels Zimmer hinein. Isabel kommt neugierig heraus – und fällt ihrer Mutter um den Hals.
Isabel: Mensch, Mutti, du bist die beste! So ein süüüßer Dackel! Ist der für mich? Wie heißt er denn? Beißt er auch nicht?
Mutter: Nein, er beißt angeblich keine Kinder. »Lumpi« heißt er. Und er gehört dir – für vier Wochen. Denk dir, ich hab' unterwegs Agathe getroffen, eine Klassenkameradin von mir. Sie mußte plötzlich in die DDR reisen. Ihre alte Tante ist sehr krank. Dorthin kann sie ihren Lumpi nicht mitnehmen. Und hier hat sie niemand, der sich um ihn kümmert. Da kam ich ihr gerade wie gerufen, als ich gesagt habe: »Meine Isabel macht es bestimmt gern. Sie wünscht sich so sehnlich einen Hund.«
Isabel: Und wie ich mich um dich kümmern werde, mein Süßer.
Sprecher: So hat Isabel da gejubelt und Lumpi vor lauter Begeisterung einen Kuß gegeben. Gleich ist sie mit ihm auch losgezogen. Abends hat sie ihn gebadet und in einem alten Einkaufskorb zum Schlafen neben ihr Bett gestellt. Auch am zweiten, dritten und vierten Tag hat Isabel kaum etwas anderes im Kopf als Lumpi. Nach einer Woche aber sagt sie zu Martin:
Isabel: Du, Martin, kannst du vielleicht heute nachmittag einmal den Lumpi ausführen? Ich möcht' so gern mit Ulrike baden gehen, und da kann ich ihn doch wirklich nicht brauchen.
Martin: Fällt mir ja nicht im Traum ein, deinen blöden Hund ausführen! Du hast so'nen Köter gewollt – jetzt kümmer' dich gefälligst auch um ihn, bis du schwarz wirst!
Sprecher: Schwarz ist Isabel zwar wegen Lumpi nicht geworden. Aber als die Freundin ihrer Mutter wieder von ihrer Reise zurückkam, stand Isabel mit Lumpi auf dem Bahnhof. Und als Lumpi an seinem Frauchen hochsprang,

hat sie nur ein bißchen geseufzt und ihre Mutter angelächelt. Die hat genickt. Sie hatte Isabel schon verstanden[1].

2. Impulsfragen

Isabel in unserer Geschichte wünscht sich also zuerst einen Hund. Warum wohl? ... Isabel hat Hunde gern, sagt ihr. Ist das der einzige Grund, warum sie einen haben möchte? ... Aha, sie erwartet sich also etwas von ihrem Hund. Sie möchte gern Abwechslung haben. Isabel findet es zu Hause in ihrer Familie langweilig und altmodisch. Da soll ihr der Hund helfen. Was meint ihr, kann einem ein Hund das Leben erleichtern? ... Ja, und was kommt dann? Isabel bekommt auf einmal einen Hund, wenn auch nur einen »Leihhund«. Zunächst geht es ihm ja ganz gut bei ihr. Aber dann? ... Isabel lernt also etwas. Was denn? ... Ja, sie muß sich für den Hund anstrengen. Er kostet Zeit und Kraft. Er läßt sich auch ganz schön bedienen. Und das macht nicht immer Spaß ...

3. An einem Hund haben wir das vielleicht nicht gelernt. Aber wir wissen es alle aus Erfahrung, glaube ich: Bei heißen Wünschen denken wir zuerst meist nur an uns. *Wir* wollen etwas haben. *Uns* soll es besser gehen. *Wir* möchten groß herauskommen. Aber kaum haben wir bekommen oder erreicht, was wir uns gewünscht haben, merken wir: Das kostet ja eine ganze Menge: Es verschlingt Zeit und macht sogar Ärger!

Ihr schüttelt den Kopf? Das stimmt nicht, meint ihr? Nun, dann muß ich beweisen, was ich eben behauptet habe. Also: Stellt euch Alfred vor. Alfred will gern Klassensprecher werden. Das ist toll, denkt er. Er malt sich aus: Dann hab' ich mächtig viel zu sagen. Sogar die Lehrer müssen auf mich hören, von den andern in der Klasse ganz zu schweigen. Und richtig – Alfred wird zum Klassensprecher gewählt. Aber jetzt bekommt er zunächst einmal eine Menge Arbeit: Er muß Geld einsammeln und die besuchen, die

[1] Nach E.-F. Fetscher, Das Vierbeinerpraktikum, in: Wachsende Partner, Nr. 19 (1972) 17–19.

krank sind. Er soll den Lehrern sagen, was die Klasse ihm aufträgt. Und dann gibt es sogar einen Klassensprecherrat in der Schule. Und wenn der sich trifft, dauert das manchmal drei Stunden. Da wäre Alfred viel lieber auf dem Fußballplatz beim Bolzen ...
Nein wirklich, man muß schon sagen: Ämter und Aufgaben, Tiere und selbst Maschinen, nach denen man sich gesehnt hat, können einen teuer zu stehen kommen. Und das ist natürlich nicht nur bei Kindern so. Hört nur mal zu, was euer Vater so brummt, wenn er nach der Ferienfahrt versucht, die Rost- und Teerflecke von eurem Wagen wegzubekommen ...
4. Eigentlich müßten wir das wissen und beachten. Im Grund können wir gar nicht anders. Trotzdem versuchen wir es immer wieder andersherum. Wir spielen uns gern als Herren auf. Wir möchten, daß sich die Welt um uns dreht. Es soll uns gutgehen. Wir wollen bedient sein.
Die Jünger Jesu können das auch ganz gut. So berichtet uns das heutige Evangelium. Zwei von ihnen, Jakobus und Johannes, denken sich: Bald ist Jesus König. Dann bestimmt er, was gemacht wird. Jeder König braucht aber Ratgeber. Die sitzen neben ihm und haben es fast so gut wie der König selbst. Sie flüstern dem König ins Ohr, was er machen soll. Der König befiehlt es. Und das ganze Land hat Respekt vor den beiden, die neben ihm sitzen. Solche »Beisitzer« wollen darum Jakobus und Johannes werden. Jesus hört sich an, was sie sich von ihm wünschen. Dann aber sagt er ihnen gehörig die Meinung. Jesus kommt nicht, um sich bedienen zu lassen. Er bedient die Menschen. Jesus wird auf der Erde kein König. Er stirbt einsam und verachtet wie ein Verbrecher. Wer zu ihm gehört, darf nichts Besseres erwarten.
Diese Stelle im Evangelium erzählt nicht nur etwas von den Jüngern, die Jesus nicht begriffen hatten, die ihn erst kennenlernen mußten. Das heutige Evangelium spricht *uns* an. Es macht uns klar, wie selbstsüchtig, wie rücksichtslos wir eigentlich sind. Es empfiehlt uns einen andern Weg: dienen statt herrschen wollen.

5. Dienen statt herrschen wollen – aber das heißt doch: darauf achten, was andere gerade brauchen – und es ihnen geben; dienen heißt doch: auf eigene Wünsche verzichten; dienen heißt doch: bereit sein, zur Verfügung stehen; dienen heißt doch: Menschen Gutes sagen und tun, gut sein zu Tieren und sogar die Dinge warten und pflegen, wenn's nötig ist. Ja, das alles heißt dienen. Und es bedeutet: sich kein angenehmes Leben machen, sondern ein unangenehmes.

6. Wer kann das schon, wer will das gern? Niemand, schon gar nicht Kinder. Kinder müssen nämlich erst noch ganz sie selber werden. Darum wollen sie haben und etwas werden, also herrschen und nicht dienen. Aber auch wir Erwachsene werfen uns gern in die Brust und gebärden uns als die Herrscher und die Mächtigen, von denen Jesus sagt: Sie mißbrauchen gern ihre Macht. Was ist da zu tun? Wenigstens dreierlei, meine ich:

Einmal können wir auf Menschen schauen, die selbstlos dienen. Von ihnen können wir lernen, wie man das macht und wie es sich auswirkt. Jeder von uns kennt solche Menschen: Vielleicht ist es ein Beamter an einem Schalter; er lächelt immer freundlich, mit ihm sprechen alle gerne. Oder wir kennen eine uralte Krankenschwester. Sie müßte längst im Ruhestand sein, aber sie rackert sich noch immer auf ihrer Station ab und ist dabei zufriedener als ihre jungen Helferinnen, die halb so viele Wochenstunden ableisten wie sie. Vor allem aber: Wir können auf Jesus Christus schauen. Er schont sich nicht. Er gönnt sich keine Ruhe. Er ist für die Menschen da, für alle und immer. Er läßt sich nicht nur von ihnen finden. Er geht ihnen auch noch nach. Er tut nicht nur, was notwendig ist. Seinen Jüngern wäscht er die Füße, damit sie ihn verstehen. Für uns alle läßt er sich geduldig ans Kreuz schlagen.

Ferner: Wir können uns immer neu zum Dienen entschließen. Wenn wir jetzt zu faul waren und uns nun darüber schämen – wir haben bestimmt gleich wieder Gelegenheit, zu helfen oder zu lächeln. Heute haben wir es vielleicht nicht geschafft, ordentlich zu arbeiten oder unsern kranken

Freund zu besuchen. Der neue Tag bringt uns eine neue Chance. Wir können es besser machen als gestern. Manches läßt sich heute sogar nachholen, was wir gestern unterlassen haben.

Damit ist schon ein dritter Weg angedeutet, wie wir Widerstände gegen das Dienen besiegen können: durch Üben. Dienen fällt schwer, solange man es nicht gewohnt ist. Wer sich aber immer wieder dazu durchringt, bekommt Freude daran. Er spürt: So tue ich andern Gutes. Dadurch wird es ein wenig schöner in dieser Welt. Auch andre werden manchmal gut, wenn ich's zu ihnen bin.

7. Herrschen liegt uns näher als dienen. Aber Jesus, unser Herr, traut uns zu, daß wir dienen lernen: von ihm, für andre, uns selbst zur Freude.

Er ruft dich

Zum 30. Sonntag im Jahreskreis (Weltmissionstag)

Bezugstext: Mk 10, 46–52 (Tagesevangelium)

Predigtziele:
1. Aus Beispielen erkennen, daß wir uns oft nach Vorbildern richten;
2. die Bedeutung von Vorbildern überdenken;
3. feststellen, daß Vorbilder nützlich und gefährlich sein können;
4. glauben, daß Jesus Christus jedem Menschen förderliches Vorbild sein kann;
5. dazu mithelfen wollen, daß Jesus Christus Menschen zum Vorbild wird.

1. Impulsszene

Herr Schulte: Hameln 12 Kilometer – Kinder, da dreh' ich um! Den Umweg leisten wir uns! Da wollt' ich schon immer mal hin: zum Rattenfänger von Hameln.
Sprecher: So hat Herr Schulte während der Ferienfahrt durch Norddeutschland im letzten Sommer plötzlich gerufen. Im Nu war der Wagen gewendet, und Familie Schulte war unterwegs nach Hameln. Hans-Werner war das aber gar nicht recht. Er wollte lieber noch einmal in irgendeinem See baden. Außerdem mußte er fragen:
Hans-Werner: Rattenfänger von Hameln – wer ist denn das überhaupt? Ich hab' keine Ahnung!
Sprecher: Da hat sein Vater ihn ganz erstaunt angeschaut und dann mitleidig gelächelt:
Herr Schulte: Was, du kennst die Sage vom Rattenfänger von Hameln nicht? Das ist ja wieder mal typisch! Was lernt ihr heutzutage eigentlich in der Schule? Aber du kannst ja nichts dafür. Also kurz das Wichtigste: Im 14. Jahrhundert soll es in Hameln einmal furchtbar viele Ratten gegeben

haben. Kein Mensch wußte sich mehr Rat mit dieser Plage. Da bietet sich dem Stadtrat ein Mann an. Der will alle Ratten beseitigen, wenn er dafür ordentlich bezahlt wird. Die Stadtoberhäupter versprechen es ihm. Und der Mann schafft tatsächlich alle Ratten aus der Stadt und ertränkt sie: Er zieht durch die Straßen, spielt auf einer Flöte, und alle Ratten laufen quietschend hinter ihm drein. Als er aber sein Geld haben will, wird er ausgelacht. Ein paar Tage später kommt der Mann wieder. Er zieht noch einmal durch die Straßen und spielt Flöte. Jetzt laufen alle Kinder hinter ihm her. Und er verschwindet mit ihnen auf Nimmerwiedersehen.
Hans-Werner: Komische Geschichte! Wer sich die wohl ausgedacht hat?
Herr Schulte: Vielleicht ist sogar was Wahres dran. Ich kann mir das schon vorstellen. Jedenfalls ist die Geschichte gut erfunden. Eltern und Kinder können was daraus lernen.
Hans-Werner: Was soll denn das sein? Mir sagt dieses Schauermärchen nichts.
Herr Schulte: Na, dann sehen wir uns einmal die Stadt an und auch das Museum. Nachher weißt du bestimmt, was ich meine.
Sprecher: Und richtig, als sie nach gut zwei Stunden wieder aus der interessanten Stadt Hameln herausfahren, lacht Hans-Werner seinen Vater an und sagt:
Hans-Werner: Ich glaub', ich weiß jetzt, was man aus der Geschichte vom Rattenfänger von Hameln lernen kann.

2. Impulsfragen

Wißt ihr's auch? Nun, dann heraus mit der Sprache! ... Du meinst also: Diese alte Geschichte besagt: Eltern, paßt auf eure Kinder auf! Gut, das steckt bestimmt darin. Aber diese Sage wird ja schon viele hundert Jahre lang gerade Kindern erzählt. Weshalb wohl? ... Ja, sicher auch deswegen: Sie soll Kinder warnen, damit sie nicht hinter jedem buntgeputzten Rattenfänger herlaufen.

Nun, Rattenfänger mit Flöten gibt es heute nicht mehr. Ich könnte mir aber vorstellen, daß ihr das auch schon einmal zu hören bekommen habt: »Geh nicht mit jedem! Fall nicht auf alles herein!« Wann haben denn das eure Eltern oder Lehrer zu euch gesagt? Und weshalb? ... Das war also, als ihr noch kleiner wart. Vielleicht bekommt ihr heute aber noch ähnliches zu hören. Ihr habt euch vielleicht ein Riesenbild über euer Bett gehängt oder ein Poster daneben gestellt. Als eure Mutter das zum erstenmal sah, rief sie ganz entsetzt: »Aber Kind, was soll denn der Blödsinn? Was findest du denn an dem Kerl? Kannst du nicht für jemand andern schwärmen? Hast du keine besseren Vorbilder?«

3. Jetzt hab' ich das entscheidende Wort gesagt: Vorbild. Ein Vorbild, was ist denn das eigentlich? ... Vorbilder sind Menschen, die wir bewundern, denen wir ähnlich werden wollen. Also kann man sich sehr viele und verschiedene Leute zum Vorbild nehmen: einen berühmten Mittelstürmer, wenn man auch ein Fußballstar werden will, eine schicke Filmschauspielerin, wenn man hübsch aussehen möchte. Seinen Vater, wenn er einem imponiert, weil er tüchtig und großartig ist. Die eigene Mutter, wenn sie geduldig und lustig ist – eigentlich: viele Menschen.

4. Damit haben wir auch schon festgestellt, wozu uns Vorbilder helfen. Kurz gesagt: Wir lernen von ihnen leben – so leben, wie es uns eben jetzt gut scheint. Und da sind wir leider auch schon auf den Haken gestoßen, den die Sache mit dem Vorbild hat: Wir können uns auch falsche, schlechte Vorbilder wählen. Wir können auch einem Rattenfänger nachlaufen, der uns in den Abgrund führt. Es sind eben sehr, sehr viele, die uns Vorbilder werden möchten.

5. Vorbilder will uns auch das Evangelium dieses Sonntags vor Augen stellen. Zunächst macht es uns mit einem Blinden bekannt. Bartimäus sitzt hilflos am Weg. Verdienen kann er nichts, er muß betteln. Aber er hofft: Jesus kann mich retten. Und er wird es vielleicht auch tun. Als Jesus einmal an ihm vorbeikommt, schreit Bartimäus deshalb: »Erbarme dich meiner!« Und richtig, die Leute sagen ihm: »Steh auf, er ruft dich!" Da läuft der Blinde auf Jesus zu, und Jesus

schenkt ihm das Augenlicht. Bartimäus aber geht jetzt mit Jesus – nach Jerusalem, wo Jesus gekreuzigt wird. Bartimäus hat Jesus besser verstanden als seine Jünger, die nicht wollten, daß Jesus leidet. Bartimäus aber weiß, wie das ist, wenn man leiden muß. Er nimmt sich Jesus zum Vorbild.
6. Diese Geschichte aus dem Evangelium spricht uns an. Sie sagt auch uns: »Er ruft dich. Jesus lädt dich ein: Komm zu mir! Werde so wie ich!«
Wie ist das aber möglich? Jesus hat in einer ganzen anderen Gegend und Zeit gelebt als wir. Kann er uns da Vorbild sein? Ich glaube schon; denn Jesus war als Mensch großartig und reich. Sein Vater, Gott, hat ihm so unendlich viel geschenkt, daß jeder von uns wenigstens etwas an Jesus entdecken kann, was er unbedingt braucht, wenn ihm sein Leben gelingen soll. Das hat mir ein Buch neu bewußt gemacht, das vor einiger Zeit erschienen ist. Ich habe es eben gelesen. Es heißt: »Wer ist Jesus von Nazaret – für mich?« Darin schildern mehr als hundert Menschen, berühmte und unbekannte, was Jesus für sie bedeutet. Junge Leute berichten, daß sie früher drogensüchtig waren, aber davon frei geworden sind, als sie Jesus richtig kennenlernten. Ärzte und Priester bekennen: Jesus lehrt uns lieben. Kranke versichern: Wenn es Jesus nicht gäbe, könnte ich nicht durchhalten. Er macht mir Mut. Ein Schüler schreibt: »Wenn wir uns wirklich nach Jesus richten würden, wäre Frieden auf der Welt.«[1]
7. Wir alle, die wir jetzt hier sind, könnten fortfahren: Michael, der klein ist und oft Angst hat, könnte sagen: »Jesus hat sich nicht gefürchtet. Auch als es ihm ganz schlecht ging, hat er nicht aufgegeben. Er ist tapfer geblieben und hat geglaubt: Alles wird gut.« Und Sieglinde, die gerne ein bißchen angibt, würde vielleicht denken: »Jesus war doch wahrhaftig groß und mächtig. Aber er hat nichts aus sich gemacht. Im Gegenteil, Jesus ist arm geblieben. Er hat ge-

---

[1] H. Spaemann (Hrsgb.), Wer ist Jesus von Nazaret – für mich?, München 1973, 14–112.

rade für die Menschen gelebt, die andere Leute verachtet haben.« Am Ende würden wir jedenfalls sicher zugeben: »Ohne Jesus könnten wir heute nicht an Gott glauben und in der Kirche leben. Weil es Jesus gibt, vertrauen wir darauf, daß Gott gut ist. Weil Jesus Christus uns überzeugt, gehören wir zu seiner Kirche.« Jesus Christus kann uns also Vorbild sein, uns allen. Jeder braucht ihn, wir alle können von ihm lernen, was das heißt: richtig leben, als Mensch und vor Gott.

8. Weil das so ist, liegt uns daran, daß möglichst alle Menschen auf der Welt Jesus Christus kennen und lieben lernen. Daß Jesus Christus uns Vorbild sein kann, ist *ein* Grund dafür, daß Kirche und Mission zusammengehören. Bis jetzt haben noch nicht einmal alle Menschen auf der Welt etwas von Jesus Christus gehört, und es glauben nur wenige an ihn. Wir vergessen das leider oft. Der Tag der Weltmission, den wir heute begehen, erinnert uns daran: Es liegt auch an uns, wie vielen Menschen auf der Welt Jesus Christus Vorbild wird. Das hängt von unserem Wort und unseren Gebeten ab, von unseren Gaben für die Mission, vor allem aber davon, ob Jesus Christus *unser* Vorbild ist.

Lieben mit ganzer Kraft

Zum 31. Sonntag im Jahreskreis

Bezugstext: Mk 12, 28b–34 (Tagesevangelium)

Predigtziele:
1. An Beispielen erkennen, wie groß die Liebe ist, die Mitmenschen voneinander erwarten;
2. dem Evangelium entnehmen, daß uns das Hauptgebot Jesu Christi dazu anhält, Gott und Mitmenschen mit ganzer Kraft zu lieben;
3. die Liebe zu Gott und Mitmenschen einüben wollen.

1. Impulsszene

Susanne: Gemein bist du, abscheulich gemein!
Sprecher: So hat Susanne neulich nach der Klassenarbeit in Mathematik ihre Nachbarin Monika angezischt. Und beim Aufstehen hat sie noch hinzugefügt:
Susanne: Kein Wort red' ich mehr mit dir. Und es ist überhaupt aus zwischen uns beiden. Ich verlaß mich auf dich – und du läßt mich einfach sitzen.
Sprecher: Trotzdem hat Monika am nächsten Tag versucht, wieder mit Susanne zu reden. Und Susanne hat ihr sogar geantwortet. Versöhnt haben sich die beiden bei dieser Unterhaltung aber nicht. Es wurde alles nur noch schlimmer. Monika hat nämlich gesagt:
Monika: Ich hoff', du hast dich wieder beruhigt. Du siehst doch jetzt sicher ein, daß ich dich nicht schon wieder abschreiben lassen konnte.
Susanne: Natürlich hast du das gekonnt. Du hast es bloß nicht gewollt, du blöde, launische Kuh du! Einmal tust du mit, dann schaltest du wieder auf stur. Was war denn gestern mit dir los?
Monika: Ich hab' dich nun lange genug abschreiben lassen, bei allen vier Arbeiten in Mathe, die wir in diesem Schuljahr geschrieben haben. Du hast immer gesagt: »Nur noch

dies eine Mal. Ich tu' jetzt was. Ich lern' schon. Bald kann ich's auch.« Kein Wörtchen davon hast du wahrgemacht. Stinkfaul warst du wieder. Das kann ich nicht länger mit ansehen. Ich helf' dir doch nicht, wenn ich dich fortwährend abschreiben lasse. Daraus lernst du nichts. Du mußt endlich was Vernünftiges tun – Nachhilfestunden nehmen zum Beispiel.
Susanne: Spar' dir deine guten Ratschläge! Ich weiß allein, was ich jetzt zu tun habe. Vor allem kenn' ich dich jetzt, du eklige Egoistin du. Du gönnst mir bloß nicht, daß ich so gute Noten in Mathe gekriegt hab' wie du. Wie ich schon gestern gesagt hab': Gemein bist du, abscheulich gemein!
Sprecher: Um Monikas Mundwinkel fing es jetzt an zu zukken. Sie war doch Susannes Freundin. Sie hatte ihr doch nur wirklich helfen wollen. Und jetzt das! Aber sie hat sich noch schnell von Susanne weggedreht, damit die nicht gesehen hat, wie schrecklich ihr zumute war. Aber dann stieg doch eine unangenehme Frage in Monika hoch:
Monika: Hab' ich denn alles falsch gemacht?

2. Impulsfragen

Was meint ihr: Hat Monika alles falsch gemacht? ... Ihr wißt also nicht recht, wie ihr urteilen sollt. Ihr versteht Monika, ihr könnt euch aber auch in die Lage von Susanne versetzen. Also überlegen wir in einer anderen Richtung weiter: Monika hat gut gemeint, was sie getan hat. Susanne hat ihr das aber übelgenommen. Das ist nicht mehr zu ändern. Was kann Monika aber jetzt tun? ... Und Susanne? ... Was glaubt ihr: Fällt das den beiden leicht, was ihr vorschlagt: sich wieder versöhnen? ... Wenn das so schwer ist, warum sagt ihr trotzdem: Die beiden sollten das tun? ... Was den beiden schwerfällt, ist besser für sie, sagt ihr ...
3. Die kleine Begebenheit von Monika und Susanne genügt. Sie zeigt uns deutlich genug: Es ist nicht leicht, zu andern »gut« zu sein. Selbst wenn man's versucht, kann es mißglücken. Dann ist es noch viel mühsamer, einen gangbaren Weg zu finden.

4. Trotzdem: Wir erwarten von anderen Menschen, daß sie »gut« zu uns sind. Andere möchten, daß wir ihnen »gut« sind. Wie stellen wir uns das eigentlich im einzelnen vor: zueinander »gut sein«? ... Jetzt haben wir aber schon eine lange Liste: gute Worte und Hilfe, verstehen und verzeihen, Geschenke und sogar noch, daß jemand unser Grab pflegt, wenn wir schon längst tot sind. Wenn wir diesen Katalog vor uns haben, ist uns klar, weshalb wir das alles erhoffen und tun: Das alles tut gut. So wird unser Leben schön und sogar der Tod erträglich.

Vieles gehört also zum »Gutsein«. Wir wissen aber: Wir können einander eigentlich nur gut sein, wenn wir uns lieben. Wer Gutes tun will, hält das nicht lange durch, wenn er es nicht »gut meint«. Die Liebe hilft, gut zu sein. Etwas Gutes kann man auch mit der Hand oder mit dem Mund tun, allein; wirklich gut sein kann man nur, wenn das Herz mit im Spiel ist. Herz – das bedeutet in diesem Zusammenhang nicht: der große Muskel in unserm Brustkorb, der unsern Blutkreislauf regelt. Herz heißt hier: wir selber, unser »besseres Ich«, die Kraft in uns, die uns zum Guten treibt.

5. Von der Liebe, von unserm Herzen, von unsrer Kraft zum Guten handelt das Evangelium dieses Sonntags. Es spricht eine so klare Sprache, daß wir nicht viel dazu zu sagen brauchen, wenn wir es verstehen wollen. Jesus Christus gibt uns eigentlich nur ein Gebot: »Liebt!«

Freilich, Jesus lädt uns nicht »nur« zur Menschenliebe ein, nicht einmal zuerst. Vorher ruft er uns auf: »Liebe Gott mit deinem ganzen Denken und mit deiner ganzen Kraft!« Das andre Gebot stellt Jesus aber als gleichwertig daneben: »Liebe deinen Nächsten, deinen Mitmenschen wie dich selbst!«

6. Können wir das denn? Müssen wir da nicht dauernd im Trab sein? Zerreißen wir uns nicht, wenn wir das versuchen? Und wie sieht solche Liebe denn aus? Sehen wir zu! Manchmal ist es gar nicht schwer, herauszufinden, wie wir Gott und unseren Nächsten lieben können. Manchmal tun wir das ohne Nachdenken und Zögern, ganz selbstverständlich. Ein Beispiel genügt, um das zu zeigen: Eine Mutter

steht am Küchenherd und kocht. Sie will allen etwas Gutes vorsetzen, wenn sie heimkommen. Aber da schreit es aus dem Kinderwagen, der in der Ecke steht, ganz unvermittelt. Der kleine Udo brüllt wie am Spieß, obwohl er satt und trocken sein müßte. Die Mutter läßt den Kochlöffel fallen und schaut nach ihm. Udo braucht sie jetzt einfach. Sie muß jetzt nachsehen, was mit ihm los ist. Er beansprucht jetzt die ganze Kraft der Mutter. Er ist der Nächste, der nach ihrer Liebe schreit. In so einer Lage fragt sicher niemand: Kann die Mutter jetzt etwas für Gott tun? Die Antwort ist nämlich von vornherein klar: Nächstenliebe ist's, was Gott jetzt will, nichts sonst.

Aber schon mit der Nächstenliebe ist es nicht immer so einfach. Unsere Impulsszene am Anfang hat uns das gezeigt. Wann tun wir unserem Nächsten wirklich etwas Gutes? Wann lieben wir ihn ehrlich – wenn wir ihm geben, was er möchte, oder wenn wir ihm antun, was wir für gut halten? Schwierig wird es erst recht, wenn wir einmal glauben: Gott erwartet von uns jetzt genau das Gegenteil von dem, was die Nächsten wünschen. In solche Zweifelsfälle kann jeder von uns leicht kommen. Ein bekanntes Beispiel dafür: Die Eltern sagen: »Am nächsten Samstag fahren wir ins Grüne, wenn's schön ist, ganz früh schon. Und wir kommen erst spät am Sonntag nach Hause.« Ihr denkt aber: »Eigentlich sollten wir ja in die Kirche gehen.« Jetzt steht anscheinend die Gottesliebe gegen die Nächstenliebe, nicht wahr? Was dann? Wie können wir in solchen Fällen Gott und unsere Nächsten zugleich lieben – aus ganzem Herzen, mit ganzer Kraft?

7. Nein, was Jesus Christus uns im heutigen Evangelium gebietet, ist nicht einfach, auch wenn es zunächst so aussieht. Es ist ungeheuer schwer, und vermutlich erringt keiner von uns die große Liebe, von der Jesus hier so selbstverständlich spricht. Trotzdem verzichtet Jesus nicht darauf, uns dazu einzuladen. Weshalb? Wie es so am besten für uns ist. Und wenn uns die Liebe auch schwerfällt: Jesus traut uns wenigstens zu, daß wir immer wieder anfangen zu lieben. Weil er uns dieses Gebot gegeben hat, regt un-

ser Gewissen sich oft. Und deshalb geben wir uns manchmal einen Ruck. Wir tun Gutes, wir sind gut. Vielleicht nicht aus ganzem Herzen und nicht mit aller Kraft. Sondern nur halb. Aber doch. Und auch das ist etwas. Nicht genug, aber nicht schlecht und besser als nichts. Wir gehen dann doch wenigstens ein paar Schritte auf dem Weg, den Jesus absteckt. Vielleicht kommt er uns durch die andern entgegen. Wir dürfen ja glauben: Jesus Christus liebt wirklich aus ganzem Herzen und ganzer Kraft – Gott und uns alle.

Das Urteil
Zum 32. Sonntag im Jahreskreis

Bezugstext: Mk 12, 38–44 (Tagesevangelium)

Predigtziele:
1. Erkennen, daß wir Menschen, die zur Kirche gehören, oft vorschnell beurteilen;
2. dem Evangelium entnehmen, nach welchen Gesichtspunkten Jesus die »Frommen« beurteilt;
3. sich vor Werturteilen über andre Christen hüten wollen.

1. Impulsszene

Inge: Au toll – das muß doch dort irrsinnig schick sein!
Erzähler: So hat Inge nach den Herbstferien ihre Freundin Helga bewundert. Die hatte ihr nämlich erzählt:
Helga: Wir waren in Köln bei meiner Oma.
Sprecher: Natürlich hat Inge von Helga viel über Köln erfahren wollen, weil sie noch nie dort war. Nach dem Dom und nach 4711 hat sie gefragt, nach den Heiligen Drei Königen und dem Funkenmariechen. Aber etwas wirklich Neues hat ihr Helga dazu nicht sagen können. Plötzlich ist Helga aber ganz lebhaft geworden.
Helga: Du, aber einen Witz muß ich dir erzählen, von Tünnes und Schäl, den beiden Kölner Originalen – hoffentlich kann ich auch ein bißchen Kölsch reden, dann klingt der gleich ganz anders. Also, der Tünnes trifft den Schäl op de Straaß. Säät de Tünnes zom Schäl: »Isch han disch aber schon lang nit mähr in de Kirch gesähn, Schäl. Hast denn was gegen de himmlische Heerscharen?« – »Nä, nä«, sagt Schäl da, »gegen de himmlische Heerscharen han isch gar nix, aber gegen et Bodenpersonal vom lieben Gott!«
Sprecher: Inge prustet vor Lachen und nickt:
Inge: Gut ist der – und er stimmt wirklich! Die Pfarrer und Bischöfe, die machen uns das Leben doch ganz schön schwer.

Uns schreiben sie alles mögliche vor – und sie selber machen es sich bequem.
Helga: Gegen die Pfarrer und die Bischöfe hab' ich nichts weiter. Es muß sie geben, und sie sind halt auch Menschen. Aber über andere Leute in der Kirche könnt' ich mich manchmal grün und blau ärgern vor Wut: über diese alten Weiber ohne Zähne vor allem, die immerfort Rosenkranz beten. Und hinterher zerreißen sie sich den Mund über unsereinen. Für die ist alles gleich Sünde, was wir machen, auch schon, wenn wir uns mal die Fingernägel lackieren.
Sprecher: Da hat Inge geseufzt:
Inge: Ja, ja, es ist schon ein Kreuz mit der Kirche!

2. Impulsfragen

Nicht wahr, jetzt könnten wir alle über die Kirche weiterstöhnen und weiterschimpfen, ohne lange nachzudenken! Es gibt ja so vieles, was uns an der Kirche nicht paßt. Zählen wir wenigstens einiges auf! ... Ja, das ist ja nun schon ein recht stattlicher Katalog von Schwierigkeiten, die die Kirche uns bereitet: Die Sonntagspflicht und die Beichte, das Gebot und das Verbot der Scheidung, der Glaube an Engel und Teufel, alte Lieder und neue Gesänge habt ihr genannt. Vor allem aber sind es Menschen, die zur Kirche gehören, die wir kritisieren: Da ist zunächst einmal der Papst. Gegen ihn wird vieles vorgebracht. Wer berichtet darüber? ... Und an unsern Bischöfen gefällt uns bald dies, bald jenes nicht. Wer zählt ein bißchen auf? ... Aber es gibt auch noch viele andre Mitglieder der Kirche, über die wir stöhnen oder schimpfen: Was hört man denn z. B. manchmal über »die Pfarrer«? ... Und wie steht es mit »den Kindern« in der Kirche, »den Alten«, »den Jungen«?
Das reicht aber wirklich! Jeder muß jetzt zugeben: Vieles an der Kirche wird kritisiert. Nicht wenige Menschen und Dinge gaben auch wirklich Anlaß dazu. Darum geht manchen Menschen die ganze Kirche gegen den Strich. Und auch uns fällt es oft nicht leicht, zur Kirche zu gehören und sie zu lieben.

3. Darum tut uns das heutige Evangelium sicher allen gut. Darin geht Jesus zunächst einmal mit einigen Leuten ins Gericht, die glauben, daß sie besonders fromm sind. Wir wissen aber von den Evangelien: Sie erzählen uns nicht nur etwas aus den Lebzeiten Jesu. Vor allem wollen sie uns helfen, hier und heute Christ zu sein. Also gilt auch für die Kirche, was Jesus über scheinheilige Pharisäer sagt: Sie geben mit ihrem Frommsein an. Alle sollen sehen, wie richtig sie leben. Alle sollen staunen, wie sehr sie Gott gefallen. Solche Leute wissen nicht, was Gott eigentlich möchte. Sie haben keinen Blick für ihre Mitmenschen. Sie sind eingebildet und überhaupt ekelhaft. Und sie merken das noch nicht einmal. Das alles deutet Jesus in seinen Worten an. Andere Stellen des Evangeliums überliefern uns noch härtere Worte von ihm — vernichtende Urteile über Priester und andere scheinbar fromme Leute. Sie gleichen in Wirklichkeit »getünchten Gräbern« (Mt 23.27 par.), stellt Jesus fest: Nach außen hin sieht sich bei ihnen alles freundlich an. Innen ist aber alles verfault, wimmelt von Würmern und stinkt.

4. Wenn Jesus so scharf urteilt und warnt, kann es nicht immer falsch sein, wenn wir an der Kirche kritisieren. Es gibt Menschen und Dinge darin, die nicht so bleiben dürfen. Es kann sehr wohl sein, daß gerade wir das herausfinden und sagen müssen. Es gibt harte Urteile, die helfen und bessern.

5. Jesus zeigt uns im heutigen Evangelium aber auch, wie leicht wir uns täuschen können, wenn wir Menschen und Dinge beurteilen. Jesus beobachtet eine Frau genauer. Die meisten anderen Menschen achten vermutlich überhaupt nicht auf sie. Und wenn sie es tun, lächeln sie höchstens mitleidig über diese arme Alte. Sie wirft ja nur ein paar Kupferstücke in den Opferkasten, der da herumsteht. Was ist das schon! Andere spenden doch viel mehr. Aber Jesus sieht tiefer. Er weiß: Diese Frau hat alles hergeschenkt. Jetzt hat sie nichts mehr. Sie vertraut allein auf Gott. Sie ist wirklich fromm. Sie hat viel mehr gegeben als alle andern, denen nicht weh tut, was sie opfern.

Ähnliches haben wir vermutlich selbst schon erlebt, bei Leuten, die wir gut kennen. Ich könnte jedenfalls ohne Mühe manche Beispiele dafür erzählen, wie sehr wir uns vertun können, wenn wir zu schnell urteilen. Nur ein solches Beispiel: Ich war einmal Kaplan bei einem Pfarrer, den seine Gemeinde nicht sonderlich gemocht hat. Manches hatten die Leute an diesem Pfarrer auszusetzen: Er predigt nicht gut und meist zu lang. Er ist immer kurz angebunden. Er überlegt nicht gut genug, was er tut. Ich weiß aber, weil ich's erlebt habe: Dieser Pfarrer hat sich sehr darum gemüht, gute Predigten zu halten. Stundenlang hat er dagesessen und sich darauf vorbereitet, mit vielen Zetteln, die er immer wieder neu zu einem Gedankenaustausch zusammengestellt hat, bis ihm alles gut genug schien. Und nicht weniger häufig und unbeachtet hat dieser Pfarrer gebetet. Kein Tag verging, ohne daß er seinen Rosenkranz gebetet hat, zusätzlich zu vielem andern. Ich bin sicher: Dabei hat er mit Gott gerungen. Er hat gefragt: »Was soll ich tun? Wie mach' ich's richtig?« Hatte die Gemeinde also recht mit ihrem Urteil über ihn? Hätte dieser alte Priester nicht ein anderes verdient? Wie mag Jesus Christus ihn beurteilt haben? Er hat diesen Pfarrer sicher besser verstanden und höher eingeschätzt als viele in seiner Gemeinde.

Das eine Beispiel genügt, um zu erkennen: Es steht uns nicht zu, jemand zu verurteilen, wenn wir ihn beurteilen. Wir täuschen uns allzu leicht.

6. Wir müssen unsere Predigt heute also mit einem »Ja – aber« schließen: Ja, es gibt vieles, was uns ärgert und aufregt. Gerade auch in der Kirche ist wirklich nicht alles zum besten bestellt. Wir dürfen, wir müssen kritisieren, wenn wir glauben: Wir wissen es besser! Wir dürfen uns aber nicht wie Jesus erlauben, ein endgültiges Urteil über Menschen zu fällen. Womöglich irren wir uns nämlich, vielleicht übersehen wir das Entscheidende. Nur einer kann end-gültige Urteile über uns sprechen: Jesus Christus. Sein Urteil haben wir alle noch zu erwarten. Es kann gut sein, daß es uns überrascht. Es fällt womöglich erheblich anders aus als das unsere.

Erkennen, daß das Ende vor der Tür steht

Zum 33. Sonntag im Jahreskreis

Bezugstext: Mk 13, 24–32 (Tagesevangelium)

Predigtziele:
1. An Beispielen erkennen, daß Menschen manches als schlimmes Vorzeichen werten und dadurch gelegentlich in apokalyptische Angst versetzt werden;
2. dem Evangelium entnehmen, daß die Predigt Jesu apokalyptische Züge enthalten hat, insgesamt aber eine Botschaft eschatologischer Hoffnung darstellt;
3. in Hoffnung auf die end-gültige Herrschaft Gottes leben und wirken wollen.

1. Impulsszene

Elisabeth: Mutti, heute möcht' ich ein bißchen länger aufbleiben! Ich muß mir nämlich unbedingt einmal diesen Kometen ansehen; er wird aber immer erst nach halb zehn sichtbar, hat Oma gestern gesagt.
Sprecher: So hat Elisabeth vor ein paar Tagen ihre Mutter gebettelt. Die war ganz erstaunt:
Mutter: Ich hab' nichts dagegen, daß du einmal ein bißchen länger aufbleibst, schon gar nicht, wenn du einen vernünftigen Grund dafür hast wie heute. Aber seit wann interessierst du dich denn für Sterne? Und Oma hat dir von dem Kometen erzählt, den man jetzt auch bei uns mit bloßem Auge zu sehen bekommen soll? Ist sie denn jetzt Sternguckerin geworden?
Sprecher: Elisabeth mußte erst nachdenken, ehe sie antworten konnte. Dann hat sie gemeint:
Elisabeth: Ich glaub' nicht, daß Oma sich jetzt für alle Sterne interessiert. Ihr kommt es wohl nur auf den einen an.
Mutter: Ja wieso denn nur? Schön, einen Kometen kriegt man nicht alle Tage zu sehen, und den jungen Forscher, der

ihn entdeckt hat, kann man nur beglückwünschen. Jetzt trägt ein Stern seinen Namen.
Elisabeth: Daran denkt Oma sicher überhaupt nicht. Sie hat Angst vor diesem Kometen.
Sprecher: Da hat Elisabeths Mutter gefragt:
Mutter: Angst? Vor einem Stern mit einem langen Schweif aus kleinen Steinchen und Metallbröckchen? Meint Oma etwa, daß der Komet uns auf den Kopf fallen wird?
Elisabeth: Das wohl gerade nicht. Aber sie glaubt, der Stern ist ein schlechter Vorbote. Oma hat gesagt: »Vor dem ersten Weltkrieg gab' es auch so einen Kometen. Und dann kam der Krieg. Uns steht bestimmt ein neues, großes Unglück bevor. Womöglich ein Weltkrieg, in dem wir alle umkommen.« Oma war ganz aufgeregt, als sie das gesagt hat.
Sprecher: Da hat die Mutter geseufzt:
Mutter: Das ist ja schrecklich, daß Oma sich solche Sorgen macht! Ich ruf' sie gleich einmal an und red' mit ihr über diesen Kometen.

2. Impulsfragen

Die kleine Szene am Anfang dieser Predigt ist ebenso erfunden wie die meisten in dieser Predigtreihe. Aber sie kann sich in unseren Häusern und Familien jederzeit ereignen. Es gibt den Kometen nämlich wirklich, der in dieser Geschichte vorkommt. Ein Komet – weiß jemand, was das ist? ... Du hast uns also verraten, daß Komet soviel wie »Haarstern« oder »Schwanzstern« bedeutet. Wer weiß, weshalb wir derartige Sterne so nennen? ... Jetzt aber die schwere Frage: Wie kann denn jemand auf die Idee kommen, solch ein Stern sei ein schlechtes Vorzeichen? ... Ja, das mag der Grund sein: Wir Menschen möchten gern wissen, was kommt. Wir suchen nach Vorzeichen, die uns erkennen lassen, was uns bevorsteht. Besonders ungewöhnliche Ereignisse nehmen wir gern als Vorzeichen – oft als schlechte.
Kann jemand von euch noch ein anderes Beispiel dafür

nennen, daß wir etwas als Vorzeichen ansehen? ... Nun, mindestens wißt ihr doch von manchem Aberglauben, der dies und jenes als Vorzeichen nimmt: Manche Menschen fürchten sich, wenn ihnen eine schwarze Katze über den Weg läuft oder wenn der Dreizehnte auf einen Freitag fällt. Umgekehrt freuen sich manche, wenn sie ein vierblättriges Kleeblatt finden oder gar ein Hufeisen. Das bringt Glück, behaupten sie.

3. Meist beziehen wir solche Vorzeichen also nicht auf einzelne bestimmte Dinge, die ihnen folgen sollen. Vorzeichen haben etwas Geheimnisvolles an sich, oft auch etwas Unheimliches. Wenn wir etwas als böses Vorzeichen ansehen, wittern wir überall Gefahr. Alles kommt uns dann manchmal bedrohlich und brüchig vor. Es scheint uns, als ob es jeden Augenblick zu einer großen Katastrophe kommen könne. Wir fürchten uns vor einem entsetzlichen Krieg, in dem wir alle umkommen oder doch furchtbar leiden. In anderen Gegenden rechnen Menschen nach einem sogenannten Vorzeichen vielleicht mit einem Erdbeben.

Alles geht zu Ende, alles nimmt ein Ende mit Schrecken, fürchten wir uns nach Erlebnissen, die wir für schlimme Vorzeichen halten.

4. Wenn das noch heute so ist, war das früher erst recht so. Wir wissen ja heute viel mehr über Ereignisse und ihre Hintergründe als die Menschen in früheren Zeiten. Wir können recht gut erklären, wie ein Erdbeben zustande kommt. Wir wissen, wie eine Springflut entsteht. Wir können sogar beschreiben, weshalb Völker einen Krieg gegeneinander anfangen. Wir denken nicht gleich: Da ist ein grausames Schicksal im Spiel, dem niemand entkommen kann. Früher haben Menschen aber oft so gedacht. Sie haben noch viel eher als wir geglaubt: Wir Menschen können nichts machen. Wir müssen es nehmen, wie es kommt. Wir sind ohnmächtig. Gegen viele Gefahren waren die Menschen früherer Zeiten auch praktisch hilflos. Daher war ihre Angst vor allen möglichen Schrecken viel größer als unsre. Und oft haben sie geglaubt: Jetzt geht unsere Welt unter!

5. Unser heutiges Evangelium zeigt uns: Noch zu Lebzeiten Jesu war das so. Die Menschen, unter denen Jesus gelebt hat, haben so ähnlich gedacht. Ja, Jesus selbst hat offensichtlich in solchen menschlichen Vorstellungen seiner Zeit gelebt. Er hat – als Mensch seiner Zeit – augenscheinlich geglaubt: Die Welt, in der wir jetzt leben, geht bald mit Schrecken unter. Zuerst kommen große Katastrophen: Die Sterne fallen vom Himmel. Erdbeben und Kriege verschlingen die Menschen. Dann kommt der Herr und Richter der Welt und verwandelt alles in eine neue Erde unter einem neuen Himmel. Es spricht manches dafür, daß Jesus in seinen Predigten so gesprochen hat, als ob er das alles noch erleben oder als ob das alles gleich nach seinem Tod eintreten würde.
Seine Jünger haben das nicht vergessen. Wenn sie etwas Schreckliches gehört oder erlebt haben, sind ihnen solche Worte Jesu wieder eingefallen. Besonders war das offenbar der Fall, als die Stadt Jerusalem von den Römern belagert und besetzt worden ist. Das schien den Christen ein Zeichen dafür zu sein: Nun ist das Ende nahe. Jetzt vergeht die alte Welt. Nun kommt der Herr wieder.
Etwa aus der Zeit, in der das geschah, stammt unser Evangelium. Wir merken ihm noch heute an: Der es schreibt, rechnet mit dem nahen Ende der Welt. Überall erblickt er schon die Vorzeichen dafür. Und er will andere davor warnen.
6. Trotzdem – unser heutiges Evangelium macht keine Angst. Es enthält keine Drohbotschaft. Das heutige Evangelium ist so ähnlich wie ein Weckruf vor einem entscheidenden, aber großen und schönen Tag. Man kann ihn überhören und dann ein herrliches Ereignis verpassen. Eigentlich aber sollte man wach werden und sich mitreißen lassen. Das Evangelium spricht zwar von manchen Ereignissen, die die Menschen als Vorzeichen nehmen sollen. Es sagt: Achtet auf das, was geschieht. Laßt euch davon nachdenklich stimmen. Vor allem aber verkündet das Evangelium dieses Sonntags: Große Freude steht uns bevor. Die Welt soll gut und neu werden. Gott selbst wird in den Lauf der

Dinge eingreifen. Einen von uns, einen Menschensohn, wird Gott senden; er soll vollenden, was wir begonnen, aber nicht geschafft haben.

7. In unserer Sprache heißt das: Jeden Tag geschehen Dinge, über die wir erschrecken und nachdenken können. Kriege brechen aus, Menschen kommen bei einem großen Eisenbahnunglück um, eine ganze Provinz wird durch ein Erdbeben verwüstet. Das kann ein Signal, eine Frage werden: Leben wir richtig? Was machen wir aus unserer Welt, aus unserer Zeit? Mutlos oder traurig aber brauchen wir nie zu werden. Im Gegenteil: Wir haben Grund, darauf zu hoffen: Alles wird gut. Jesus Christus will unserer Welt einmal bringen, worum wir uns jetzt mühen: Frieden und Freude, Leben und Glück.

8. Es lohnt sich also, daß wir leben und streben. Es ist in Ordnung, wenn wir einander helfen und dafür sorgen, daß es Menschen besser geht. Daß wir singen und spielen, ist gut und schön. Wir brauchen nicht einmal Stürme und Fluten, Krieg und Krankheit zu fürchten, so grausam sie sein können. Jesus Christus will alles vernichten, was uns Angst macht. Das Ende unserer jetzigen Welt steht vor der Tür. Hinter dieser Tür aber tut sich eine neue Welt auf. Sie ist besser als unsere jetzige. Wir sollen es darin besser haben. Mag sein, daß wir noch viel Schlimmes erleben, bis sich diese Tür auftut. Wenn wir diese Tür erst einmal durchschritten haben, liegt nur noch Freude vor uns. Angst brauchen wir daher eigentlich nicht mehr zu haben, vor nichts und vor niemand, Gott sei Dank!

Zeugnis für die Wahrheit
Zum Christkönigsfest

Bezugstext: Joh 18, 33b–37 (Tagesevangelium)

Predigtziele:
1. Anhand von Beispielen erkennen, daß wir manchmal gerade denen nicht glauben, die am meisten Glauben verdienen;
2. einige Gründe dafür feststellen, daß wir glaubwürdigen Menschen manchmal nicht trauen;
3. durch das Evangelium (wieder) darauf aufmerksam werden, daß Jesus Christus in besonderer Weise auf Unglauben stößt;
4. Jesus Christus glauben wollen.

1. Impulsszene

Angelika: Du spinnst ja, das gibt es doch gar nicht!
Sprecher: Bei diesen Worten tippt sich Angelika an die Stirn und will sich wegdrehen. Es ist wirklich unglaublich, was ihre Schwester Bärbel behauptet. Aber die bleibt fest und steif dabei.
Bärbel: Und wenn ich es dir sage – du kriegst ein Mofa zu Weihnachten, sogar ein Efa, ein ganz tolles! Mit dem kannst du auch fahren, wenn das Benzin knapp wird.
Sprecher: Da reißt es Angelika wieder zurück:
Angelika: Ein Efa – Mensch, das wär' ja ganz große Klasse! Aber das kann doch einfach nicht wahr sein! So ein Ding kostet doch sooo viel Geld! Und Vati und Mutti lassen mich jetzt schon so lange für ein Mofa sparen – ich glaub' einfach nicht, daß sie jetzt auf die Idee kommen, mir eines zu Weihnachten zu schenken.
Sprecher: Aber Bärbel nickt.
Bärbel: Du kannst es aber glauben! Du tust Vati und Mutti

eben leid. Sie haben gesagt: »So schafft sie es doch nie —
mit dem bißchen, was sie sich sparen kann. Und für den
Schulweg wär's auch ganz gut, wenn sie ein Mofa hätte.
Dann verzichten wir eben auf ein paar Geschenke und kaufen ihr das geliebte Mofa.« Ehrenwort, das haben sie gesagt — und ein Efa für dich bestellt. Heute morgen ist es
angekommen, gerade, als ich aus der Schule kam. Mutti hat
die Nachnahmesendung gleich auf Heller und Pfennig bezahlt.
Angelika: Dann müßte das Ding doch irgendwo herumstehen und zu finden sein. Ich guck' jetzt überall nach.
Wehe, wenn du mich angekohlt hast!
Bärbel: Ich hab' dich nicht angeschwindelt. Das wird sich ja
zeigen. Aber suchen kannst du lange. Das Efa ist nämlich
nicht mehr in unserm Haus. Ich hab' es selber woanders
hingebracht. Aber ich verrate dir nicht, wohin.
Angelika: Komm, Bärbelchen, sei doch nicht so!
Sprecher: Aber jetzt dreht sich Bärbel lachend weg und
geht aus dem Zimmer.
Bärbel: Nichts sag' ich dir mehr. Du glaubst mir ja auch
sowieso nichts.

2. Impulsfragen

Weihnachtsgeschenke schon ein paar Wochen vor dem Fest
verraten — wie ist das bei euch: Mögt ihr das? Macht ihr das
auch? ... Und warum? ...
Nun, dann können wenigstens einige von uns die kleine
Bärbel aus unserer Anfangsszene verstehen. Sie *muß* einfach ausplaudern, was sie herausbekommen hat. Weshalb
wohl? ... Aber dann passiert Bärbel etwas, womit sie nicht
gerechnet hat. Ihre Schwester glaubt ihr nicht. Bärbel kann
sich das zuerst nicht erklären. Habt ihr eine Ahnung, was
dahinterstecken könnte? ...
3. Angelika glaubt ihrer Schwester nicht und hat wohl verschiedene Gründe dafür. Trotzdem, Bärbel sagt die Wahrheit. So etwas gibt es nicht nur in Geschichten wie der unseren. Es kommt öfter vor, daß wir gerade denen nichts ab-

nehmen wollen, die die Wahrheit gut kennen. Fallen euch Beispiele dafür ein? ... Nun, ich denke etwa an manchen Autofahrer. Der hört zwar den Straßenzustandsbericht, als er schon über die Autobahn flitzt. Er bekommt auch die Warnung mit: »Unter der Brücke von Neustadt hat sich Glatteis gebildet«. Aber unser Autofahrer nimmt das nicht so ernst. Ach was, denkt er. Das ist eine Warnung für Anfänger. Mir kann nichts passieren! Er fährt weiter, ohne seinen Fuß auf dem Gaspedal ein bißchen zurückzunehmen. Und schon dreht er sich wie in einem Karussell auf der spiegelblanken Fläche. Oder: Die kleine Carola erlebt zum erstenmal, daß ein Ofen angeheizt ist. Ihre Mutter warnt sie: »Paß auf, Kind, tu dir nicht weh! Das ist heiß, du kannst dich verbrennen.« Aber Carola muß untersuchen, was das ist: heiß. Und schon steht sie heulend neben ihrer Mutter und hält die kleinen Finger mit den Brandblasen hoch.

4. Jetzt haben wir sogar einschlußweise schon Gründe dafür genannt, warum wir manchmal andern Leuten nicht glauben, auch solchen nicht, die eigentlich wissen müßten, was sie uns versichern. Das eine Mal nehmen wir etwas nicht genügend ernst, was ein anderer sagt. Wir beziehen es nicht auf uns. Ein andermal wollen wir uns selbst überzeugen, ob auch stimmt, was ein anderer behauptet. Aber suchen wir noch ein wenig weiter nach Gründen, weshalb wir manchmal nicht recht glauben wollen! ... Ja, gut, das ist einer von diesen Gründen: Wir trauen dem nicht, der uns etwas sagt. Und warum nicht? ... Ja, das kann ein Grund dafür sein: Der uns jetzt etwas sagt, hat uns schon einmal angeführt oder belogen. »Wer einmal lügt, dem glaubt man nicht«, sagt eines unserer Sprichwörter dazu – und es ist etwas Wahres daran. Es kann aber auch sein, daß wir jemand nicht glauben, weil er etwas Unerhörtes behauptet. Das ist wohl der wichtigste Grund dafür, daß wir urteilen: »Das ist ja unglaublich!«

5. Genau das haben viele Leute auch behauptet, als sie Jesus gehört haben. Oft und oft versichern uns die Evangelien: Die Menschen staunen ungläubig über das, was Jesus sagt. Sie wehren sich dagegen, sie lehnen ihn ab. In

gewisser Hinsicht kann man das gut verstehen: Jesus behauptet Dinge, die kein Mensch aus eigener Kraft wissen kann. Vor allem betont er immer wieder: »Gottes Königsherrschaft ist nahegekommen!« (vgl. Mk 1, 15 parr.).
Jesus spricht ganz selbstverständlich davon, daß Gott sein Vater ist – in ganz anderer Weise noch, als andere fromme Menschen das damals wagen. Jesus fordert Unerhörtes von den Menschen: Sie sollen »umkehren«, völlig anders leben als bisher. Jesus wirft gerade den Menschen manches vor, die damals viel gelten. Er greift die Priester und Schriftgelehrten an, weil sie scheinheilig sind und nicht sehen, was Gott eigentlich will.
Jesus wagt es, Sünden zu vergeben. Und ebenso tut Jesus Dinge, für die es damals zuletzt nur die eine oder die andere Erklärung gab: Entweder ist Gott in ganz besonderer Weise mit ihm – oder er steckt mit dem Teufel im Bund. Und beides behaupten denn auch manche Leute. Am Ende können viele Menschen Jesus nicht mehr hören und sehen. Sie verurteilen ihn. Johannes verkündet uns das im Evangelium dieses Festtags auf seine Weise. Er zeigt uns, wie Jesus sich gegen Pilatus verteidigen muß, der ihn ablehnt, obwohl Jesus ihn beeindruckt. Pilatus glaubt nicht daran, daß Jesus die Wahrheit sagt und bringt. Jesus läßt sich dadurch nicht irremachen. Er kann auch jetzt, wo es um Tod und Leben geht, nur sagen, wovon er fest überzeugt ist. Er muß reden, wie Gott es ihm aufgetragen hat, ob die Menschen darauf achten oder nicht.

6. Und wie ist es heute? Findet Jesus Christus mehr Glauben als damals, als er auf unserer Erde lebte und starb? Das kann man leider wirklich nicht behaupten. Manche Leute meinen sogar, Jesus habe womöglich gar nicht gelebt. Andere zucken die Schultern, wenn sie von ihm hören, und sagen: »Er war wie alle andern; vielleicht ein bißchen auffällig und ungewöhnlich zu seiner Zeit, aber uns hat er nichts mehr zu sagen.« Ein moderner deutscher Schriftsteller schreibt von ihm: »Unbeschadet seines ein wenig großsprecherischen Wesens war er im Grunde harmlos. Immerhin hielten einige ›ihn‹ für besser als gar nichts. Die mei-

sten jedoch erachteten ihn für gut wie nichts.«[1] Und damit will dieser Schriftsteller doch augenscheinlich sagen, wie er zu Jesus steht und wie er glaubt, daß wir Menschen von heute Jesus sehen. Manchen imponiert Jesus aber auch, weil er geduldig und kritisch war. Sie finden großartig, daß Jesus für die Armen und gegen die Reichen eingestellt war. Sie bewundern ihn, weil er sich über alle möglichen Vorschriften hinweggesetzt hat und tapfer genug war, für seine »Sache« zu sterben. Für anderes aber, was Jesus Anliegen war oder was Christen von Jesus bekennen, haben sie kein Interesse: Gott und Buße, Wunder und Sünde, Himmel und Hölle, Jungfrauengeburt und Auferstehung sind für viele Menschen heute Fremdworte. Sie lachen sogar darüber. Schließlich behaupten manche Menschen auch: Jesus war im Grund ein Verführer. Er hat den Menschen Sand in die Augen gestreut. Er hat sie von den Aufgaben abgehalten, die sie eigentlich hätten anpacken müssen: vom Kampf gegen ihre mächtigen Herren und gegen alles Elend in der Welt. Nein, wirklich, Jesus Christus steht heute nicht besser da als im Evangelium dieses Festes. Er ist ein Angeklagter, ein Nichts, ein Volksfeind.

7. Aber wir haben nicht darüber zu urteilen, wie andere Menschen von Jesus Christus denken. Womöglich sind wir ja sogar schuld daran, daß sie ihm nicht glauben. Vielleicht leben wir so verkehrt, daß andere förmlich meinen müssen: An Jesus kann nichts Gutes sein.

8. Es geht heute aber nicht in erster Linie darum, daß wir uns danach fragen und bereuen, was wir falsch gemacht haben. Der Sinn dieses Festtags ist, daß wir in Freude bekennen: Für uns ist Jesus Christus der König. Er ist unser ein und alles. Wenn wir das bezeugen, können in uns ganz verschiedene Bilder von Jesus Christus auftauchen: das arme Kind, der unermüdliche Prediger, der Freund der Menschen, der Kämpfer für Entrechtete, der mächtige Wundertäter, der Herr, der Abendmahl feiert, der Schmerzensmann

---

[1] P. Handke, Lebensbeschreibung, in: U. Seidel-W. Willms (Hrsg.), Werkbuch Weihnachten, Wuppertal-München 1972, 178.

am Kreuz und der in Herrlichkeit Auferstandene zum Beispiel. Immer aber beziehen wir Christen uns auf mehr als unsere Lieblingsvorstellungen, wenn wir bekennen: Jesus Christus ist unser König. Dann wird der ganze Glaube der Kirche an Jesus Christus lebendig, der sich in vielen Bildern und Worten ausdrückt.

Es geht aber nicht nur darum, daß wir *heute* unseren Glauben an Jesus Christus bekennen. Unser *ganzes Leben* sollte eigentlich zeigen: Wir glauben an Jesus Christus. Wir versuchen zu leben, wie er es getan und gesagt hat. Wir sind mit ihm unterwegs, zueinander und zu Gott, unserem Vater.

Wüste

Zum Fest der Geburt Johannes des Täufers

Bezugstext: Lk 1, 57–66. 80 (Tagesevangelium)

Predigtziele:
1. Feststellen, daß manche Menschen die Wüste (im wörtlichen Sinn) anziehend finden;
2. über Menschen nachdenken, die freiwillig in die Wüste (im wörtlichen wie im übertragenen Sinn) gehen;
3. die »Wüste«, die Einsamkeit und Stille (vor Gott) schätzen und nützen können.

1. Impulsszene

Monika: Und da wollt ihr hin? Ihr spinnt ja!
Sprecher: So hat Monika neulich ganz entschieden erklärt. Gemeint hat sie damit die ganze Familie ihres Schulkameraden Kurt. Dabei hatte der ihr nur gesagt, wohin er mit seinen Eltern und Geschwistern in den großen Ferien reisen wollte. Auch einen Prospekt hatte Kurt dazu gezeigt. Darauf waren Kamelreiter abgebildet, in Tücher vermummt bis über die Nasenspitze. Und auf der Rückseite dieses Faltblatts war ein kleines stabiles Auto zu sehen, das sich bei glühender Sonne durch die Wüste quält. Aber Kurt war Monika nicht böse.
Kurt: Erst hab' ich auch so gedacht wie du. Ich hab' geschimpft und geheult, weil mein Vater dieses Jahr unbedingt mit uns allen nach Afrika fahren wollte – und auch ein Stück in die Wüste hinein. Aber inzwischen hat mein Vater mich überzeugt. Es muß dort ganz großartig sein. Und jetzt freu' ich mich schon riesig auf alles, was wir dort erleben werden.
Monika: War denn dein Vater schon mal dort? Und was kann man denn in der Wüste schon erleben? Da gibt es doch nur Sand und höchstens noch Sandflöhe und Sandsturm. Nein, da möcht' ich nicht hin.

Sprecher: So hat Monika noch einmal ihre Ansicht bekräftigt, aber doch auch gezeigt, daß sie Kurt und seine Familie bewundert. Und Kurt konnte ihr Rede und Antwort stehen. Er hat nämlich gesagt:
Kurt: Ja, mein Vater war schon in der Wüste – im Krieg, als Soldat. Und er sagt, wer einmal dort war, den läßt die Wüste nicht mehr los. Da ist es nicht nur still. Da wird man selber ganz ruhig. Da kriegt man Abstand und sieht alles mit andern Augen an als sonst.
Sprecher: Monika hat Kurt ganz gut verstanden. Zugeben konnte sie das aber natürlich nicht. Darum hat sie ihn zum Abschied noch necken müssen:
Monika: Da wird man dich ja gar nicht mehr wiedererkennen, wenn du aus der Wüste zurückkommst.

2. *Impulsfragen*

War jemand von euch schon einmal in einer richtigen Wüste, in der Sahara zum Beispiel? ... Und wer möchte denn einmal eine Wüste kennenlernen? ... Weshalb? ... Die andern haben also keine Lust, einmal in die Wüste zu fahren? ... Weshalb nicht? ...
3. Fast alle von uns haben also keine Sehnsucht nach der Wüste. Es gibt aber Menschen, die die Wüste mögen oder jedenfalls freiwillig dorthin gehen. Unsere kleine Anfangsszene hat uns das gezeigt – und sie war nicht einfach erfunden, sondern »dem Leben abgelauscht«. Ich kenne jedenfalls eine ganze Reihe von Menschen, die viel für die Wüste übrighaben.
Von einem solchen Menschen haben wir alle schon längst gewußt. Zumindest haben wir ihn eben kennengelernt, als das Evangelium verlesen worden ist. Hören wir vorsichtshalber noch einmal den Satz daraus, auf den es ankommt: »Er lebte in der Wüste bis zu dem Tag, da er offen in Israel auftrat.« Das wird uns von Johannes dem Täufer gesagt. Das Evangelium erzählt uns noch manches von ihm. Was wißt ihr von Johannes dem Täufer? ...
4. Etwas erzählt uns das Evangelium nicht von ihm. Es sagt

uns nicht, weshalb Johannes in die Wüste geht. Aber das läßt sich leicht herausfinden. Wir hören ja nicht nur von Johannes, daß er eine Zeitlang in der Wüste lebt. Auch von Jesus wird uns das berichtet. Von einigen anderen Heiligen wissen wir, daß sie es getan haben. Manche sind sogar Einsiedler in der Wüste geworden und immer dort geblieben. Wer kann sich denken, warum manche Menschen das tun: In die Wüste gehen? ...
Richtig: Sie wollen nachdenken. Sie möchten ganz still werden. Nichts soll sie stören. Sie bereiten sich auf eine große Aufgabe vor. Sie prüfen sich. Sie beten. Sie lauschen, ob Gott ihnen etwas sagt. Sie fragen Gott.
5. Wir merken sicher: Das alles ist wichtig und tut gut. Nur können wir doch nicht alle einfach in die Wüste gehen. Das wäre zu weit und zu teuer. Dann würde es ja auch hier in unseren Straßen und Städten leer. Und die Wüste wäre überlaufen. Nein, wirklich, wir können beim besten Willen nicht alle in die Wüste ziehen, nicht einmal für kurze Zeit. Erst recht könnten wir dort nicht auf die Dauer leben. Heute versuchen aber viele Menschen, auch ohne Wüste zu erreichen, was man in der Wüste besonders gut kann: still werden, Abstand gewinnen, nachdenken, aufatmen, auf Gott lauschen, mit Gott sprechen. Wir brauchen uns nur ein wenig umzuschauen und umzuhören, um das festzustellen: Plakate laden uns ein. »Meditationsübungen« steht darauf, oder auch: »Yogakurs« oder »Entspannung durch Zen«. Manche jungen Leute machen uns mitten auf unseren Straßen und Plätzen vor, wie solche Übungen aussehen können: Sie hocken oder knien, sie machen Kopfstand oder sitzen mit geschlossenen Augen da, als ob sie gar nichts sähen und hörten. Bei manchen ist es vielleicht bloß ein wenig modisches Theater. Aber viele lernen heute solche Betrachtungskünste auch fleißig und üben sich regelmäßig darin.
6. Auch viele Christen merken wieder: Still werden, nachdenken, sich entspannen, sich ganz ruhig an Gott wenden – das brauchen wir eigentlich. Es macht Mut für das Leben. Es hilft glauben.

An sich ist das für uns Christen nicht neu. Viele Christen aus allen Jahrhunderten haben es jedenfalls gewußt. In unseren Kirchen ist oft darüber gepredigt worden. Den Ordensleuten und Priestern hat man während ihrer Ausbildung und später immer empfohlen, regelmäßig zu betrachten und zu beten. Es gibt Häuser und Kurse, wo das alles geübt wird. Exerzitien und Besinnungstage haben schon viele von uns mitgemacht. Wenn sie gut waren, erinnern wir uns gerne daran.

7. Deshalb wag' ich es heute, euch Buben und Mädchen und erst recht allen Erwachsenen zu raten, die hier sind: Lernt »die Wüste« kennen! Nehmt euch ab und zu Zeit, wo ihr still werdet! Setzt oder legt euch ruhig hin! Laßt keinen Lärm an euch heran! Atmet tief und langsam! Und dann denkt nach, über euer Leben jetzt oder später! Und hört dabei! Vielleicht will Gott euch etwas sagen. Vielleicht fragt ihr ihn etwas, was euch gerade wichtig ist. Auch wenn ihr nicht mit Sicherheit merkt, daß Gott da ist, kann euch dieses Stückchen »künstliche Wüste« helfen. Vielleicht werdet ihr ruhiger und mutiger, vielleicht wißt ihr nachher besser, daß Gott gerade dann zu finden ist, wenn wir still werden. Ich wünsche es euch und uns allen. Ich tue das heute besonders, weil wir das Fest des heiligen Johannes feiern, von dem wir hören: Er geht in die Wüste, um Gott, den Menschen und sich selbst näherzukommen.